中华当代学术著作辑要

中国工业化
经济分析

金碚 著

商务印书馆
创于1897
The Commercial Press

图书在版编目(CIP)数据

中国工业化经济分析/金碚著.—北京:商务印书馆,2023

(中华当代学术著作辑要)

ISBN 978-7-100-22141-2

Ⅰ.①中… Ⅱ.①金… Ⅲ.①工业化—经济分析—中国 Ⅳ.①F424

中国国家版本馆 CIP 数据核字(2023)第 045440 号

中华当代学术著作辑要

中国工业化经济分析

金碚 著

商 务 印 书 馆 出 版

(北京王府井大街36号 邮政编码100710)

商 务 印 书 馆 发 行

北京市十月印刷有限公司印刷

ISBN 978-7-100-22141-2

2023 年 5 月第 1 版　　　　开本 710×1000　1/16

2023 年 5 月北京第 1 次印刷　　印张 21½

定价:116.00 元

中华当代学术著作辑要

出 版 说 明

学术升降，代有沉浮。中华学术，继近现代大量吸纳西学、涤荡本土体系以来，至上世纪八十年代，因重开国门，迎来了学术发展的又一个高峰期。在中西文化的相互激荡之下，中华大地集中迸发出学术创新、思想创新、文化创新的强大力量，产生了一大批卓有影响的学术成果。这些出自新一代学人的著作，充分体现了当代学术精神，不仅与中国近现代学术成就先后辉映，也成为激荡未来社会发展的文化力量。

为展现改革开放以来中国学术所取得的标志性成就，我馆组织出版"中华当代学术著作辑要"，旨在系统整理当代学人的学术成果，展现当代中国学术的演进与突破，更立足于向世界展示中华学人立足本土、独立思考的思想结晶与学术智慧，使其不仅并立于世界学术之林，更成为滋养中国乃至人类文明的宝贵资源。

"中华当代学术著作辑要"主要收录改革开放以来中国大陆学者、兼及港澳台地区和海外华人学者的原创名著，涵盖语言、文学、历史、哲学、政治、经济、法律、社会学和文艺理论等众多学科。丛书选目遵循优中选精的原则，所收须为立意高远、见解独到，在相关学科领域具有重要影响的专著或论文集；须经历时间的枳淀，具有定评，且侧重于首次出版十年以上的著作；须在当时具有广泛的学术影响，并至今仍富于生命力。

自1897年始创起，本馆以"昌明教育、开启民智"为己任，近年又确立了"服务教育，引领学术，担当文化，激动潮流"的出版宗旨，继上世纪八十年代以来系统出版"汉译世界学术名著丛书"后,近期又有"中华现代学术名著丛书"等大型学术经典丛书陆续推出,"中华当代学术著作辑要"为又一重要接续,冀彼此间相互辉映,促成域外经典、中华现代与当代经典的聚首,全景式展示世界学术发展的整体脉络。尤其寄望于这套丛书的出版,不仅仅服务于当下学术,更成为引领未来学术的基础,并让经典激发思想,激荡社会,推动文明滚滚向前。

商务印书馆编辑部

2016 年 1 月

再 版 序

商务印书馆决定再版《中国工业化经济分析》一书。此书形成于20世纪80年代,1991年完稿,1992年出版,迄今已整整30年。从新中国成立到本书问世的20世纪80年代末90年代初,中国工业化刚历经40多年,而如果从实行改革开放的20世纪70年代末算起,到90年代初,更是只经历了短短的十多年时间。这在人类发展和中国历史的长河中只不过是一瞬间,最多可以算是中国工业化进程的开端或"起飞"时期。因此,要在20世纪90年代初就撰写一部关于中国工业化的经济学理论分析著作,只可能是管中窥豹式的观察和片段剪影式的刻画,远不具有充分研究的条件。不过,到20世纪90年代初,近现代历史的一系列重大事件,包括理论研究成果的积累,使人类发展的工业化阶段所具有的许多经济特质和社会关系,以及影响深远的重大问题,已在各方面呈现和揭示出来,尽管有些更为深刻的实质关系和长期效应还只是初现端倪。所以,当年对中国工业化进行全面观察和经济学理论分析,也不是无的放矢和随意杜撰。《中国工业化经济分析》曾写道:"四十多年来,中国工业化所取得的成就、存在的问题、经历的挫折以及出现的种种'奇异'现象,勾勒出了一幅大国工业化过程的丰富而完整的历史画面,它为当代工业化研究所提供的信息容量几乎是无限的。"(原版第34页)有鉴于此,该书出版30年后的今天,商务印书馆提议再版此书,本身就可以表明:当年的理论成果即使到今天仍然有阅读价值和启发意义,书中所讨论或涉及的各种议题,至今不失其鲜活性。

当然,自该书出版以来的30年,中国工业化继续突飞猛进,更多新现象、新问题不断出现,特别是新时代的到来使中国工业化的形态发生了极大变化,可以说是进入了一个新工业化时代。在新工业化时代再读《中国工业化经济分析》那个时代的著作,如同在朝阳初升的中国工业化原野中徜徉,感受其无可限量的蓬勃生机。这不仅可以"让历史走入今天的现实",而且可以"让现实告诉未来的世界"。不仅可以让亲历者从自身的体验中获得反思感悟,而且可以让新生者从历史的叙事中获得创新启迪。

一、中国工业化的初起与超越

所谓"中国工业化",其国家特质可以有三层定义意涵:第一,中国是一个发展中国家(当时也称为"不发达国家""欠发达国家""低收入国家"等);第二,中国是一个社会主义国家;第三,中国是一个从计划经济向市场经济过渡的转型国家。所以,《中国工业化经济分析》的思考背景和内容展开主要有三个源流。第一,观察、比较和借鉴若干发展中国家的经济"起飞"和走工业化道路的历程和经验教训。第二,各国经济学界关于经济发展的研究成果和理论启示,既包括西方发达国家工业化的经济学研究成果,也包括关于发展中国家的经济学研究成果,特别是其中的"发展经济学"理论研究成果,当然也有对苏联计划经济的历史反思(那时正值苏联的解体)。第三,中国自己的理论研究和实践观察。其中,马克思主义经济学(政治经济学)是中国经济建设和经济发展的指导性思想,也是工业化经济分析的话语体系基础。当然,新中国建立以来的40多年,特别是改革开放最初十多年的经济建设和工业化历程的实践和探索,是《中国工业化经济分析》最直接的历史依托、现实参照和经验启示。

《中国工业化经济分析》出版至今,中国工业化又经历了30多年。

与 30 年前相比,虽然情况发生了极大的变化,很大程度上却已是"今非昔比",而且世界正在发生百年未有之大变局。但是,中国工业化的本质过程,其深刻的制度逻辑和机理逻辑,具有强烈的历史连续性和特质继承性:中国仍然是发展中国家,是中国特色社会主义国家,而且仍然还在继续深化改革和扩大开放的进程中。所以,历史源远流长,生活之树常青,为理论滋润丰富的营养,关于中国工业化的经济分析,可以承前启后,继往开来,历久而常新。

中国工业化是从经济发展水平极为低下的条件下起步的。新中国成立初期的 1949—1952 年,中国经济发展的主要指标以及探明资源储量均低于同属欠发达国家的印度(参阅本书原版第 29 页)。中国当年的人均 GDP 更远低于工业化历史初期的西方国家(参阅本书原版第 83 页)。在那样的经济基础上启动工业化进程,是一个须有非常之举才能成就非常之业的艰难工程。

而当中国工业化的历史翻过一页,到 70 多年后的今天,按 GDP 总量计算,中国已成为仅次于美国的世界第二大经济体,而且毫无悬念地将在可预见的若干年后超过美国成为世界第一大经济体。今天,中国全国的人均 GDP 虽然刚进入中等收入国家水平(约 1.2 万美元),但一些经济较先进地区的人均 GDP 已达到或接近高收入国家水平。仅一个省(例如广东或江苏)的经济实力就可以超过一个大国。可见,在经济发展的三大因素——经济增长、结构变迁、福利改善中,中国均有突出表现。首先,中国工业化所推动的经济增长成就巨大。与此直接相关,在结构变迁和福利改善方面也已是今非昔比,判若天渊:在结构变迁的表现上,中国从当年产业经济极为贫弱的境地,发展成为各产业都已有巨大规模,而且是世界唯一产业门类齐全的国家;而在福利改善的表现上,中国已全面实现小康社会目标,成为全国脱贫即不再有(现行水平下的)绝对贫困人口的国家。所有这一切,都是工业化所带来的巨变。没有工业化的成就，不可能在一个十几亿人口的超大规模国家，仅用半个多世纪的时间就发生如此天翻地覆的巨变。

中国工业化从"一穷二白"的低水平上初起，到超越绝大多数发展中国家，并拥有雄厚的经济实力，几乎连历来被认为"富得流油"、号称"金元帝国"的美国，都不那么有底气跟中国比试谁更"有钱"。在今天的国际事务中，美国的"小气"和中国的"大手笔"，常常令世界各国惊叹。中国无疑是世界工业化进程中的一位超常发挥、成绩卓著的"优等生"。因此，中国工业化极具研究价值。

如果说，直到21世纪初，人们可以或不得不承认，工业化只有一条可行之路，即西方工业化道路，从无例外；那么，到21世纪20年代，出现了中国工业化这个"优等生"后，再没有人可以否认，工业化可以有不同于西方工业化道路的另一种成功模式，即中国特色社会主义的工业化道路。中国工业化的"优等生"表现，终于可以使人们相信：工业化的模式和道路可以有多种，各国都可以走适合自己国情的可行工业化道路。今天，中国工业化已经超越了西方工业化追随者、模仿者的地位，从世界工业化版图的边缘进入中心，成为对世界工业化具有全方位深刻影响的主流力量。因此，必须从人类发展的深远过程来对中国工业化进行跨视域的经济分析。可以说，这是中国工业化理论的逻辑伸展，也是中国工业化实践的经验升华。中国工业化的意义不仅在中国，而且在世界。

从人类发展的漫长历史看，当今世界总体上仍然处于工业化时代，但确实也在发生着"百年未有之大变局"。工业化是一个极大地改变了世界和人类社会经济面貌的人类发展阶段，这是我们"地球村"的演化进程中的"人类纪"中的一个独特时代。中国工业化则是这一时代中的最近70多年来所发生的一个既体现工业化共性，又具有中国特色的工业化宏大叙事。今天，工业化时代正在经历着的深刻变局，将使人们的思维和行为方式，以及经济运行机理，发生深刻变化。

二、中国工业化从人类发展历史变迁中走来

要透彻认识和深刻分析中国工业化，就要回溯人类发展的悠久历史，而人类原本是自然世界中的年轻公民。在地球上这个年轻的人类物种视域中（据科学家估计，人类迄今所能了解的宇宙和世界，仅占其4.4%的域境），自然生态是永恒的天地，可以说，对于人类，这是哲学性的本体存在。根据相当多数科学家所相信的"大爆炸"假说，宇宙诞生于约140亿年前的大爆炸。宇宙形成后，地球诞生于约45亿年前。距今约40亿—38亿年时，在地球上开始产生生命，迄今所发现的最古老的生物化石距今约35亿年。一直到约400万—200万年前才产生可以称为"人类"的物种。而到人类开始有语言，可以真正作为人而存在，只有大约20万年。再到距今几千年，才开始有了文字，人类的历史才有了明确的记载，而不再只能通过一些遗迹发现和猜测来进行推断。这可以标志人类进入了真正可考的文明史。也就是说，根据至今的考古发现，人类文明史仅有3000—5000年。在漫长的生命演化长河中，对于亿万年的宇宙地球天地来说，人类文明仅仅是短短一刻，但对于人类自身来说却已是非常悠久的岁月。

与其他生命物种所不同的是，人类具有不断增强的创造力。人类可以发现自然奥秘，学会使用工具，不断发展技术，改造世界。由于人类的生存和繁衍，宇宙中生命世界的自然生态就演变为人文生态，世界天地中有了"人类的故事"。其根本性的变化是，人类赋予世界和生态以意义与价值，也可以确立和选择行为"目的"以及追求"目的"的工具性手段。对此称为"劳动"，因此，人类是能够进行劳动的动物。换句话说，对于自然世界，地球上和宇宙中的物质和现象，原本无所谓好坏和价值，只有人类才使得生态环境具有了"以人为本"的发展意义和文明价值，并形成各种文明形态，地质学家称之为"人类纪"。

自从在地球上产生了人类,物质、生物和社会的演化过程都产生了巨变。从产业演化进程看,在约1万年前,人类发展开始了"农业革命",即从采集和捕捉自然生物,转向以种植或饲养生物为主的生存方式,生产活动和技术改进缓慢发展。直到距今200—300年前,世界(主要是西欧国家)发生工业革命,经济高速增长,东西方发生"大分流"现象。到20世纪40年代后,越来越多的国家,进入工业化时代。可以说,尽管各国经济社会发展水平差距很大,但如前所述,人类发展现在总体上处于工业化时代,绝大多数国家都将通过工业化来实现经济社会的进步和繁荣。

今天特别需要关注和关切的是,从20世纪90年代末及21世纪初开始,工业化形态开始发生显著变化。信息技术和通信技术崛起,各种所谓"高科技"产业层出不穷。这使得不仅传统的生产要素——土地、劳动、资本、技术——推进了工业化,而且,数据也成为要素,人工智能据此向工业化注入颠覆性的机理能量。世界进入新工业化时代,经济增长、结构变迁和福利改善的意义发生实质性变化。经济增长不再仅仅以"高速""低速"论长短,即不再以(高增长的)一俊遮百丑,而是要实现多目标的高质量发展和更平衡适度。结构变迁不再仅以工业自身的部门比重为标准,而要在人与自然和谐、经济与社会包容的大格局中实现可持续取向的目标。福利改善不再以物质主义为主导,而是以追求人的生活质量和能力发挥为更高水平的发展方向。

在这个"人类纪"中,从史前社会到一万年前的农业革命,再到产生数千年人类文明现象,进而从发生工业革命和工业文明,距今数百年。人类自身也在不断发生演变。人类纪中世界人口世代繁衍,长期缓慢增加,但从工业革命时代开始,生产方式和经济形态的工业化,触发和支持了"人口大爆炸",即世界总人口数快速增长。直至全世界人口数量"达峰",以至"满溢",人口结构也无可阻挡地趋向于"老龄化"。老龄化不仅是由于人的寿命预期大幅度延长,而且是由于发达经济体的人口增长率下降，直至"达峰"后总人口数下降。

在人口数量和结构变迁的同时，人的行为动力也发生着变化。工业革命之前，求得生存和温饱是基本的人类生物性行为动力。到工业革命时期，经济理性，也称工具理性，成为主导，即工具性的经济目标成为行为驱动力，"财富""收入""GDP 指标"，成为人类行为驱动的抽象性动力。经济理性所驱动的经济增长目标具有无限性，因而一元化思维主导和对多样性的忽视甚至破坏，成为追求无限"工具理性"目标的强大动力机制和观念意识，集中表现为经济增长目标的绝对主导。而当进入新工业化时期，人类开始了对工具理性的反思，逐步恢复多元化与多样性的观念和行为。经济全球化，从追求同质性扩张，开始转向以高质量发展为方向，尊重生物多样性和社会多样性的生活质量观念，实现产业低碳化、生态化的可持续增长结构。向着马克思所向往的"自由人联合体"的未来社会方向演进。（参见附表）

附表　人类发展的时代长程与产业变局（示意）

"人类纪"的世纪大变局	始于 1 万年前	18—20 世纪	21 世纪
产业演化	农业革命。经济低缓进取。	工业革命和工业化。经济高速增长。东西方"大分流"。	新工业化。经济增长趋向稳速。产业结构低碳化、生态化。
人口表现	低速增长	快速增长。"人口爆炸"。	人口达峰，"满溢"、"老龄化"。
行为动力	生存繁衍	工具理性的主导。一元化思维与多样性的破坏。追求同质性扩展。	工具理性的反思。多元化与多样性的恢复。追求高质量发展。
工业化形态		机器工业化：多、快、大、优、强。	生态工业化：适度、包容、平衡、可持续。
机制特征	靠天吃饭	增长依赖、资源依赖。	全面关切、多目标协调。

注：作者编制。

可见，工业化是人类发展历史长程中的一个极为独特的时代，甚至可以说是一个"奇迹"，就如同人类是宇宙和地球世界中的一个极小概率奇迹。"工业化"可以定义为"以物质条件为生产资料和劳动工具，通过机器加工制造，实现物质资料的形态转变，而满足人的需要"的经济活动和发展方式。由于当今世界人类发展的社会形态总体上处于工业化时代，一些经济发达国家即使已经具有了一些"后工业化"现象，但严格来说，仍属工业化后期的劳动分工新现象或经济结构新变化，而非工业化完成之后的另一个经济社会新形态。经济发展的物质性和实体性仍然是人类发展的基石和机制逻辑底基。一切"精神性"因素和现象，尽管正在日趋增强，但人类的经济发展仍然以物质实体为本，"物质第一，精神第二"仍然是人类发展的核心机理和成就显示。实际上，精神力量的强大作用原本就是工业化的一个特质，因此，精神因素的增强本身并非工业化走到终点的标志。

以此为据，作为世界最大的发展中国家，中国经济发展尽管已取得了巨大成就，按GDP总量计算已是世界第二大经济体，但仍然处于物质密集的工业化强实体阶段，即劳动分工和经济增长的物质实体形态仍然居于主导地位。特别是，如果将世界各主要国家的经济结构成分划分为"工业制造""初级产品"和"服务产品"三类，那么，中国经济的结构突出地表现为"工业制造"是强类，物质密集性的特点仍然十分显著，尽管在统计上制造业的比重呈下降趋势。作为世界人口最多、经济实力迅速壮大的发展中国家，中国经济的这一特征非常契合当今世界仍然处于工业化发展阶段的时代基本特征。

三、工业文明与产业经济的机理演变

据学者们的核算，在工业化时代之前的数千年，全球GDP年均增长率为0.1%—0.2%，也就是说，长期经济增长基本处于停滞状态，这

也表征了物质形态的工具使用和资料转换（生产行为）的规模十分有限的社会经济状况。即使是作为当时经济最发达的中国，在其最繁荣的时代宋朝，年均经济增长率也只不过 0.5%，那已是工业化之前时代的经济增长的顶峰表现了。与此形成鲜明对比的是，进入工业化时代，全球经济增长的年平均增长率加速到达 1%—2%，而其中发生了工业革命，进入高速工业化阶段的国家，年均经济增长率可以超过 6%—7%，甚至可以到达两位数（例如中国工业化的经济高速增长时期）。在20 世纪末 21 世纪初的世纪之交，中国经济增长率尽管从两位数的高增长，逐步回落到年均增长率 5%—6% 的水平，但从经济发展的长程走势看，仍处于以经济快速增长为基本表现的工业化时代。中国经济社会的整个运转状态，仍然高度依赖于经济增长的一定速度，这一特征没有根本改变。换句话说，如果经济增长乏力，哪怕是增长率的超预期下降，也会使经济社会的非均衡矛盾和运行困难突显出来，人们会因此而忧心忡忡。

可以说，人类发展仍然具有工业化时代的"增长依赖"典型性质，"增长依赖"还具有"资源依赖"的性质，即经济增长的实现主要依赖于物质资源的开发和投入。工业化的进一步深入推进，实体经济的不断壮大，直至人口、物质投入、能源消耗等均"达峰"，即达到经济发达和工业化资源投入的最高值，进而转向"中和""持恒""循环"状态。因而物质转换从"消耗"状态和"资源"与"废料（垃圾）"的对立状态，根本性地变为"循环""再生""不灭"状态。那时，人类发展进入后工业化时代，"增长依赖"和"物质依赖"的经济特征才会彻底改观。中国工业化处于新工业化时代，尽管"增长依赖"与"物质依赖"的性质尚没有根本性改变，但已越来越具有全面关切和多目标协调的特质。

在后工业化时代尚未到来之前，如前所述，由于数千年以往，人类发展过程的经济增长表现是极为缓慢的，而到了至今仅 300 年左右的工业化时代，经济增长"起飞"式地跃进，成为从未所见的"奇迹"，形成"工业文明"。但小概率的"奇迹"却形成了历史和世界叙事的构念定式，即相信"人定胜天"，自认为可以成为傲视他物的世界主宰者。

同时，由于人类发展几千年的"常态"是经济增长非常缓慢，物质消耗不多，人与自然相安而处，人类的生活基本处于自然状态，离生物原生态不远，即人类基本不进行大规模的物质形态转换。所以，"人定胜天"的雄心使人类对经济行为的构念可以滞留在大自然的"地大物博，用之不竭"和"有水快流，繁荣经济"的想象和假设之中。

未曾料想，工业化时代发生了奇迹般的变化，也埋下了"二律背仅"（康德语）及"异化"（马克思语）的深刻矛盾。如前所述，工业化的本质就是采用机器手段，对自然物质进行大规模的形态转换，极大地改变物质地球的原生状态，使其成为被人类深度改造的物质世界，即具有了"人造"形态。工业化之所以会有如此大的"神力"，关键就是市场经济机理的形成和极度张扬，并且注入了资本主义的无度扩展性。换句话说，近现代工业化的最强大推动力是市场经济，这是"天翻地覆"式的变异（也称为"异化"）现象的底层逻辑机理，并在此机理系统上演化出各种社会形态。

在注入了资本主义驱动因素的市场经济机理中，人类对于存在的意义、价值的取向和目标的选择，逐步从本真理性演变为工具理性，即人类行为方式的目的与工具的关系发生颠倒，原本为实现人的自身目的而使用的工具，反客为主，成了人所无限追逐的目标，进而成为主宰世界的"主人"，而人自身所真实需要的有用（可消费享用）之物，反倒成为追逐工具性目标的手段。市场经济机制中，最诱人的工具理性目标是"财富""收入""利润最大化""GDP"，特别是其符号形态——钱。这样，生产的经济目标变得无限远大，实际上就是"符号经济"主宰实体经济，人类在符号经济世界中表现得非常"贪婪"，经济机理的人类动能

因而具有了强大的力量。这也就是工业化奇迹的内在机理动力

我们知道，亚当·斯密对市场机制的逻辑推演，从"利己"和"交换"两个抽象的人性因素（假定），推导出市场经济运行和发展的有效性和效率至上的合理性价值观。其实也会推导出（亚当·斯密称之为"人性的欺骗"）两个充盈世界的异物因素：货币和垃圾（无用之物）。产生典型的"二律背反"表现。

在市场经济中，人人需要钱，经济发展不能没有钱的推动；但钱也是万恶之源，钱可以使世界、社会和人心变态"异化"；钱带来愉快和幸福，同时，几乎一切痛苦和烦恼也都与钱相关。因为钱成为利益的标志物，代表了"永恒的利益"。人是个体寿命十分有限的物种，而钱却是"万寿无疆"的。这样，作为人类的符号性工具，金钱可以堆积成人所无限崇拜的"金山银山"，一些人甚至甘愿为钱而付出生命，成为不可理喻的"守财奴"。

另一方面，人类在创造和追逐金山银山，积累财富，满足欲望（特别是满足财富欲望）的同时，在金钱饥渴和物质饥渴的推动下，也"制造"出各种垃圾，堆积如山。自然世界中，物质能量守恒，原本无所谓好坏或有无价值。但在人类所赋予的意义上和对于进行物质形态转换的技术能力上，地球之物被区分为"有用资源"和"无用垃圾"，前者被无限开发使用，后者被任意丢弃。"金钱"和"垃圾"成为人类所创造出的最大量的"地球异物"，也是人类"为所欲为"的标志物。

工业化是动力强劲的，也是令人揪心的。工业文明是灿烂辉煌的，也因"成本-收益"关系及外部性影响而利弊参半的。特别是，工业化在"地球村"中展开，但"地球村"并不是像以往的人类构念所假设那样的无限空间，所以，工业化的人类必须有所自律。没有自律和自觉，就意味着不可持续。因此，有人提出了"文明还是毁灭"的发问。人们不禁要问：工业化是盲目无度的还是可以自律自觉？人是工业化的工

具,还是工业化归向的目的?

四、工业化的机器价值观与生态价值观

在人类发展的长程演化过程中,经济发展形态也发生着相应的变迁。当前正处于工业化转型的大变局中,人类必须准备迎接新工业化的到来。

作为人的基本行为和观念,自西方启蒙时代和工业革命始,经济意识从长期的神秘主义,转向个人主义-集体主义的纠结。前者相信以个人为主体和理性决策者的自由市场经济,是最具活力和生产力的经济形态和体制机制,最理想的就是"利伯维尔场"主义(古典自由主义)的原教旨主义市场经济(美国市场经济被想象为这样的商业模式);后者不相信个人决策的明智性和自由主义市场的盲目性效率,认为集体决策的计划性才能避免经济活动的混乱无序和无效。不过,这两种观念虽然貌似对立,但实际上都把整个经济体想象为如同一具巨大的机器体,工业化生产以经济高速增长为中轴原则,不可失速,否则就危机临头。

不过,这种"机器工业化"的思维构念,正在转向"生态工业化"的新思维构念,即从把工业化的机理逻辑想象(隐喻)为机器体式的机制,转变为类似生态体的机制。这意味着工业文明的世界大变局和新工业化时代的到来。对于机器工业化,人成为工具,受工具理性支配。对于生态工业化,人是目的,同时也是生态系统的嵌入者和亲和体,即共同体成员。人类必须与自然和谐共处。

因此,当进入新工业化时代,人类必须要有命运共同体意识。因为各国所面临的问题和挑战是全球性的,是同一生态体系中的共同议题。必须共同合作应对,特别是实现人与自然的和谐,才能实现人类整体的可持续发展。只有整体的生存和繁荣,才会有个体的发展机会。新工

业化时代,开始萌发和形成的异质性包容、多样性共存、非灭绝性竞争意识,将成为价值取向的主导。

就如生物多样化的生态系统一样,人类世界的经济社会生态,也是多样性的,各具特色。如英国学者大卫·爱登堡所说:"只有当无数有机个体最充分地利用每一种资源,每一个机会的时候,只有当千百万物种的生命相互关联彼此维持的时候,我们的星球才能有效运行。生物多样性越丰富,地球上所有的生命,包括我们自己,就越安全。"①"地球现在面临的危机是全球性的,只有各国捐弃分歧,团结起来采取全球性行动才能应对。"②而多样性的各具特色的各国经济社会形态间的沟通和相互协调协同,直至向着全球共同化方向发展,又是工业化的特质。工业化在各国的广泛推进,经济规模日益扩大,分工与合作愈加紧密,进入经济全球化的世界,不仅经济繁荣发达,而且更加安全有序,可以使得和平与发展成为人类发展的长久形势。

工业化形态的深刻变化,也将使经济学的范式承诺体系发生重要变革。19 世纪末以来形成的主流经济学,以微观-宏观范式承诺为理论逻辑的底基,据其展开的现代主流经济学体系,实质上反映了以经济理性为主导的工业化历史阶段特征,即经济体被想象为同质化的个体,追求"微观"或局部"最多、最大、最优、最强"的工具性目标。

进入新工业化时代,多形态、多样性和多文明并存,经济体从追求工具特征的目标,转向具生态特征的"适度、包容、平衡、可持续"行为目标和组织目标。经济学体系也必须从微观-宏观范式向新范式转变。经济学的政策思维越来越倾向于多目标平衡的可持续发展目标。也就是说,经济学的也要相应地从传统的物理世界隐喻,转向生态休

---

① 〔英〕大卫·爱登堡:《我们星球上的生命——我一生的目击证词与未来憧憬》,中信出版集团 2021 年版,第 6 页。

② 同上书,第 216 页。

系的隐喻。

因此人们可以看到，经济世界不是同质性的微观系统，而是异质性的域观世界，即各文明体和经济行为都有其特质特色。所以，以域观形态存在的世界，必然有不同的域观规则空间，换句话说，各域观空间中的规则体系必有一定的差异性。但是，在工业化时代，各域观空间又不可分割，而是存在于共同的人类发展空间之中。所以，各域观空间的规则系统之间就必然是趋向于愈加通畅，而市场运行和世界流转的更加通畅，要求人类行为必须自律和受规则约束。这样，人类经济社会高度发达但又不可为所欲为的世界体系，才是人类可持续发展的未来。

由于中国工业化正在进入这个新时代，从高速经济增长转向高质量发展，生产力状况和社会经济基础已经发生了极大变化。在经济基础和工业化格局发生根本性变革的基础上，工业化的新思维不仅将成为工业化机理和规则的新原理内核，而且将深刻转变人的行为理性。人类如果希望继续辉煌而避免毁灭，就必须从机器工业化，转向生态工业化。机器工业化是工具理性主导的发展思维和技术路径，生态工业化则是以生态理性（本真理性）主导的新思维和新技术路径。

工业化生产力和创造力大规模实现着物质形态的转化。实际上，自然界也在进行着物质元素的不断循环和转换。但由于人类赋予了自然生态以人文生态的意义和价值，所以，人类价值观会深刻影响生态环境和文明形态。如前所述，在传统的工业化时代，工业化受工具理性主导，在经济高速增长和财富创造的同时，对生态的无节制干预所导致的破坏，使经济增长难以持续，甚至使文明走向毁灭；所以，人类必须以更自觉、更自律的行为，来适应生态环境，敬畏生态文明，懂得如习近平总书记所说的"绿水青山就是金山银山""宁要绿水青山，不要金山银山"。

以此价值观为思维逻辑之基础，工业化的理念和机理将发生深刻变化，直至体现在学术范式上，也将发生彻底变革。

首先，在目的观上，从经济理性向生态理性转变，工具性的经济目标（例如，收入、利润、GDP）回归其本真意义，不应盲目主导、"一意孤行"，而要服从于本真理性目标，包括生态和环境保护的目标体现。

其次，在数量观上，从"最大"极量思维向"中衡"适量思维转变。在机器工业化价值观上，求"最大化""做大做强""利益极值"等，就是"最优"，通俗说就是"越多越好"。而在生态工业化价值观上，中和、平衡、适度，才是适当的，没有"最优"，只有"次优"，通俗地说就是"不太多也不太少"，过犹不及，物极必反。

最后，在技术观上，从"有水快流""资源尽用"向"循环适用"转变。在机器体工业化价值观上，最大限度利用资源，以"资源优势"占据"比较利益"，就是竞争力所在。而在生态体工业化价值观上，无论是"资源"还是"垃圾"，都要循环适度利用。通俗地说就是，从"有水快流""不用白不用"，转向"细水长流""平衡可持续"。人类认识到，作为一个物种的长久存在，包括竞争求生，不是抽象目标的"优胜劣汰"，而是多样性目标的包容共存，前者是机器工业化的机理，后者是生态工业化的机理，工业化的经济主体不再被想象为是抽象性目标的工具理性驱动者，而是具象性（多样性）目标的本真理性选择者。人不再是被动的"工具"，而真正成为自由的"主体"，这切合了马克思的"自由人联合体"理想。

由于在机器工业化时代，思维倾向和价值观念的极端工具性，对工业化的人类命运意义是较盲目的，即为了追求"财富"或"收入"的最大化，人也被仅仅当作工具，甚至成为"守财奴"。从本真埋性看，这完全可以被视为是精神的病态。物质成就依赖经济增长，经济增长的目标无限依赖于资源无度消耗与对虚拟财务的无度贪欲。生态循环被破坏，人的工具性压抑了人的真正本性。

　　英国著名经济学家阿瑟·塞西尔·庇古对此曾有论及，在其名著《福利经济学》中论述道："人类既将'自己作为活的目的'，也将自己作为生产工具。一方面，人被自然与艺术之美所吸引，其品格单纯忠诚，性情得到控制，同情心得到开发，人类自身即成为此世界伦理价值中的一个重要组成，其感受与思想的方式实际上构成了福利的一部分；另一方面，人可以进行复杂的工业操作，搜寻艰难的证据或者改进实际活动的某些方面，成为一种非常适合提供福利的事物的工具。人类为之做出直接贡献的前一种福利是非经济福利，而为之做出间接贡献的后一种福利就是经济福利。我们不得不面对的事实是，从某种意义上说，社会可以自主地对这两种做出选择，并且因此集中力量开发包含于第二种的经济福利，同时却在无意间牺牲了包含于第一种的非经济福利。"①

　　由于存在经济福利与非经济福利，即经济福利与总福利之间的复杂关系，所以，经济学家总是处于很矛盾的状态。一方面，知道"无法通过对于经济福利的影响严格推算出对于总福利的影响"。另一方面，又认同"存在着一个假定——艾奇沃斯（Edgeworth）称之为'未经证实的概率'——关于一种境界因素对于经济福利的影响的定性的结论，将同样适用对于总福利的影响"。② 但又不得不承认，"经济因素的影响一定会受制于非经济的环境，基于这种认识可以断定，在政治或宗教等基本条件不同的情况下，相同的因素将产生在某种程度上并不相同的经济影响"。③

　　从人类与自然的关系看，作为一个年轻物种和"种群"，人类产生并进化于自然界，从自然的"彼岸"，将自然"对象化"，进而使主体性成为可以"此岸"之王，人类的"此岸"性与"彼岸"性相互"嵌入"，形

---

① 〔英〕阿瑟·塞西尔·庇古：《福利经济学》，华夏出版社 2013 年版，第 10 页。
② 同上书，第 16 页。
③ 同上书，第 17 页。

成主观意识与客观过程相互交织的思维图式,以客观现实与叙事描述的方式,呈现为纷繁复杂的生态域境。据文献反映,2005 年,联合国主持编写的《千年生态系统报告》指出,古往今来自然生态系统和社会生态系统为人类提供了许多裨益和恩惠,从工业化的视角看,可以称之为"生态系统服务"(ecosystem service),即人类从生态系统中所获得的所有惠益。分类为包括"供应服务""调节服务""文化服务""基础服务"①。在21世纪上半叶,其突出表现是:从碳依赖和增长依赖逐步转向碳中和的持续文明。

在工业化时代,"人类做出的每样东西,大部分若不是由碳组成,就是以碳的火焰打造出来"②。"工业是生物与地质之间交互作用的一条强大的新途径"。"花了上千年时间才从富含矿的岩石中流出的可开采石油,人类只花了一个半世纪就烧掉了一半"。"减缓我们对碳循环的冲击,又不必牺牲工业化的火焰"。"要让文明放弃成就自身的燃烧,又不至于造成文明的中断,是有史以来最困难的市民工作计划"。"气候变化的解决方案,就是停止把含碳矿物燃烧成大气气体,停止砍伐森林"。③

"繁荣了两个多世纪的化石燃料文明,正使我们面临一系列气候变化事件和我们几乎理解不了的新现实"。"人类正经历着另一种大觉醒。在自然规律和模式变得与之前截然不同的地球上,我们开始把自己当作一个物种,思考我们面临的共同命运"。④"在下一个 10 年或 20

---

① 日本东北大学生态适应性科学全球卓越研究中心:《生态适应性科学》,科学出版社 2021 年版,第 1、11 页。

② 〔美〕埃里克·罗斯顿:《碳时代——文明与毁灭》,生活·读书·新知三联书店 2017 年版,第 153 页。

③ 同上注,第 228、229、230、236、241 页。

④ 〔美〕杰里米·里夫金:《零碳社会——生态文明的崛起和全球绿色新政》,中信出版集团 2020 年版,第 30 页。

年，气候变化对经济造成的破坏相当于每 10 年暴发一次与新冠肺炎规模相当的流行病"。[①]

人类发展的工业化历史正在进入一个充满挑战的新时代。

五、人类文明形态的多样化世纪

人类世界因工业化而改观，但生态力量使人类反躬自省，人类世界必须在自然中才能生存，工业化必须向生态文明的方向发展才可持续。而工业化的文明生态必然是多样性和域态化的世界，因此，形成多样化的人类文明形态，将成为工业化所推动的人类发展新世纪特征。

如前所述，在以往的工业化观念中，机器论的规律唯一性和路径线性化主导了对工业化社会的人类行为同质性的观念，甚至，将工具理性极致化，认为只要从"合理假设"出发，就可以"推导"出整个世界。而在工业化所暴露的问题越来越突出，使得经济学的缺陷也越来越使人难以容忍时，经济学家们开始了对传统主流经济学观念和理论范式的批判性思考。

美国经济学家罗伯特·H. 弗兰克认识到，人类行为并非如经济学假定那样地"理性"，更不是"经济理性"的主导。他说："人类的行为不仅极其复杂，而且是多维度的。"但是，"当经济学家试图通过建模去认识市场的运行机制时，他们就不得不对市场的真实形态进行线性简化，但有些简化过于极端。例如，大多数经济学家都假设人是完全自私的，但现实中有同样强有力的证据表明，人类也拥有超越狭隘自我利益的行为动机。此外，多数经济学家还假设，人们通过消费获得的满足感仅取决于绝对消费量，但更具说服力的证据则表明，相对消费量才是最

---

① 〔美〕比尔·盖茨：《气候经济与人类未来》，中信出版集团 2021 年版，第 23 页。

重要的"。^①机器论可以想象为"人是机器",但现实中,人非机器,其行为难以"假定"和"推断",不仅具有"相对"性,而且,其相对性还是系统性特质,而非"误差"性的干扰因素。

那么,对工业化的进一步反思就是:200多年来的世界工业化进程,是"不以人的主观意志为转移的客观规律"使然,因而具有普世性和同质性,还是如生态观所认识的那样,工业化原本就是一个多样化的过程? 美国经济史学家乔尔·莫基尔,以其关于工业化的文化比较研究,得出了否定前者而认同后者的意见,即认为,西方工业化不是"普世"的,而是独特的。

他说:"思想市场以及从中涌现出的一大批17世纪的文化企业家们,共同造就了一场思想运动的出现,也就是我们所熟知的'启蒙运动';其中存在一套复杂的、异质的,有时甚至是互不相容的文化信仰,但无论如何这都是一场文化巨变,独特地标志着欧洲成为经济现代化的发源地。"^②

因此,尽管中国曾经领先世界千年,但西方工业革命和工业化却使工业化国家远远领先中国。并不是中国违背了"普世"的"客观规律",而是,少数欧美国家走出了另辟蹊径的独特道路。当然,也确实因崇尚科学的"有用知识"而取得经济增长的奇迹。按照他的观点:"中国本身并没有什么不妥之处,是在欧洲,并且仅在欧洲,发生了一些相当不寻常的事情:导致启蒙运动产生的一系列思想变革。欧洲启蒙运动的独特力量是,它最终不仅影响了欧洲,也影响了地球上的每个角落。"^③

学者们的上述意见无疑是正确的。但是,问题的实质是,中国是否

---

① 〔美〕罗伯特·H.弗兰克:《达尔文经济学——自由、竞争和公共利益如何兼得? 》,世界图书出版公司2013年版,第57页。

② 〔美〕乔尔·莫基尔:《增长的文化:现代经济的起源》,中国人民大学出版社2020年版,第249页。

③ 同上书,第276页。

创造出了真正可以同西方工业化相媲美的另一种工业化道路和模式。如前所述，到了 21 世纪 20 年代，人们才有了较明确自信的认识。《在庆祝中国共产党成立 100 周年大会上的讲话》中，习近平总书记指出："中国特色社会主义是党和人民历经千辛万苦、付出巨大代价取得的根本成就，是实现中华民族伟大复兴的正确道路。我们坚持和发展中国特色社会主义，推动物质文明、政治文明、精神文明、社会文明、生态文明协调发展，创造了中国式现代化新道路，创造了**人类文明新形态**。"纵观世界的人类文明史，曾经的和现今的各种意识形态观念，尤其是具有广泛影响力的强势意识形态观念，大都具有自认"正统"和"纯正"的排他性特征，因而只承认自己所信奉和坚持的意识形态体系是最崇高，最具"真理性"的，甚至是唯一正当和合法的，而反对和否认其他意识形态体系的真理性和正当性。所以，大多数（特别是强势的）意识形态信念，都坚信文明发展的"独尊观"和"归一观"，即相信在各种文明形态中，只有唯一明智和进步的文明形态，而认为其他都是"愚昧"和"野蛮"，是信念的"迷误"。因此认为，全人类终将归于同质同一和唯一正道的文明形态，那时，不再有"文明冲突"，因而将走向"历史的终结"。人类文明形态的异质性和多样性往往难以得到尊重。可以说，在各种文明形态的竞争博弈中，存在天然的"垄断"倾向，难以相互包容，甚至因互不认同而不共戴天，以致兵戎相见。

总之，在人类的文明叙事中，虽然在常识上不可否认历史进程和文化呈现的多元性和丰富性，但却少有在"原理"意义上明确承认文明形态的多样性是文明叙事的本质特征，似乎如果承认文明形态在本质上具有多元性和异质性的真理价值，那就是长他人志气，灭自家威风的异端邪说，被强势者视为忤逆。也就是说，前者坚持将某种文明形态视为（或想象为）是唯一"正确"和"正当"形态；而后者却相信或至少是尊重，人类文明是多种形态共存互动的丰富多彩过程，可以具有"多重均衡"状态。因而从根本上说,前者主张命定性,后者主张包容性。但遗憾的是,在人类社会发展过程中,前者的强势及其对后者的压抑,是一个基本的长期倾向。

在世界各主要文明的意识形态中,中国率先彻悟,并终将开悟世界。这是中国对世界文明的一个突出贡献。中国创造了**人类文明新形态**,但她承认这并非是可以适用于(模仿或移植于)所有民族国家的道路,也没有什么可以自诩为"放之四海而皆准"的教条,而是"一把钥匙开一把锁"的实事求是创造。她是实实在在的中国道路和中国叙事,其真理意义和正当价值集中体现为,让中国从贫穷落后走向民族复兴和全面建成小康社会,并继续走往可持续发展的未来。也就是说,中国所创造的人类文明新形态,具有鲜明的"中国式"和"中国特色"的域观特征。

习近平总书记在2021年世界经济论坛"达沃斯议程"对话会上的特别致辞中,借用一句西方谚语,表达了这个文明形态认同观:"世界上没有两片完全相同的树叶,也没有完全相同的历史文化和社会制度。各国历史文化和社会制度各有千秋,没有高低优劣之分,关键在于是否符合本国国情,能否获得人民拥护和支持,能否带来政治稳定、社会进步、民生改善,能否为人类进步事业作出贡献。各国历史文化和社会制度差异自古就存在,是人类文明的内在属性。没有多样性,就没有人类文明。多样性是客观现实,将长期存在。"[①]确立这样的人类文明的形态多样化观念,在意识形态体系上,不仅具有根本性意义,而且,也是国际共产主义意识形态体系的重大转变和历史性升华。

从作者这篇再版自序的简要内容和展望中可以看到,《中国工业化经济分析》出版以来的短短30年,中国工业化取得了如此巨大的成就和变革。今天,中国无疑已经可以称得上是一个强盛的工业化国家。

---

①　习近平:《让多边主义的火炬照亮人类前行之路——在世界经济论坛"达沃斯议程"对话会上的特别致辞》(2021年1月25日,北京)。

而更为重要的是,30年来,对于工业化的理解和价值认同,也正在发生极为深刻的变化,以往数十年的发展模式无疑应称为"传统工业化",但传统中也蕴含着远方的质态信息。与前30年相比,中国已经进入了一个新工业化时代,而历史的叙事是非常珍贵的:《中国工业化经济分析》可以展示,我们是在怎样的基础上,以怎样的认识理念和历史抉择,走上了伟大的工业化道路,并据此预示了20世纪90年代以来的中国工业化路径方向。同时,从《中国工业化经济分析》也可以进一步深思:工业化的实践创造了新世界,也推动着观念的深刻变革。工业化的本质是革命的,变革和创新是灵魂。历史绵延,承前继后,进入新时代,中国工业化将以新理念、新道路、新战略,开拓更合人类理想的可持续发展前景。

金碚

2022年3月19日

目　　录

第1章 经济发展与工业化

1.1 发展的主题

发展的涵义 发展意味着变化,但并非任何一种变化都可以称为发展。在社会科学中,发展总是被赋予某种特定的涵义。

1. 发展通常是指事物变化的一种长期动态过程,而且,这种长期动态过程一般是不可逆的。无论是社会发展、经济发展或文化发展,都是指在社会、经济或文化等领域中所发生的具有长期意义的一般是不可逆的变化,而那些在短期内出现又消失的现象就未必与事物的发展直接相关。

2. 发展通常是指事物质态的变化,而不仅仅是量的扩张或收缩。因此,发展过程往往表现为事物内部结构与功能的变化。当然,质态变化与量态变化是密切相关的,量变是质变的准备并可以引起质变,而且,发展过程本身也有渐变(以量变为主)和激变(以质变为主)的不同演化阶段,连续性与非连续性的统一是发展过程的基本特征之一,但是,决定发展性质,使发展具有范畴特征的,主要是事物质态的变化。

3. 发展通常是指事物从简单到复杂、从低级到高级的演进过程,因此,发展意味着进步,具有进化特征。无论是社会发展、经济发展,还是文化发展,都意味着成长、壮大、成熟和高级化,某些衰退和没落现象即使是进化过程不可避免的伴生物,也不是发展过程的主流;而整体性的衰退、没落和退化现象则是与发展相反的对立过程。

　　4. 发展通常被赋予积极的价值评价含义,大多数人认为,发展是好的,是值得追求的。因此,尽管在讨论和研究发展问题时有些人宣称仅采用实证方法,避免规范性的价值判断。但实际上,发展概念本身已蕴含着规范前提:发展意味着进步,即从落后变为先进,一般来说,先进总比落后好,人类应该争取进步。当然,由于某种利益考虑或观念的陈腐,也有人反对进步,反对发展,特别是当发生革命性变化时,反对剧烈的变革,但是,在现代思想意识的主流中,发展是具有鲜明褒义色彩的概念;作为理论范畴,它本身就是一个非常积极的价值准则,即有利于发展是好的,不利于发展是不好的。

　　经济发展三要素　在社会科学中,人们可以从不同的角度来定义或描述发展的内容。经济科学主要研究发展过程在经济领域中的表现,即经济发展。由于经济发展与社会结构、人类文化以及政治制度等的发展密切相关,所以,70 年代以来,对经济发展的研究表现出明显的社会学化倾向。

　　广义地说,经济发展是指一个国家或地区的不断进步着的经济演化过程,即伴随着经济结构、社会结构、政治结构及观念意识的变化或变革的持续的经济成长过程。它的基本要素是:

　　1. 经济增长,即一个国家或地区在一定时期内的产品和服务(或人均产品和服务)的实际产出量的增加。经济增长的实质是规模不断扩大的社会再生产过程和社会财富的增殖过程。可以用不同的方法来衡量经济增长,最常用的方法是采用反映经济活动的某种综合性指标来计量经济增长的水平和速度。我国比较常用的经济增长指标主要是社会总产值、工农业总产值等。自 80 年代后期以来,我国也更多地倾向于使用国际上最常用的国民生产总值(gross national product,简称 GNP)以及与之类似的指标来衡量经济增长的水平和速度。

2. 结构变迁，主要是产业结构的变化，也包括分配结构、职业结构、技术结构等各方面各层次上的经济结构变化。更广义的结构变迁还包括与经济结构变化直接相关的社会结构变化，例如家庭结构、阶层结构等方面的变化。这些结构变化标志着经济体系的日趋成熟和高级化。在现实中，也有这样的情况，在经济增长过程中经济结构变化缓慢，或者经济结构变化方向不合理，不能体现经济体系的不断成熟和高级化，这种现象被有些学者称为"无发展的增长"（growth without development），或畸形发展（英语文献中有 developing of underdevelopment 的概念，意为社会经济中出现各种不合理的结构现象，表明发展过程的畸形化）。而作为经济发展要素之一的结构变迁主要指体现了经济进步的经济结构变化，畸形发展不是真正的（或有前途的）发展。

3. 福利改善，即社会成员生活水平的提高。如何判断、衡量和评价社会福利水平是一个比较复杂的问题，其中含有相当程度的主观性。社会福利水平的提高与物质财富的增加（经济增长）有密切关系，但两者又不是一回事。一个国家的物质财富总量的增长不等于一定能使大多数社会成员的福利状况获得改善。在分配不合理或结构不协调的情况下，经济增长可能只使少数人获益，而大多数社会成员的生活条件并没有显著改善，甚至比以前更加恶化。这样，即使经济增长较快，社会生产水平有所提高，也不能视为理想的经济发展，或者，算不上是真正的经济发展。因此，除经济增长指标和经济结构指标之外，各国及各国际机构（例如，联合国和世界银行）还采用各种直接反映物质生活质量，特别是中低收入阶层的物质生活质量的指标来衡量经济发展的真实水平。例如，联合国社会发展研究所设计的综合发展指标由出生时的预期寿命、人均日消费动物蛋白质、中小学注册学生人数、每间居室平均住人数等 16 个经济和社会指标的加权平均数构成。美国经济学家莫里斯（M. D. Morris）于 1977 年设计出著名的物质生活质量指数（physical quality of

life index,简称PQLI),包括平均预期寿命(或1岁时的预期寿命)、婴儿死亡率和识字率等三项内容。以PQLI指数最高的国家作100,以此为基础,推算出其他各国的物质生活质量指数水平。尽管这些直接计量社会福利状况的综合指标也存在一些缺陷,但它们却能在一定程度上弥补人均国民生产总值等经济产出量指标不足以全面反映经济发展的实际水平,特别是社会成员福利状况的实际改善的缺点。

在对福利改善程度的评价中,收入(及财产)分配均等化具有重要意义,它常常被作为衡量社会物质福利水平的主要准则之一。一个国家或地区的社会物质福利水平的提高必须以国民生产总值(或国民收入)的增长为条件。但是,仅仅是国民生产总值的较快增长未必表明社会物质福利水平的真正提高,因为,如果收入分配很不平等,社会成员中的多数人可能根本未能从经济增长中获得福利。为此,经济学家们主张,至少应以经济增长率和收入分配均等化两个因素来构造反映物质福利水平的真实提高程度的社会福利函数。

不发达与发达　在经济学中,经济发展除了有上述一般定义之外还有特殊的定义,前者我们称之为广义的经济发展,后者可以称之为狭义的经济发展。在经济学文献中,狭义的经济发展是比广义的经济发展使用更广泛、更具有经济学范畴特征的概念,它是指一个国家或地区从经济不发达状态向发达状态演进的过程,而所谓经济发达状态通常以当代的先进工业国(主要是西方发达资本主义国家)的经济水平为标准。这样,狭义的经济发展就主要是适用于不发达国家的概念,而不发达国家又是一个与欧美等西方发达国家(及原苏联等社会主义工业国)相对而称的概念。

不发达国家最早被西方发达国家称为落后(backward)国家;50年代一般被称为不发达(underdevelopment)国家;60年代开始被称为欠发达(less developed)国家,由于苏联等社会主义国家的存在,欠发达国家也开始被称为第三世界国家;70 年代以后,更广泛使用的是发展中(developing)国家的概念,经济发展与发展中国家这两个概念具有基本等价的含义。对不发达国家称谓的变化,即从较消极的落后国家到含有明显的积极意义的发展中国家,反映了自第二次世界大战以来,发展中国家逐步摆脱不发达状态,努力发展民族经济所取得的业绩,其中有些国家或地区已步入中等发达国家的行列。

从近现代各国经济发展史的主流看,从不发达经济向发达经济演化的基本内容是实现工业化。因此,发达国家也被称为工业化国家,经济发展业绩突出的国家(或地区)则被称为新兴工业化国家(或地区)。在一定意义上我们完全可以说:当代发展中国家经济发展的主题就是实现国民经济工业化。

1.2 工业化与工业社会

工业化的历史作用 发达国家实现近现代经济的加速发展是从早年的工业革命开始的。发展中国家要实现现代经济发展,也必须走工业革命的道路。工业革命在经济上的意义是建立起大机器生产体系,工业特别是制造业加速增长,工业产值及工业中的就业人数所占比重大幅度提高,相比较而言,农业及初级产品产值及从业人数不断下降。

国外学者曾对 81 个国家 1970—1977 年的统计资料进行计量分析,证实国内生产总值(GDP)的平均增长率与制造业的平均增长率具有高度显著的相关性,其回归方程为

$$g = 1.414 + 0.569 g_I \qquad r^2 = 0.610$$
$$(0.051)$$

式中: g 为国内生产总值(GDP)增长率; g_I 为制造业增长率。因为相关系数显著地小于 1,所以,回归方程表明,制造业增长率越是高于总的经

济增长率，整个国民经济增长得就越快。[①] 美国经济学家 H. 钱纳里（H. Chenery）等运用经济计量学方法分析了第二次世界大战以后各国经济结构变化的形式特征后也指出："多国分析和时序研究都证实，结构转变最值得注意的特征，是国民生产总值中制造业 P_m 所占份额的上升，以及农业 P_a 所占份额的相应下降。生产结构的这种基本变化引起资本和劳动自农村向城市转移，其他许多工业化的有关现象也随之发生。"[②]

为了解释近现代经济发展中发生的这种以工业特别是制造业加速增长为主要特征的一系列经济和社会结构的变化的因果性，就形成了种种工业化的理论。

早期的工业化理论主要强调工业特别是制造业的某些技术经济性质，最具突出意义的是：

1. 制造业具有报酬递增的规模经济效应，这不仅在静态上表现为生产单位规模的扩大可以降低单位产品的成本和大幅度提高产量，而且在动态上表现为可以"引致"技术进步、知识积累和提供外部经济效益。因此，工业增长越快，技术更新越快，生产率的提高也越快，这就是所谓温多律（Verdoorn's Law）所表明的那种生产率增长与工业增长之间的正相关关系。

2. 工业特别是制造业增长越快，劳动力从农业向工业的转移就越快。按照传统的经济理论，农业生产具有明显的报酬递减性，因此，农村劳动力的过剩是经济发展中的必然现象。而工业的加速增长使农业剩余劳动力转移到生产率更高的工业生产中，为实现国民经济部门间资源配置（特别是劳动力配置）的均衡和开拓经济发展的新的广阔空

---

① 参见 A. P. Thirlwall: *Growth and Development*, Third edition 1983, The Macmillan Press LTD, pp.55—56。

② 〔美〕H. 钱纳里等：《工业化和经济增长的比较研究》，上海三联书店 1989 年版，第 58—59 页。

间创造了条件。

3. 工业化适应了需求结构的变化。以恩格尔定律所概括的消费结构的变动趋势要求产业结构从农业为主向以工业为主转换。而国际贸易中需求结构的长期变化动态则从各类产品不同的需求弹性系数上表现出对利益关系的调节,这使得工业化可以获得更大的利益。因为,制造业产品的需求弹性明显高于农业等初级产品,所以,制造业的增长弹性和营利性高于农业。[①]

总之,早期工业化理论强调工业化导致经济资源从农业部门向工业部门转移以及经济增长速率分布向工业特别是制造业的大幅度倾斜具有经济上的合理性和技术上的进步性。

由于工业化不只是工业部门高速增长的过程,它还表现出一系列复杂的经济和社会的变化,所以,现代工业化理论强调:工业化意味着各种经济和社会关系的总体进化过程;工业化的历史作用不仅是促进了物质财富的增长和积累,而且也奠定了经济和社会现代化的基础,使经济发展机制摆脱旧传统的约束,国民经济进入更为有效率的运行轨道。换言之,由于工业化,传统社会——亦称前工业社会——将向工业社会过渡。

前工业社会与工业社会　现在,一般把不发达的传统社会称为前工业社会,把发达的现代社会称为工业社会,而把工业社会所展现的种种新的趋势所预示的前景称为后工业社会(也有人认为,美国已进入后工业社会)。美国未来学家和社会学家丹尼尔·贝尔(Daniel Bell)认为:"前工业社会的'意图'是'同自然界的竞争':它的资源来自采掘工业,它受到报酬递减律的制约,生产率低下;工业社会的'意图'是'同经过加工的自然界竞争',它以人与机器之间的关系为中心,利

---

① 参见 *Growth and Development*, p.56 ;《工业化和经济增长的比较研究》,第59页。

用能源把自然环境改变为技术环境;后工业社会的'意图'则是'人与人之间的竞争',在那种社会里,以信息为基础的'智能技术',同机械技术并驾齐驱。由于这些不同的意图,因此在经济部门分布的特点以及职业高低方面存在巨大的不同。每种社会的方法论是不同的,最为重要的是。这些社会的体制特点和组织特点所依据的中轴原理是有明显不同的。"[①](见表 1-1)

表 1-1 社会变化的总图式

	前工业社会	工业社会	后工业社会		
地区:	亚洲	西欧	美国		
	非洲	苏联			
	拉丁美洲	日本			
经济部门:	第一产业	第二产业	第三产业	第四产业	第五产业
	采掘业:	商业生产:	交通运输	商业	卫生保健
	农业	制造业	公用事业	金融业	教育
	矿业	加工业		保险业	研究
	渔业			地产业	政府
	木材业				娱乐
职业高低:	农民	半技术工人	专业人员与技术人员		
	矿工	工程师	科学家		
	渔民				
	非技术工人				
技术:	原料	能源	信息		
意图:	同自然界的竞争	同经过加工的自然界竞争	人与人之间的竞争		
中轴原理:	传统主义:土地资源的局限性	经济增长:国家或私人对投资决策的控制	理论知识的集中与具体化		

资料来源:《后工业社会的来临——对社会预测的一项探索》,第 135 页。

---

① 〔美〕丹尼尔·贝尔:《后工业社会的来临——对社会预测的一项探索》,商务印书馆 1986 年版,第 133—134 页。

日本学者富永健一提出了与贝尔不同的意见。他认为,现代工业革命与西欧近代工业革命不同。西欧近代工业革命主要是第二次产业(工业)的发展;现代工业革命则不限于第二次产业,而是第一次产业和第三次产业都受到工业生产方法和组织原理的影响,因此,用产业化这一概念来表明现代工业化的更广泛的社会经济涵义更为贴切。①富永健一以产业化(或工业化)的观点把社会发展划分为前产业社会、产业社会、后产业社会三个阶段。他说:"所谓前产业社会,简单地说,就是产业革命前传统主义价值体系占据统治地位的基本上长期停滞不前的社会。所谓产业社会,可以从字面上理解,就是开展产业化的社会,是产业本位主义价值体系起主导作用的社会。换言之,是把价值放在追求目的合理性和功能合理性上的社会,这个社会把最根本性的价值放在'手段的有效性'上,从这里产生了产业文明和科学技术文明。这就是 R. 凯尔路易斯(R. Caillois)所说的'庸俗'社会,是现实原则占统治地位的社会,换句话说,是'现实原则'压抑'快乐原则'的社会。"②而"后产业社会是这样一个社会,它把人类从生产力发展的束缚下解放出来,摈弃产业社会的生产志向、劳动志向的价值体系,重新评价作为目的游乐和余暇(人类的整体性的恢复和个性的发挥)。换言之,它是一个确立人本主义价值体系,借以取代产业本位主义(industrialism)价值体系的社会。它是人类能够自由地发展自己,每个人都能从各种方向随意发挥一切潜力的社会('自由王国'),从这个意义上说,它是距离现实相当遥远的乌托邦社会。"③

富永健一进一步把产业社会分为两个阶段:工业社会和后工业社会,或者,工业化和后工业化。他认为,工业化与后工业化都是产业

---

① 英文中的 industry 在日文和中文中有两个相对应的词:工业和产业。

② 〔日〕富永健一:《经济社会学》,南开大学出版社 1984 年版,第 302 页。

③ 同上书,第 303 页。

化，如果说工业化是物质和能源的产业化，那么，后工业化就是智能和信息的产业化。典型的工业化是不断开展轻工业革命与重工业革命，后工业化则是要发展 3C 产业，即电子计算（computation）、信息（communication）和控制（control），所以，后工业社会是信息产业社会和知识产业社会。但是，工业化与后工业化是连续性的，而不像有些人认为的那样是非连续性的。因为，物质、能源和信息是自然界密不可分的构成要素，工业化（物质、能源的产业化）和后工业化（信息的产业化）都要以追求功能合理性和能率、效率的形式反映出来。反之，后产业化却意味着脱离追求功能合理性和能率、效率的价值体系。贝尔的后工业社会论仅仅强调产业结构和社会结构的变化，而没有充分注意到社会价值体系的根本性变化的深刻意义，因而夸大了工业社会与后工业社会之间的差别。

在富永健一等人看来，工业社会又可以进一步划分为前期和后期，前期为开展工业化的社会（industrializing society），后期为实现了工业化的社会（industrialized society）。开展工业化的社会的基本原理是致力于生产劳动，控制个人消费，增加积累，利用这个突破口来开展工业化。实现了工业化的社会是高生产和高额大众消费的社会（见图1-1）。

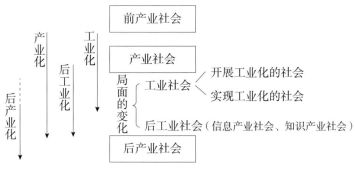

图1-1　产业化的发展阶段

资料来源：《经济社会学》，第306页。

尽管贝尔与富永健一等人对社会发展的阶段划分有不同的意见，划分的原则基础也不尽相同，但是，对工业化的地位的看法基本相同，即工业化是从前工业社会（或前产业社会）向工业社会演化过程中社会经济进步的主要内容，这不仅表现为产业结构的高级化，而且表现为以追求生产效率和服从经济化原则为中心的工业社会（或产业社会）的价值体系成为社会经济运行的中心原理。按照贝尔的解释，所谓"经济化就是在互相竞争的各项目之间最合理地分配稀缺资源的科学"，经济化意味着手段的合理化，它使用的词汇是"最大限度""最优化""最低成本"等等。①

当代工业化　对各国工业化的历史与现状以及对工业社会的社会经济性质的广泛深入的研究表明，工业化过程虽有其一般规律可循，但它在本质上是一种历史现象，因此，在不同的世界历史条件下发生的工业化过程会有其不同的特点和内容。在近代史上发生的西欧及北美各国的工业化过程与第二次世界大战后各发展中国家发生的工业化过程不可同日而语。当代各国的工业化是在与欧美各国在近代所处完全不同的世界经济条件和技术条件下展开的。只要指出以下两点就足以说明发展中国家的当代工业化与欧美各国的近代工业化所处条件的差别：

1. 从技术条件看，欧美各国的近代工业化以当时最先进的技术为基础，尽管那种以蒸汽机为代表的技术在今天看来是多么"落后"。而发展中国家的当代工业化则以现代已相当成熟的技术为基础，这些成熟技术未必是最先进的，从世界范围来看，大多数只是中间技术，有些甚至只是传统技术。因此，欧美国家的近代工业化处于世界技术进步的前沿，而发展中国家的当代工业化在很大程度上是一个经扩散而获得成熟技术的过程。

---

① 参见《后工业社会的来临——对社会预测的一项探索》，第 306 页。

2. 从经济上看,欧美各国的近代工业化是世界经济发展中的领先现象,即进行工业化的各国在世界经济中处于增长中心的先进地位。而发展中国家的当代工业化则是世界经济发展中的"追赶"现象,即进行工业化的各国在世界经济中处于"外围"的后进地位。

因此,近代工业化是史无前例的"首创",当代工业化则是有例可鉴的"再创"。

但是,当代工业化不是对近代工业化的简单模仿。由于世界社会经济条件的巨大变化,当代工业化决不可能因循近代工业化的道路而亦步亦趋。当代工业化可以发挥后发优势,但也因处于后进地位而必须承受巨大的压力,其中,竞争劣势的压力会使其遇到更大的困难和复杂因素。

不过,当代工业化的历史作用仍然是要完成从前工业社会(传统社会)向工业社会的过渡。尽管当代工业化的社会经济内容远比近代工业化更丰富,但它的核心仍然是实现产业结构的升级和经济运行中心原理的转换,资金和财富的积累、高效率的生产和资源利用的经济化,仍然是当代工业化价值体系的核心和组织原理(及体制结构)的基础。

对工业化的批评　从 19 世纪开始,在欧洲资本主义国家发生的工业化方式就不断受到激烈的批评。英国空想社会主义者罗伯特·欧文(Robert Owen)、法国的蒲鲁东(Proudhon)和俄国的赫尔岑(Herzen)等都对当时欧洲各国工业化过程中出现的社会动荡、贫富分化和城市病态等现象进行过尖锐的批评。他们反对城市中机器大工业的发展,要求发展农村社区的小型企业,主张通过建立乡村合作社,进行文明的管理和平等的分配,以避免伴随着工业化而出现的城市化以及无节制地膨胀起来的工业生产带来的种种弊病。欧文还在新拉纳克开办了著名的乡村合作社,希望它成为非工业化道路的一个样板。但是,欧文的幻想最终还是被不可抗拒的欧洲工业化浪潮打破了。

本世纪中叶以来,在亚洲和非洲的发展中国家也不断出现反工业化的思潮和实践。最著名的是坦桑尼亚的尼雷尔和印度的甘地所提出的主张。由于以增长为目标的工业化政策的失败，1967 年，尼雷尔政府提出坦桑尼亚要走以农村发展为基础的经济发展道路，建立农村合作社或实行家庭承包，由国家控制工业，防止出现工业资产阶级，特别是反对通过大量工业投资或引进外资来实行工业化。甘地及其追随者也尖锐批评了大规模工业化，甘地提出"中间技术"的概念远比西方经济学家早。甘地的追随者在印度推行"大规模建立乡村政府、乡村自助、家庭手工业，和提高穷人的道德、文化水平"的纲领。①

在西方国家，工业化也受到来自各方面的批评。一些生态学家、经济学家、环境保护专家尖锐地指出，世界的自然条件无法承受目前的经济增长和工业发展速度，工业的进一步发展必将导致全球性的生态灾难，危及人类生存；世界再也不能容忍目前大规模工业生产所造成的越来越严重的污染。一些社会学家则指出，全面工业化带来了严重的社会弊病。他们认为，工业的发展促进了一些新工艺的产生，这类工艺有着贬抑人性的后果，它不顾人的需求，消磨人的精力，瓦解人与人之间的团结，使人变得冷漠甚至麻木不仁。②

70 年代初，D. 梅多斯（D. Meadows）等人指出，世界经济和工业投资不能无节制地增长，否则，工业发展将招致人类的自我毁灭。梅多斯等人在其提出的著名的研究报告《增长的极限》一书中得出的结论是："如果世界人口、工业化、污染、粮食生产以及资源消耗按现在的增长趋势继续不变，这个星球上的经济增长就会在今后一百年内某一时候达到极限。最可能的结果是人口和工业生产能力这两方面发生颇为突然的、无法控制的衰退或下降。"因此，必须"确立 种可以长期保持

---

① 参见周忠德、严炬新编译：《现代化问题探索》，知识出版社 1988 年版，第 23 页。

② 参见〔英〕安德鲁·韦伯斯特：《发展社会学》，华夏出版社 1987 年版，第 131—133 页。

的生态稳定和经济稳定的条件"来改变这种增长趋势。[1] 即在 1975 年停止人口的增长,到 1990 年停止工业投资的增长,以达到增长为零的全球性的均衡。梅多斯等人的增长极限理论以及对世界经济增长前景的悲观预测显然是有严重缺陷的,但是,这对于清醒深刻地认识工业化的利弊得失不无参考价值。

由于人们对传统的工业化道路的弊端逐步有了认识,从 60 年代以来,一些学者就开始研究新的发展道路。1964 年,美国著名经济学家西奥多·W. 舒尔茨(Theodore W. Schultz)撰写了具有深远影响的《改造传统农业》一书,反对轻视农业的看法,特别是反对以损害农业为代价来发展工业的传统工业化道路。他指出:"存在着一种轻率的推断,即认为农业生产将通过提供部分工业化所需要的资本,通过向扩大中的工业提供部分工人,特别是认为可以不提高农产品价格,通过生产足够的追加食物和其他农产品以满足日益增长的需求,来支持工业化过程。但是,后来痛苦地发现,实现农业现代化也是必需的。"[2] 而要实现农业现代化就必须制定出提供农业机械、灌溉设施和更多肥料的计划,这就要求农民必须具备有效地使用现代农业要素所必需的技能和知识。因此,舒尔茨强调,必须重视向农民投资,向人力资本投资。[3]

1973 年,英国的著名学者E. F. 舒马赫(E. F. Schumacher)出版了《小的是美好的》一书,该书在 1973—1979 年重版了 12 次,并被译为多种文字,在世界各国产生了广泛影响。舒马赫批评了大规模工业所带来的祸害。他指出:"我们时代最重大的错误之一是相信生产问题已经解决。我指出过,产生这种幻觉主要是由于我们没有认识到:现代工业体系尽管拥有它全部体现高度智力的先进技术,但却在摧毁自己赖

① 参见〔美〕D. 梅多斯等:《增长的极限》,商务印书馆 1984 年版,第 12 页。
② 〔美〕西奥多·W. 舒尔茨:《改造传统农业》,商务印书馆 1987 年版,第 148 页。
③ 同上书,第 132—153 页。

以建立起来的基础。"① 因此，他主张，要为人类提供健康、美好与安定的环境，这就应该发展小型技术，比较非暴力性的技术、"具有人性的技术"②。他说："正如甘地所说，大量生产帮助不了世界上的穷人，只有大众生产才能帮助他们。大量生产的体系建立在资金高度密集、高度依赖能源投入以及劳力节省的技术的基础上，先决条件是已经富有，因为设立一个工作场所需要有大量投资。大众生产的体系是调动人人都有的无价的资源，即聪明的大脑和灵巧的双手，并且使用第一流的工具辅助它们。大量生产的技术本质上是暴力的，破坏生态的，从非再生资源的角度来说，是自我毁灭的，并且使人失去作用。大众生产的技术由于利用最好的现代知识和经验，因而易于分散，适应生态学的规律，缓和地使用稀少资源，目的是为了帮助人，而不是使人成为机器的奴仆。我把这种技术称之为中间技术，以表示大大超过以往年代的原始技术，同时又比富国的超级技术简单得多，便宜得多，自由得多。你也可以称之为自力更生的技术或民主的技术、人民的技术——一种人人可以采用的，而不是那些有钱有势的人专有的技术。"③

　　须强调指出的是，对工业化的批评并没有导致对工业化的否定，实际上没有任何一个国家放弃了实现工业化的努力。正如深谙经济发展之道的台湾经济界强人赵耀东所说："世界各国中除了资源特别丰富的沙特阿拉伯等国之外，没有任何高所得的国家不是靠'工业化'的……没有工业就没有前途。"④ 不过，从各种对工业化的批评意见中，确实可以吸取许多教训。这有助于各国探索更好的当代工业化道路。工业化是不可阻止的历史潮流，但工业化过程不是没有代价的，特别是如果选择了错误的、不合时宜的工业化战略，将会给经济发展带来极为不良的

---

① 〔英〕E. F. 舒马赫：《小的是美好的》，商务印书馆 1984 年版，第 7 页。

② 同上书，第 8 页。

③ 同上书，第 104 页。

④ 赵耀东：《平凡的勇者》，天下文化出版股份有限公司 1991 年版，第 92—93 页。

影响,工业化过程本身也会受到挫折。因此,当代工业化需要追求一种较小代价的良性循环模式。

1.3 社会经济制度与工业化

资本主义工业化　至少到第二次世界大战以前,工业化一直是与资本主义制度相联系,人们所说的工业化都是指资本主义工业化,对工业化的批评也都是针对资本主义工业化而言的。

马克思认为,虽然大机器生产与大机器的资本主义运用是不同的,工业社会并不等同于资本主义制度,但是,从历史发展的客观事实看,资本主义生产关系的形成和发展适应了工业化(工业革命)的要求,而工业化(工业革命)又为资本主义制度的巩固奠定了物质技术基础。马克思指出:"现代工业社会发展的预备时期,是以个人的和国家的普遍货币欲开始的。"[1] 而货币资本也是资本主义再生产过程的"第一推动力"。[2] 因此,资本主义经济关系越是发展,现代工业本身的发展也就越快。[3] 大工业的发展必须以(资本的)积累为前提,而资本主义生产的信条正是把积累视为最高原则。所以,在那个时代,工业化实际上就是资本主义化。正是在这一意义上,马克思说:"如果说亚当·斯密是向大工业过渡的工场手工业时期的经济学家,因而他主要是从中等资产者的角度来看积累,那么,李嘉图是大工业的经济学家,他是从大资产者的角度来看事物。为生产而生产,再生产最大可能地增长,特别是劳动生产力的增长,是最终的和决定性的目的。"[4] 作为资产阶级经济学家,李嘉图所宣扬的正是所谓工业主义精神。

---

① 《马克思恩格斯全集》第46卷上,人民出版社1979年版,第175页。
② 《马克思恩格斯全集》第24卷,人民出版社1972年版,第393页。
③ 《马克思恩格斯全集》第46卷上,人民出版社1979年版,第235页。
④ 《马克思恩格斯全集》第49卷,人民出版社1982年版,第521页。

虽然马克思承认资产阶级在促进工业化方面所起的"非常革命"的作用,但在原则上并未将工业化与资本主义制度视为同一的东西。与此相反,资产阶级和小资产阶级思想家总是把工业化与资本主义制度的发展等同起来。因此,他们认为发展资本主义是实现工业化的唯一道路,而反对资本主义制度的人(例如西斯蒙第)也反对工业化。

当然,不能否认,无论从历史上看还是从当代世界经济的现实看,大多数国家走的是资本主义工业化道路。

资本主义工业化的特点是:资本家阶级财富的迅速积累和雇佣劳动者大军的形成;在工业化过程中,社会生产力高度发展,但一切生产力都表现为资本的生产力,资本是工业化的灵魂;资本主义工业化过程同时也是市场经济充分发展的过程,市场像是至高无上的主宰者,决定着资本主义工业化的基本轨迹;而工业化舞台上的主角则是熊彼特(J. Schumpeter)所说的企业家。

资本主义工业化批判　资本主义工业化的进步作用特别是其历史功绩得到了应有的肯定,但是,它也受到来自各方面的批评甚至反对。

18—19 世纪,资本主义工业化主要遭到两方面的反对,一是封建贵族,他们因害怕失去自己过去的权力而反对新兴资本家;二是工人阶级,他们反对资本家的剥削,也反对大机器工业的发展使他们失去工作,那时,他们还不懂得把大机器与大机器的资本主义运用区别开来。当然,资本主义工业化也受到小资产阶级思想家们的批判。

马克思主义者在承认资本主义工业化的历史进步性的前提下也对其与工人阶级的对抗性进行了深刻的批判。他们指出:资本主义工业化使工人成为依附于大机器的"局部工人",受到资本家更严酷的剥削。

第二次世界大战以后,许多发展中国家走上了资本主义工业化道路,资本主义工业化的弊病更充分地暴露出来,因而受到人们更多的批判。这些批判主要集中在以下几个方面:

1. 资本主义工业化在许多发展中国家造成了社会严重的两极分化，形成病态发展。法国经济学家勒内·杜蒙（R. Dumont）教授指出："在这种病态发展中，只有少数居民从中得益。这些特权者人数越是减少，这些非再生资源的浪费也就越大。我们认为，这种演变可以称它为'病态发展'。我们在哥伦比亚、墨西哥，特别是在巴西都会发现这种已经很严重的病态发展，特权者穷奢极欲，而农村的贫困、城市的失业，以及贫民窟都相应而生，营养不良状况日益严重。城乡差距和贫富悬殊不仅表现在收入方面，而且也表现在健康水平和教育水平方面，特别是在知识和权力方面，而我们却漠然置之，无动于衷。"[①] 玛丽－弗朗斯·莫坦（Marie-France Mottin）也指出，在拉丁美洲的资本主义工业化过程中，"数千万群众被历史所抛弃，处于社会边缘地位，这种情况比比皆是，极为平常"。[②]

2. 资本主义世界体系本身阻碍着不发达国家实现工业化，而且，正是资本主义的发展导致了当代的"不发达"现象。P. A. 巴兰（P. A. Baran）在 1952 年发表的《论后进的政治经济学》一文中就指出：早期的西方资本主义入侵对不发达国家的经济发展产生了灾难性影响，外国资本与本国封建阶级的勾结，堵塞了不发达国家经济发展的一切可能性。1957 年，他出版了《增长的政治经济学》一书，提出：不发达国家的命运与早期发展的那些发达资本主义国家是非常不同的。资本主义的发展使后者的经济获得迅速的增长，而对前者来说，资本主义正是经济停滞和各种社会灾难的根源。他认为，在当代，垄断已使资本主义从经济发展的动力变为停滞的原因。特别是在不发达地区，入侵的资本主义与本国落后的前资本主义生产方式混合；经济剩余的生产和使用处于非常不利于经济增长的状况，从而使不发达国家被冻

---

①　〔法〕勒内·杜蒙、玛丽－弗朗斯·莫坦：《拉丁美洲的病态发展》，世界知识出版社 1984 年版，第 1 页。

②　同上书，第 5 页。

结（frozen）在经济发展的低水平上。A. G. 弗兰克（A. G. Frank）等一批发展经济学家认为，资本主义的特征是在世界性的交换体系中为利润而生产以及一些地区对另一些地区的剥削。在这个体系中，发达的"中心"（center，或城市 metropolis；核心 core）剥削不发达的"外围"（periphery，或附属区 satellites）。在外围国家，统治阶级起了剥削体系的中介的作用，并力图维护旧的制度，从而使不发达国家长期处于依附于发达国家的地位。因此，不发达不是前资本主义的原始的落后状态，而是被强加了一种特殊的（资本主义的）剥削方式的结果。中心的发达和外围的不发达是同一块铜板的两面，而这个资本主义世界体系至今没有发生根本的改变。总之，"不发达过去是现在仍然是曾经引起过经济发展的同样的历史过程所引起的，这个历史过程就是资本主义本身的发展"[①]。萨米尔·阿明（S. Amin）在其《世界规模的积累》（1974）、《不平等的发展》（1976）和《帝国主义与不平等发展》（1977）等著作中则指出：不发达国家的经济落后是世界规模的资本主义积累和帝国主义扩张所产生的经济不平等发展的结果。因此，发展中国家难以通过资本主义工业化来实现经济发展。东欧的一些经济学家也认为，当代的不发达国家是资本主义世界经济发展的产物，是帝国主义和殖民主义扩张的后果。这些国家经济不发达的主要表现不是收入水平低，而是：（1）对外国资本主义列强的经济依附；（2）由外国资本主义列强的经济剥削造成的收入流失；（3）国内经济二元化（或双重化）[②]，经济结构畸形；（4）社会结构畸形（变态）。

　　以上学者大都认为，不发达国家不可能在资本主义制度下发展民

　　① A. G. Frank, Development of Underdeveloped, *Every Day Review*, Vol. 18, No. 4, Dec., 1966.
　　② "二元化"是指经济体系中产生经济性和社会性的分化现象，例如技术水平差异，地区发展差异，本国社会制度与外来社会制度之间以及社会风俗习惯和社会价值观念方面的差异等。

族经济,实现工业化。这一结论显然过于绝对和简单化了,但是,他们对世界资本主义体系的弊端及其对发展中国家的工业化产生的不良影响的批评性分析的确不乏深刻性和鲜明性。

3. 市场调节的有效性是有限度的,如果不对资本主义的社会结构进行改造,市场经济也不能解决发展中国家发展民族经济、实现工业化的问题。阿根廷经济学家劳尔·普雷维什(R. Prebisch)指出:"由于资本主义的向心性,工业化很晚才来到外围。这种晚近性是外围的经济技术劣势的原因所在,因此,外围的生产率也低,并总是落在中心的后面。然而,外围却越来越多地采用中心先进的消费形式。这个巨大的矛盾趋向于把大量的居民排斥于发展之外。这种现象还由于技术对外围社会结构的另一种影响,即人口的激剧增长而加剧。"这些问题仅仅靠市场调节是无法解决的。而且,"在市场规律统治下,外围出口活动中引进的技术进步成果趋向于全部或部分地向中心国家转移。这实质上是一个结构性问题。除了合理的工业化之外,没有其他更具有经济合理性的解决办法;但不是自发的工业化,而是在保护政策支持下的有意识的工业化。否则,恶化趋势可能加剧"。总之,他认为:"市场不仅缺乏社会视野即公正,而且也缺乏时间视野"。"把经济的最高调节作用归于市场,是常规理论(指新古典理论——引者注)的一个不可原谅的错误。市场远远不能发挥这种作用"。他还说:"不应把市场同从后面推动它的种种因素混淆起来,也不应要求市场提供它所不能提供的东西。市场不能改变社会结构,而在很大程度上决定收入分配的权力关系正是从社会结构中产生出来的;市场也不能决定积累的必要速度。但是,如果这样那样的一些重大缺陷能公正地、有预见性地得到纠正,市场就会变为一种配置生产资源的有效机制。"①

---

① 〔阿根廷〕劳尔·普雷维什:《外围资本主义——危机与改造》,商务印书馆1990年版,第247、248、261、318页。

由于对资本主义工业化的批判性认识，人们对社会主义工业化道路寄予了很大的期望。

社会主义工业化　按照马克思主义的经典理论，社会主义制度是资本主义经济高度发达的产物，是由发达的（已实现工业化的）资本主义国家的无产阶级建立的比资本主义更先进的社会经济制度。从这一意义上说，社会主义工业化本身似乎就是一个自相矛盾的概念。其实，真正的矛盾不在于这个概念，而在于现实世界。在当今这个贫富分化的现实世界中，不发达国家走资本主义工业化道路会遇到种种困难。有的国家认为："在资本主义体系中，不可能有某种和谐的未来世界；根除贫困和满足人民基本需求的唯一办法，就是彻底根除资本主义制度。在达到这一目标之前，第三世界国家应当通力合作，共同实现自力更生。"① 因此，这些国家走上了或试图走上社会主义工业化道路。

在发展中国家，特别是在亚洲和非洲，官方自称为社会主义或主张实行社会主义政策的有许多国家。它们都推行或声称准备推行社会主义制度或政策，以求废除或削弱生产资料私有制，禁止或限制对劳动者的剥削，建立国有制经济，加强国家对经济的控制，重新分配财富或对收入进行均等化的再分配。由于各国的具体国情不同，加之对"社会主义"的理解也有很大差别，所以，这些自称为社会主义的国家所真正实行的制度和政策也是相异的。

在不发达国家实行社会主义工业化决不是件容易的事。正如巴兰所说："在落后的和不发达的国家，显然只能建立一种落后的和不发达的社会主义。"② 有的国家，例如坦桑尼亚，由于缺乏建设社会主义的必要条件，无法解决工业化过程中遇到的严峻问题；有的政治家，例如智利的阿连德，试图通过实施一系列激进的社会主义政策来推进社会主

---

① 《发展社会学》，第 144 页。

② P. Baran, *Political Economy of Growth*, London, 1973, p.14.

义工业化,却由于政权的丧失而失败。[①] 印度的工业化道路也受到社会主义思想的影响。这种影响不仅来自甘地的农业社会主义思想,而且,据说也来自马克思列宁主义的影响。尼赫鲁认为,独立以后的印度的经济和社会发展纲领是最终实现完全的社会主义社会的过渡时期的纲领。[②] 在工业化过程中,印度强调,国民经济的核心应由国有化的或国营的重工业组成。私营企业要在符合公共利益的基础上加以管理。农村要实行土地改革,农业要在合作的基础上组织起来。在国际贸易中国家要起主要作用。但是,印度的社会经济矛盾错综复杂,这些带有"社会主义"色彩的国家政策是否能解决这些矛盾,是很值得怀疑的。

问题在于,究竟什么是真正的社会主义。正如英国学者安德鲁·韦伯斯特所说,"其实,第三世界的许多所谓'社会主义'国家都带有资本主义社会的性质,它们的领导者用社会主义的言辞来迎合公众的心愿。"[③] 可以说,至今为止,真正实行社会主义工业化并取得成功的国家并不多。但是,西方学者也承认,在推行工业化方面,"中国被认为是最成功的社会主义"[④]。因此,研究中国的社会主义工业化道路,具有特别重要的世界性意义。

1.4　中国工业化

历史背景和现实条件　中国工业化的起点是中华人民共和国的建立。按照美国经济学家罗斯托(W. W. Rostow)的发展阶段论中关于经

---

① 在 1970 年 9 月 4 日的选举中,阿连德的马克思主义民众团结党以 36.2% 的选票获胜。按宪法规定可以执政 6 年。但他的政府却在 1973 年 9 月 11 日的军事政变中被推翻。
② 参见〔美〕阿兰·G. 格鲁奇:《比较经济制度》,中国社会科学出版社 1985 年版,第 774—777 页。
③ 《发展社会学》,第 150 页。
④ 同上。

济起飞的标准,中国经济起飞的时刻是新中国建立并使国民经济得以恢复的 1952 年(见表 1-2)。新中国诞生以前,我国是一个经济文化十分落后的国家,毛泽东称之为"一穷二白"。这样,中国工业化就只能在一个近代工业很不发达、农业经济十分脆弱的基础上开始起步。当时,中国工业的发展水平不仅远远落后于发达国家,而且也落后于印度等不发达国家。1952 年,中国的人均国民收入及一些主要工业物资的人均产量都低于印度(见表 1-3)。而且,人均农业资源、人均探明矿产储量都很低(印度依赖于农业的人口为每公顷耕地 0.6 人,中国为 1.9 人,是印度的 3 倍),技术基础薄弱。因此,中国工业化所面临的困难是严重的。

表 1-2　罗斯托认定的各国经济起飞的年代

国家	起飞时间	国家	起飞时间
英国	1783—1802	俄国	1890—1914
法国	1830—1860	加拿大	1896—1914
比利时	1833—1860	阿根廷	1935
美国	1843—1860	土耳其	1937
德国	1850—1873	中国	1952
瑞典	1868—1890	印度	1952
日本	1878—1900		

资料来源:转引自陶在朴:《经济发展的理论与战略管理》,成都科技大学出版社 1989 年版,第 51 页。

表 1-3　工业发展水平的国际比较

项目	苏联 (1928 年)	日本 (1936 年)	印度 (1950 年)	中国 (1952 年)
人均 GNP(1952 年美元)	240	325	60	50
人均煤(公斤)	273	604	97	96
人均钢(公斤)	22	29	5	2.8
人均生铁(公斤)	29		4	2

（续表）

项目	苏联 （1928 年）	日本 （1936 年）	印度 （1950 年）	中国 （1952 年）
人均发电量（千瓦）	0.01	0.10	0.01	0.005
人均纱锭（枚）	0.05	0.17	0.03	0.01
人均水泥（公斤）	13	63	9	4

资料来源：The World Bank, *China: Socialist Economic Development*, Volume I, p.43.

　　但是，中国实行社会主义工业化也有一系列有利的因素。韦伯斯特是这样评论的："1949 年中国开始建设社会主义时的世界形势是很特殊的……那时不必对付任何来自发达资本主义'中心'的威胁，因为当时各个资本主义大国刚刚经历了第二次世界大战的创伤，'胜利'之后的'复苏'任务很艰巨……在远东地区，中国相对孤立于世界事务之中。毛泽东在农村地区进行了多年工作，他领导的军队赢得了农民阶级的支持。在红军同国民党政府和日本侵略者的斗争获得胜利之后，毛泽东不仅赢得了农民阶级的支持，并且建立了有效的政治与军事机器，借此完成他设想的重要变革。总之，毛泽东建立了一个统一的、强大的中央集权国家，其政府官员和士兵通力合作，消灭了传统的上层阶级的残余势力。国家控制了农业和工业劳动力，保证了资源的有效利用，并通过降低人民的消费水平来保证投资。"总之，他认为，"相对闭塞、农民阶级的支持、革命斗争和强大的国家机器，这就是中国能够比较成功地建设社会主义的四个因素"。[①]

　　其实，更为重要的是，近现代中国社会发展史已证明，类似西方国家的那种资本主义工业化道路在中国走不通，"只有社会主义才能救中国"的信念深入人心。而且，中国的老百姓们都坚信，社会主义可以给他们带来真正的利益。社会主义革命使他们摆脱了受剥削的地位，社

---

　　① 《发展社会学》，第 150—151 页。

会主义工业化也一定能使他们摆脱饥饿、贫困和落后。因此,在中国,社会主义成为不可抗拒的历史潮流。潮流涌来,群情激昂,人民以高度的自我牺牲精神投入经济建设,为社会主义工业化注入了强大的活力。这种历史机遇在世界各国历史上都是未曾有过的。中国共产党人抓住了这一历史机遇,决心推进中国的社会主义工业化过程。

令人瞩目的成就和"奇异"现象　中国工业化的道路是曲折的,四十多年来几经磨难,人民为此也曾付出沉重的代价。但是,没有人能否认,中国社会主义工业化的成就是巨大的。中国已经改变了落后农业国的面貌,建立起比较完整的工业体系和国民经济体系,成为世界上任何国家都不能忽视的社会主义大国。

中国在社会主义工业化过程中已迈过了几个关键性阶段,经济学家们所期望的自我持续的经济增长(self-sustained growth)机制已经形成。特别是 70 年代末实行改革开放以来,中国迎来了空前的经济繁荣,工业化的成果已成为人们实际可得的直接利益。

中国是发展中国家,在工业化过程中遇到许多与其他发展中国家共同的问题;同时,中国又有其特殊的国情,它所实行的社会主义工业化道路与其他发展中国家有着不少差别。中国工业化过程中所表现出的社会特别是政府的主动意识给人们留下深刻的印象,使工业化的历史轨迹带有明显的人为印迹。因此,中国工业化所取得的成就和发生的偏差往往都具有"奇异"特征,有些方面甚至表现出与其他发展中国家相反的现象,人们往往不得不用"过分""绝对"等这样的词汇来评论在中国发生的事情。例如,在一般发展中国家,提高积累率是不容易的,低积累率是工业化的主要障碍之一;而在中国,积累率却高得被认为是太过分了。在一般发展中国家,工业化过程中财产和收入分配的两极分化是个难以对付的问题,往往引起严重的社会矛盾,因此,追求分配均等化是经济发展的主要福利评价准则之一;但在中国,人们却认为平等得过分了，出现了绝对平均主义现象。在一般发展中国家，城市中的失业现象严重，尽可能提高就业率是政府工业化政策的重要目标之一，但这一目标往往很难实现；在中国，增加就业也是政府的重要政策目标，而推行这一政策的结果是，人们现在觉得就业率似乎太高了，把社会劳动者的劳动的权利绝对化了，为消除失业，三个人的活五个人干，三个人的饭五个人匀着吃[①]，造成企事业单位内人浮于事，现在，人们开始议论，须适当保持一定的失业率了。在一般发展中国家，发展重工业是个困难问题；而在中国工业化过程中，重工业过重却成为（至少是一度成为）产业结构失衡的重要表现之一。在一般发展中国家，投资意愿不强是工业化过程中的一大障碍；而在中国，问题却往往出在投资膨胀上。

总之，中国工业化过程中，各方面都表现出某些"奇异"现象，这些"奇异"现象从一方面看是工业化的成就，从另一方面看又是矫枉过正而产生的新矛盾和新问题。因此，客观分析和正确评价中国工业化过程中的这类"奇异"现象，全面认识各种工业化政策的利弊得失（"奇异"现象大都与一定的工业化政策有直接关系），是中国工业化研究的一个重要课题。

当代工业化研究的一个典型样本　中国是世界上最大的发展中国家，50年代以前的中国几乎具有经济不发达的一切特征：收入低下、结构落后、国民素质差、人口压力大、国际贸易条件不利，等等。而从50年代以来，中国以其强烈的赶超意识，开始了工业化新纪元。四十多年来，中国工业化所取得的成就、存在的问题、经历的挫折以及出现的种

---

①　从新中国成立初期开始，对国民党的旧人员就实行了"包下来"的政策，"三个人的饭五个人匀着吃，房子挤着住"，后来对私营工商业中的失业工人也由政府统一安置工作。参见薄一波：《若干重大决策与事件的回顾》，中共中央党校出版社1991年版，第15—16、106—107页。

种"奇异"现象,勾勒出了一幅大国工业化过程的丰富而完整的历史画面,它为当代工业化研究所提供的信息容量几乎是无限的。

在中国工业化过程中,国家工业化政策所起的作用是巨大的。从一定意义上说,四十多年来的中国实际上成为国家工业化政策的一个巨大实验场,人们可以从中取得许许多多的经验、教训和研究数据。这种由几亿、十几亿人口所参加的工业化政策的实践在世界上是罕见的,也可以说是绝无仅有的。

中国工业化虽然走的是一条十分独特的道路,但是,由于它自身规模的巨大和历史内容的极端丰富性,它所具有的世界性意义仍然是一般发展中国家工业化所无法比拟的。巨大和丰富中总是包含着更多的普遍规律,这就犹如大数定律可以尽可能排除偶然性而显示必然性一样。从这一意义上可以说,不了解中国工业化,就不可能真正懂得什么是当代工业化;而深入研究中国工业化(并将其与其他各国工业化相比较),则可以为揭示当代工业化的内在规律性以及各种工业化政策的实际效应开拓广阔的视野。

总之,中国是研究当代工业化问题的一个具有独特意义的典型样本,对它的研究意义远远超过一般的国别经济研究。因此,本书将力图从更高的理论抽象度上来对中国工业化过程进行尽可能全面的经济分析,并使之获得工业化经济理论上的较完整的再现。

第2章 工业化的经济分析基础

2.1 经济发展过程的渐进与激变

连续性与非连续性 新古典经济学的代表,英国经济学家马歇尔(A. Marshall)曾经提出过著名的经济分析的"连续原理"。他说:"时间的因素——这差不多是每一经济问题的主要困难之中心——本身是绝对连续的:大自然没有把时间绝对地分为长期和短期;但由于不知不觉的程度上的差别,这两者是互相结合的,对一个问题来说是短期,而对另一个问题却是长期了。"[①] 因此,他认为,发展是连续过程,"经济进化是渐进的。它的进步有时由政治上的事变而停顿或倒退,但是,它的前进运动决不是突然的,因为,即使在西方和日本,它也是以部分自觉与部分不自觉的习惯为基础。天才的发明家、组织者或财政家虽然似乎可以一举而改变一个民族的经济组织,但是,他的不纯然是表面的和暂时的那一部分影响,一经研究就可知道,也不外乎是使得久已在准备中的广泛的建设性的发展达到成熟而已"[②]。

马歇尔所说的这种连续性原理尽管遭到过各种批评,但它几乎成为纯粹经济分析不可缺少的方法论基础。特别是,当经济学家运用数

---

① 〔英〕马歇尔:《经济学原理》上卷,商务印书馆1983年版,第13页。
② 《经济学原理》上卷,第17—18页。

学工具时,连续性假设往往是基本前提。即使在运用离散数学分析手段(例如,差分方程)时,一般也认为它所反映的经济现象本身是连续的,数学上的离散化处理只是为了使分析过程简单一些,或更便于使用离散化的统计资料,例如,以年度为长度的时间序列数据。

很明显,绝对化了的连续性原理与经济发展的性质是有矛盾的。如本书第 1 章中所指出的,发展是事物变化的一种长期动态过程,是事物质态的变化,它不仅仅是量的扩张或收缩,一般是不可逆的过程。而且,发展是有阶段性的,各个阶段之间是有明显的特征差别的。这表明,经济发展在时间上的特征不是匀质的过程。因此,发展过程必然包含非连续因素。非连续因素在一定时期内的聚积和实现其能量的集中释放,有可能导致经济进化过程出现飞跃。

当然,飞跃也是一个具有一定长度的时间持续过程,在这一过程中,经济生活表现为可以明显观察到的全面性激变。这种激变过程对于具有漫长历史的整个人类或整个民族来说,也许只是短暂的一刻,但是,对一代人来说,却是相当长久的,激变可能持续一代人甚至几代人的时间。在这一意义上,也许马歇尔所说的长期与短期没有绝对界限是合理的。但是,完全否认经济演进中的非连续性和激变过程的重要性,决不是经济分析的正确的方法论基础,即使仅仅是为了分析的方便而在技术上作这样的假设,也不能保证一定不会损害经济分析的科学性和分析结论的可靠性,尽管在一定限度内作这种连续性假设是合理的或可取的。

经济激变与工业化　在经济发展的长河中,工业化是一个明显的激变过程。100 年的工业化时期所创造的财富和发生的变化,往往比在此之前的整个历史时期所创造的财富和发生的变化还要多,还要大。

尤其是社会主义工业化,它所具有的经济激变因素更为强烈。1949 年以前的中国,虽然早已蕴藏着工业化的因素,工业化的初潮在母体内萌动。但是,历史的重负压制和窒息了中国工业化的进程。近代工业化进程在中国大地上被中断了。自此以后,中国大陆的工业化以社会主义制度的建立为开端。近代工业化的中断和当代工业化的开端之间有一个明显的历史间断点,是工业化过程的非连续性的显著表现。因此,在近现代经济发展史上,中国社会主义制度下的当代工业化过程不能不表现为惊天动地的历史激变。

经济激变意味着,经济发展中注入了某些全新的因素。这些新的因素在经济机体中发生着革命性的作用,推动经济进化过程急剧加速。这在经济分析中,不仅表现为生产函数中的系数值发生显著变化,而且表现为生产函数本身的构造也须得以更新。

经济激变还意味着,经济发展的内在机制发生着巨大的变化。这种变化往往是以制度变迁或体制改革为其外在表现。经济发展机制的转变,使经济发展明显地脱离旧的轨迹,步入新的道路。这要求在经济分析中更注重制度因素的研究。因此,离开了制度分析,很难揭示工业化过程的内在机理,也很难理解和解释一个国家为何能在一段相对较短的历史时限内"突然"获得如此强有力的加速增长动因。

经济激变表明,整个社会的价值准则和观念形态也在发生急剧变化。经济发展的社会文化背景改变了,经济运行的中轴原理也随之改变。在工业化过程开始之前,人们追求传统的宁静平稳的生活,经济活动的主要目标是维持生存和贮藏财物,社会的偏好结构和需求结构的变动十分缓慢。自从开始了工业化进程,经济效率成为最重要的价值准则,追求经济效率成为经济运行的中轴原理:以有限的投入获得最大的产出,几乎被认为是经济活动中不言自明的公理。对经济效率的无止境的追求,一次又一次地突破人们过去的欲望限度,刺激起新的欲望,因此,整个社会的偏好结构和需求结构急剧变化。在一般经济分析中,特别是在一般均衡经济分析中,通常须假定不变的社会价值准则和不变的偏好结构，这实质上是以连续原理和渐变假设为前提的。但在经济激变条件下，这一前提条件是不成立的。因此，在对工业化过程进行经济分析时，必须将基于社会价值准则转变的经济行为目标变化引入理论分析的基本框架中。

经济激变还表明，经济运行机制背后的社会结构在发生很大的变化。从一定意义上说，经济机制，特别是市场机制，只是一种传递功能装置，经济机制所进行的调节，其后果在很大程度上取决于社会结构的现状。换句话说，在不同的社会结构条件下，经济调节会产生不同的经济和社会后果。因此，对工业化过程进行经济分析时，必须深入到对社会结构变化的研究。

在经济激变过程中，经济行为人不断遇到许多未曾见过的新现象、新问题，他们必须一次又一次地调整自己的行为，因此，"学习"过程的加速，是经济激变过程中的重要现象。古希腊的一位哲学家说过，人不能两次踏入同一条河流，他的意思是说，世界在不断变化，人不能重复过去的经历。而在经济激变过程中，经济行为人则往往不会以同一种方式作出两次相同的决策，即使他们遇到的问题是雷同的。他们会调整自己的行为，使第二次比第一次更为明智。因此，在对工业化过程进行经济分析时，要特别注意学习行为的重要性。必须充分认识到，不仅一般的社会成员在不断地学习以适应经济环境的激变，而且政府中的经济计划人员也在不断地学习。在经济分析中，学习可以被视为一种独特的理性预期行为。

工业化没有"奇迹"　尽管工业化是经济发展中含有强烈的飞跃特征的激变过程，经济进化过程以前所未有的速度推进，物质财富大量涌现，辉煌的建设成就令人叹为观止，但是，所有这一切都是人类辛勤劳动的创造物，而不是无法解释的"奇迹"。工业化研究的主要任务之一，就是要确定工业化业绩的解释变量，并揭示出这些解释变量与体现着工业化成就的被解释变量之间的真实的函数关系。从这一意义上说，对工业化过程进行经济分析，首先须假定存在某种可以认识并可以用一定的（文字的、数学的或图形的）语言来描述的工业化函数，这一函数可以解释推动工业化进程的各种投入与工业化产出之间的内在联系。

在工业化研究的早期理论中，人们所认识的工业化解释变量主要是物质要素投入的增长，例如，资本投入的增加和劳动人口的增加。各种无法由物质要素投入的增长来说明的余值，都归之为一个内容宽泛的"技术进步"变量的贡献。随着工业化研究的日趋精辟和深刻，人们所发现的工业化解释变量也在增加，文化传统、制度变革、政策选择等，都被引入工业化函数的理论框架和分析结构中。当工业化过程的内在机理和真实历史得到了由表及里的透彻的理论解释，工业化过程中显现出来的许许多多伟大业绩，也就越来越不足为奇了。

在工业化经济分析的方法论上，认定工业化没有奇迹，实质上就是承认，在经济发展的激变过程中仍然存在一定的经济过程的连续性。今天是昨天的延续，明天又是今天的延续，历史过程不仅在时间上是连续的，而且在一切因果关系中也存在不可否认的连续性，一切变化都是连续性与非连续性的统一：渐变中孕育着激变，激变是渐变的积累；反之，激变也为新的渐变开辟广阔空间。

在现实中，人们往往希望在工业化过程中追求突进，而突进往往导致事与愿违的后果，于是，人们认识到渐进的价值。但是，渐进的工业化过程也是某种程度上的经济激变。

因此，工业化的经济分析与一般经济分析相比，方法论上的最大特点之一，就是必须认真处理经济发展过程中的渐进性与激变现象之间的关系。忽视渐进性就无法揭示工业化过程的内在因果性和历史真实性；而否认激变则无法把握工业化过程的本质和特点。

应该承认，这是一种难以把握的关系，是经济分析所面临的一个挑战。正因为如此，迄今为止，经济学家们对工业化过程所作的经济分析，远没有达到一般经济分析所达到的那种水平。工业化经济分析是一个需要更多的理论建树才能真正成熟起来的经济学研究领域。

2.2　工业化研究的参照系原理

经济进化的方向　经济发展有其一般规律，各国的工业化进程也有某些共性。但这是否意味着，各国工业化都必然遵循一条经济进化的相同轨迹呢？如果答案是肯定的，那么，发达国家的今天就是发展中国家的明天，发达国家的经济结构现状就是发展中国家工业化所要追求的目标；而如果答案是否定的，那么，发展中国家又如何把握自己工业化的方向，即如何确定工业化战略的目标呢？

问题的实质是，研究和评价工业化过程，必须有一种参照系，一种衡量工业化动态过程的评价准则。

早期的工业化理论有意无意地具有欧洲中心论的性质，即假定欧美工业化国家近现代经济发展的历程及其所达到的经济结构现状，体现了工业化过程的一般性质；其他国家要实现工业化，也必须走上与欧美国家所走过的相同道路，至少也必须达到欧美国家目前已实现的经济结构状况。基于这一认识，发展中国家工业化的实质就是追赶工业化国家，重演工业化国家所经历过的工业化历史。于是，流行着这样一种关于经济发展的哲学：对富国来说最合适的，对穷国来说也必定是最合适的。[1] 因此，只有当发展中国家的经济结构状况向着发达国家的经济结构状况演化时，才被认为是工业化的推进。

这种以发达国家的经济现状为工业化进程参照系和评价准则的工

---

① 参见《小的是美好的》，第 112 页。

业化理论,受到了许多批评。正如本书第一章中已指出的,发展中国家目前正在进行的当代工业化过程与发达国家曾经历过的近代工业化过程,所处的条件有巨大差别,因此,两者的性质不完全相同,其演进轨迹也不可能一样。基于这样的认识,工业化研究中,就没有充分的理由把欧美国家的经济现状来作为经济分析的参照系,至少是不能作为唯一的基本参照系。

但是,这样也使工业化经济分析遇到了方法论上的困难。没有可以依据的基本参照系,又怎么估计和评价工业化的水平和成就? 由于缺乏一致认同的评价体系,中国在有些时候被认为是不发达国家(非工业化国家),在有些文献中被认为是正在进行工业化过程中的国家,而也有的文献中称中国为"半工业化国家",与韩国、新加坡、阿根廷、巴西、墨西哥等通常被称为"新兴工业化国家"的国家同属一类。[①]

问题的关键并不在于确定一个国家目前所处的具体的工业化阶段,而在于必须解决工业化研究的一个方法论原则:如何看待经济进化的方向以及由此决定的工业化过程的基本轨迹,这实质上是一个如何为工业化经济分析定位的问题,经济分析的一切逻辑前提和理论假设都得以此为基础。

"大数定律"和现象相关　由于纯粹的理论演绎难以为工业化研究提供一个可以接受的经济分析参照系,许多经济学家采用归纳法来建立研究基础。他们从经济增长的要素分析开始,度量伴随收入的增长,消费、积累、生产、贸易以及其他各种指标的结构变化。特别注重运用多国数据和时间序列数据进行回归分析,从而揭示工业化过程中各个国家共同具有的一致因素,以此构建工业化过程中经济发展的"一般形式"或"标准形式",作为比较研究的基本的参照系。

---

① 参见〔澳〕约翰·科迪等主编:《发展中国家的工业发展政策》,经济科学出版社1990年版,第24页。

　　工业化研究的这种方法论遵循的是大样本的统计分析可以揭示一般规律的逻辑，认定大多数国家所具有的普遍因素和共同现象就是经济进化的基本方向和标准轨迹。

　　这种研究方法摈弃了欧洲中心论，把视野扩大到全世界的各个国家，而且，特别注重对当代的准工业化国家（地区）的研究。在这方面作出了较大贡献的是以 H. 钱纳里为代表的一批经济学家。

　　一旦获得了工业化过程的标准发展形式的理论表达式，也就揭示出与工业化过程相关的各种经济和社会变迁的一般内容。尽管人们还不能依此而轻易判断其中的因果关系，但至少可以看到工业化过程中的各种相关现象，例如，人口增长、产业结构变化、需求结构变动、积累增加、技术进步的类型选择、贸易发展等等都会表现出某种具有一致性的系统特征。这些系统特征被作为描述工业化过程的典型样板，经济学家们可以据此来建立工业化研究的参照系，使估计和评价各国的工业化水平和进度有一个可以接受的标准，也使进一步深入的理论分析有一个可以依赖的逻辑判断前提。

　　形式分类和偏离一般轨迹的限度　　无论是通过理论演绎还是通过统计归纳而建立的工业化过程的"标准"形式，都只是抽象掉了国别特点的一种理论模型。模型反映了现实中的某些本质因素和关系，但毕竟不是现实。现实比标准模型丰富得多，复杂得多。工业化研究不能仅仅停留于建立标准模型，还要认识和解释现实。

　　认识和解释现实的工业化，必须依赖于一定的工业化分类学。如本书第一章所指出的，从世界范围看，发达国家的近代工业化与发展中国家的当代工业化具有显著的类型差别，决不可以一概而论。而在当代工业化中，各国工业化也各具特点，区分为不同的发展形式。不能正确认识工业化的形式分类，就没有比较分析的可靠基础。例如，将拥有960 万平方公里国土、12 亿人口的中国与城市国家新加坡相比较，就很难获得经济分析的正确结论。

钱纳里等人在对各国工业化和经济增长进行比较研究时,区分了大国形式与小国形式。并且进一步把"过渡中的发展中国家"(略去了最不发达国家、完全发达国家和经济增长受到严重干扰的国家)划分为4种主要形式:初级产品生产专业化、平衡的生产和贸易、进口替代、工业专业化。

形式分类的科学与否直接关系到工业化经济分析的正确性和可信性。问题是,不仅形式分类本身说明各国现实的工业化进程总会在一定程度上偏离由理论模式所描述的工业化过程的一般轨迹,而且,每个国家的工业化经历也会或多或少地偏离它所归属的那种类型的发展形式的一般轨迹。

当然,从另一方面看,对工业化过程一般轨迹的偏离也有一定的限度。否则,如果偏离度过大,则要么是工业化理论所建立的标准形式本身是不真实的,要么就是该国的工业化走上了畸形发展的道路。

中国是一个大国,又实行了区别于其他国家的制度和体制,所以,中国工业化必然是具有中国特色的。

但是,中国的工业化无论具有多大的特殊性,也不能无限度地偏离工业化进程的一般轨迹。否则,对中国工业化进行经济分析和比较研究就失去了理论认识的参照系和评价准则,一切分析结论都将失去明确的含义和学术价值。因为,如果认为中国工业化可以无限度地偏离工业化进程的一般轨迹,那么,我们就既不能判断中国工业化的水平和结构演变进度,也不能预测它未来的发展趋势,经济分析将只能如同在黑暗中盲目摸索。

因此,既承认中国工业化具有很大的中国特色,又认定中国工业化只能有限度地偏离工业化过程的一般轨迹,是我们对中国工业化进行经济分析的一个重要的认识论前提。

2.3　动态分析的基本逻辑

引入时间变量的经济分析　工业化是一个随时间推移而演化着的经济发展过程,因此,工业化研究在本质上需要运用动态经济分析方法。动态分析最一般的涵义,是在经济分析中引入时间因素。动态经济模型的特征则是包含着时间变量。若将时间推移过程离散化,用差分方程的数学形式描述动态过程,则最简单的动态经济模型可以用一阶常系数线性差分方程来表达,即

$$Y_{t+1} + aY_t = f(t)$$

式中: a 为非零常数; t 为时间变量; Y 为一定的经济变量; $f(t)$ 为时间变量 t 的已知函数。

若 $f(t) = 0$,则动态模型有一阶齐次方程

$$Y_{t+1} + aY_t = 0$$

一阶齐次方程的通解为

$$Y_t = A(-a)^t$$

式中: A 为任意常数。

若 $f(t) \neq 0$,则动态模型有一阶非齐次方程的通解

$$Y_t = A(-a)^t = \bar{y}_t$$

式中: $\bar{y}_t$ 为非齐次方程的一个特解。

上述简单的数学方程,反映了动态经济模型最一般的性质:经济变量的值以时间变量为转移。

"钟摆"振荡与"棘轮"原理　工业化研究需要引入时间变量,对经济过程进行动态分析。但是,在经济研究中,动态分析可以有不同的含义。

在一般的经济分析中,引入时间变量往往只是为了描述经济过程的某种周期性或非周期性的波动现象,特别是要刻划出隐藏在波动现

象背后的稳定条件(或均衡条件)。例如,在马克思的价值理论中,价格波动的特点是围绕价值上下波动。在西方价格分析的蛛网理论中,价格(以及产量)随时间推移而围绕某个均衡值作季节性周期波动。在一般的经济增长分析中,现实的增长过程沿着某个均衡轨道上下波动。所有这些,都把经济运动过程设想为类似于钟摆左右运动的过程,尽管这种运动可以是收敛的;也可以是发散性的,但它总表现为某种振荡性,运动的方向是可逆的。

在现实的工业化过程中,当然也存在许多可逆的经济现象,但是,工业化经济分析的重点则是研究动态过程中的不可逆的经济进化现象。经济进化的动态特征不同于左右摆动着的钟摆,而是类似于只向一个方向运转的棘轮。工业化过程中,棘轮式的动态过程具有特别重要的意义。

因此,在工业化经济分析的方法论意义上,引入时间变量不仅仅在于使分析工具动态化,而尤其重要的是使分析方法能够适应于刻划历史演变的进化现象。甚至可以这样说,工业化研究的动态经济分析的实质,不只是一般地引入一个时间变量,而是把时间的意义理解为一种不可逆的演化过程。

在棘轮式的动态过程中

$$Y_t \geqslant Y_{t-1}$$

$$Y_{t+1} \geqslant Y_t$$

$$Y_{t+2} \geqslant Y_{t+1}$$

......

即一定经济变量的现期值不会小于前期值,随着时间的推移,它只往一个方向变动。

以工业化过程中的工资变量为例,它通常表现为

$$W_t = aY_t + b\bar{Y}_t + c^t$$

式中: W 为工资水平; Y 为国民生产总值; $\bar{Y}$ 为到目前止 Y 的历史最高水平, 即

$$\bar{Y}_t = \max\{Y_k\}$$

$$k \leqslant t$$

a、b、c 均为非负常数。

这一函数表明, 工业化过程中, 决定工资水平的有三种因素, 一种是可逆因素, 以 aY_t 表示, 即工资中的一部分随国民生产总值的升降而增减; 另一种是不可逆因素, 以 $b\bar{Y}_t$ 表示, 表明工资中的一部分不会因国民生产总值的下降而减少; 还有一些因素决定, 无论国民生产总值上升还是减少, 工资中的一部分总以不变的趋势增长, 这一情况以 c^t 表示。由于工资变动中存在许多不可逆因素, 所以, 除非国民生产总值大幅度地减少, 工资变动的趋势总是表现为

$$W_t \geqslant W_{t-1}$$

$$W_{t+1} \geqslant W_t$$

$$W_{t+2} \geqslant W_{t+1}$$

……

总之, 工资变动并不表现为钟摆式地波动 (或振荡), 而是表现为棘轮式地不断向前推进。

在工业化的动态过程中, 这样的现象是普遍存在的, 在进行工业化经济分析时, 必须把握工业化过程的这一动态特征。

长期动态过程的实质是结构变迁　在经济模型中引入时间变量, 就使经济分析具有了动态性质。但是, 动态过程也分为不同的类型。

一种类型的动态过程主要表现为, 随着时间的推移, 发生着量的扩张或收缩, 而经济结构的质态不变, 特别是决定着经济机制性质的体制结构不变。这种类型的动态过程可以称为短期动态。短期动态分析的时间单位通常是年度。在西方增长经济学研究中, 以已实现工业化

的成熟经济为对象,一般假定,经济结构和经济机制都不发生变化,因此,动态分析的重点是经济总量的扩张和波动以及实现稳定增长的均衡条件。

另一种类型的动态过程主要表现为,随着时间的推移,不仅发生着量的扩张或收缩,而且发生着经济结构、经济机制以及制度环境和观念形态的重大变化。这种类型的动态过程可以称为长期动态。长期动态分析的时间单位不能局限于年度,而要扩展到包括若干年的历史阶段。在发展中国家,经济结构、经济机制和社会结构都还不成熟、不完善,经济机体正处于发育过程中。特别是在加速工业化过程中,结构变动十分剧烈。因此,对工业化过程进行经济分析,必须更多地采用长期动态分析方法。

长期动态分析方法,尤其注意长期动态过程的实质内容——结构变迁。这种结构变迁不仅表现为经济变量中分量结构的比例变动,而且表现为经济有机体内在功能和运行机理的变化,即通常所说的经济运行机制或经济体制的转变,当然,进而言之,还包括社会结构以及人的观念和行为方式的变化。

在中国四十多年来的工业化过程中,经济发展的长期动态特征表现得非常明显。无论是经济结构、体制结构、社会结构,还是经济有机体的运行机理以及人的观念和行为方式,今天的中国都与二三十年前,甚至只是十几年前,不可同日而语。经济的激变是人人可以感受到的,而要对这种激变过程进行经济分析,在方法论上,必须特别注重运用长期动态分析手段和工具。可惜的是,在这方面,我们的前人并没有给我们留下多少遗产。这就需要我们自己来进行新的开拓。

2.4　均衡与非均衡

理想的均衡与平滑的增长轨迹　在对工业化进行经济分析时,人们往往有意无意地从假定存在某种经济均衡开始来进行理论思考。这主要表现在这样一些方面：

1. 认为在工业化之前的传统社会中，经济处于"低水平均衡"状态。这种低水平均衡或者被描述为低收入-低投资的恶性循环（见图2-1），即由于收入水平低下，使供给和需求两方面都不足，在很低的经济增长率下维持着供求均衡；或者被描述为处于人口陷阱（也称低水平均衡陷阱）中（见图2-2），即认为在前工业化社会中，当人均收入超过某一很低的水平时，人口增长快于总收入增长，因此，任何提高收入的努力都只能得到相反的结果，使人均收入反而下降，于是，人均收入水平只能收敛于一个低水平陷阱的均衡状态。在图2-2中，人均收入处于 AB 之间时，即落入陷阱之中。此种情况下，人均收入具有向 A 点收敛的趋势。美国发展经济学家哈维·莱宾斯坦（Harvey Leibenstein）在其名著《经济落后与经济成长》中就直截了当地指出："可把落后经济视作一个均衡状态，得在其中保持某种程度的安定的均衡体系（equilibrium system），而先进经济则可视作不均衡体系（disequilibrium system）。"[1]

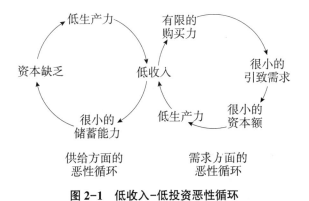

图2-1　低收入-低投资恶性循环

---

[1]〔美〕哈维·莱宾斯坦：《经济落后与经济成长》，台湾中华书局1970年版，第19页。

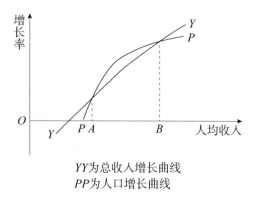

YY为总收入增长曲线
PP为人口增长曲线

图 2-2　低水平均衡陷阱

2. 在对工业化过程进行经济分析时,运用供求关系及其交互反映的概念体系和分析工具是最基本的方法之一。供求之间的关系可以是均衡的,也可能发生不均衡现象,但在经济分析中,供求均衡状态通常作为分析逻辑的起点,至少是作为经济分析的一个基本的参照系状态。无论是经济总量的概念形成和计量方法,还是经济个量的内涵确定和分析意义,大都要以假定存在某些经济均衡条件为前提。

经济学家们在学术观点上可以不同意传统经济学的均衡理论,特别是可以反对以瓦尔拉斯为代表的一般均衡理论,但是,他们并不能否认均衡分析具有的许多优点,也不能完全忽视运用均衡分析方法所获得的一系列研究成果。在一般经济理论研究中是这样,在工业化研究中也是这样。

3. 在工业化研究中,经济增长的要素贡献分析是一个重要的研究方面。经济增长的要素贡献分析须以构建一定的生产函数为基础,而生产函数的构建通常都以新古典主义的一般均衡理论为基础。因为,从逻辑上说,如果经济体系不具有一般均衡理论所描述的性质,或者至少说,不具有某些最低限度的一般均衡因素,则某种生产要素(或增长要素)的贡献大小是无法计量的,甚至可以说提出生产要素的贡献份额问题本身就是没有意义的。

在西方增长经济学研究中,丹尼森(E. F. Denison)、库兹涅茨(S. Kuznets)等人对各国的经济增长、结构变动以及增长过程中各种因素的贡献份额进行过大量研究和计量分析,他们的研究成果和分析方法被广泛地运用到工业化理论和实践的研究中。而所有这些,从理论源流上说,都以新古典经济增长理论为基础,而一般均衡分析则是后者的基本特征之一。

由于在工业化研究中,常常从假定存在某种经济均衡条件或因素开始来进行理论思考,所以,早先的工业化理论往往首先注意在抽象的理论层次上发现某种平滑的增长轨迹。这种理论传统至今仍在工业化研究的许多方面得到反映。即使更注重结构分析方法的经济学家也大都承认:"为新古典理论奠定基础的竞争均衡假设是增长分析的有益起点。因为,这种假设使各类投入能根据它们的边际生产率加总起来……这一分析过程,为运用不同方法但坚持竞争均衡假设的各种研究,提供了进行比较的一般基础。"①

无论在现实中是否真的存在工业化过程中的某种平滑的增长轨迹,在理论上构造出这种增长轨迹都有一定的意义。一是有助于发现工业化过程的某些内在规律性;二是有益于进行国别间比较研究;三是可以反映工业化的某些趋势性特征;四是可以为更深入具体的研究提供一个可讨论的基础模型。

引入结构关系的非均衡分析 均衡分析具有许多优点,但是,它的缺点也是明显的。特别是一般均衡理论,它得以成立的条件极为严格,在现实中不可能都存在,所以,它所设想的经济状态远离现实。一般均衡理论因此而受到许多批评。匈牙利经济学家科尔内(János Kornai)

---

① 《工业化和经济增长的比较研究》,第 27 页。

在其重要著作《反均衡》中尖锐地指出："我的看法是,一般均衡学派已经成了经济思想发展的障碍。"[1]

在经济现实中,特别是在工业化过程中,各种非均衡现象是普遍存在的。因此,在经济分析中,引入结构因素,建立非均衡假设,具有极为重要的方法论意义。在一般经济理论研究中,非均衡是一个包容广泛的学派(甚至不能称为一个学派,而是一类学派的集合),而在工业化研究及经济发展研究中,它主要体现为结构主义的方法。结构主义方法强调,一个社会中,经济、社会、政治结构对经济机制和经济发展产生着决定性影响,由于这一些影响,经济增长和经济发展决不会是一个平滑的均衡过程。如钱纳里所说,结构主义的非均衡分析方法具有以下性质,即认为:

"经济增长是生产结构转变的一个方面,生产结构的变化应适应需求的变化,应能更有效地对技术加以利用。在预见力不足和要素流动有限制的既定条件下,结构转变极有可能在非均衡的条件下发生,在要素市场尤其如此。因此,劳动和资本从生产率较低的部门向生产率较高的部门转移,能够加速经济增长。"

"新古典观点和结构主义观点的最重要的区别,体现在它们的全部假设上,而不是体现在任何其他方面。新古典理论假设,无论从生产者还是从消费者的观点来看,资源都存在长期的有效配置(帕累托最优化)。在任何既定时点,部门间劳动和资本的转移不可能增加总产出,资源的重新配置仅仅发生在经济扩张时期。相反,结构主义没有假设充分的最优资源配置;其结果是,劳动和资本使用在不同的方面,收益可能出现系统差别。"

"概括起来,结构主义观点强调国民经济中部门之间的区别,这种

---

[1] 〔匈〕亚·科尔内:《反均衡》,中国社会科学出版社1988年版,第30页。

区别可能阻碍新古典理论所描述的对资源配置的均衡调整。非均衡现象更经常地表现在不同部门中劳动和资本收益的差别上，而不是表现在能反映市场均衡完全失效的短缺或过剩上。相反，新古典理论假设均衡可以长期维持，这就将增长的原因限定在供给要素上了。"①

这样，以新古典理论所依赖的一般均衡分析方法为依据，工业化研究的重点是，在经济均衡条件下（主要是竞争均衡条件下），资本积累、劳动增加、技术进步等的长期作用，如何推动工业化过程的渐进的、连续性的演进。而以结构主义的非均衡分析方法为依据，则工业化研究的重点，除了要素投入的增加之外，还要着力分析结构现状及其演变，以及与之密切相关的机制转换、体制变革等，如何影响工业化过程。

均衡与非均衡的综合　在现实中，均衡现象与非均衡现象是同时存在的。一般均衡理论所描绘的那种排除了非均衡现象的最优状态是不现实的。相反，完全否认经济现实中的均衡因素，特别是完全否认竞争均衡的趋势，也是不足取的。

在中国工业化过程中，由于长期排斥市场竞争，实行僵硬的政府计划，现实经济中，表现出严重的非均衡现象。而且，从一定意义上说，任何国家的工业化都是一个非均衡的经济增长过程，结构变迁所释放出的能量和产生的各种波及效应极为巨大。从这一方面看，在中国工业化经济分析中，结构分析和非均衡方法具有特别重要的价值。

但是，另一方面，均衡分析毕竟仍然是经济学最成熟的方法和有效工具之一，完全排斥均衡分析方法，我们至今还很难建立一种更可行的概念体系和完整的计算公式。而且，随着工业化进程向纵深推进，特别是随着商品经济新体制的建立和市场竞争的强化，中国工业化过程中

---

① 《工业化和经济增长的比较研究》，第 22、24、26 页。

的经济均衡趋势在增强。因此，在中国工业化经济分析中，在认识到基础条件的重要性的前提下，充分利用均衡分析的有效工具和积极成果，也是非常重要的。

总之，从方法论上说，主张均衡分析与非均衡分析的综合运用。当然，这在理论上可能产生"不彻底"的缺陷。但是，始终不应忘记，工业化过程首先是一个实践问题，工业化理论研究的首要准则是要尽可能贴近于反映客观现实。因此，在工业化研究的方法论上，所追求的不是理论的"纯粹性"和"彻底性"，以及形式上的完美性，而首先是对现实过程进行客观分析的可行性和有效性。

在理论上，可作这样的一般性假说：均衡状态至少从一定时点上看是更有效率的。在静态意义上，非均衡必然包含一定程度的效率损失（与均衡状态相比），这里所说的效率仅指使产出量达到最大的有限资源的配置状态。而从动态过程看，效率目标可能是多元化的，例如，可能是最大产出，也可能是尽快实现自力更生等等，而且，工业化的轨迹并不必然是以均衡增长为最优，或者，即使存在均衡增长的最优轨迹，囿于现实条件也许根本不可能实践这条最优轨迹。所以，是均衡增长还是非均衡增长只是一个学究式的问题，它可以引起无休止的争论，但很难获得有实际价值的结论。国际经济学界从 50 年代起就争论这一问题，至今没有统一意见。

这里，不想就动态过程的均衡与非均衡的效率问题作武断的结论，只作如下假说：均衡体现动态过程中的连续性，非均衡体现动态过程中的非连续性。从工业化进程看，连续与非连续都可分为良性与恶性。良性的连续过程体现为工业化过程的较平稳推进；恶性的连续过程则表现为打破低水平均衡的障碍。同样，良性的非连续过程体现为经济状态的积极的激变；恶性的非连续过程则表现为资源的浪费、效率的损失以及社会经济的严重动荡。

2.5　理论模型的基本结构

经济行为人及其行为特征　对于工业化过程人们可以从各个方面研究其内在规律和主要特征。这种研究通常需要建立一定的理论模型。工业化经济分析的理论模型可以具有各种不同的形式，但一般来说，它们都有某种类似的基本结构。

在工业化经济分析的理论模型中，关于经济行为人及其行为特征的假定或描述，是一个基本的要素。

工业化过程是人类社会活动的产物，对工业化进行经济分析主要考察人在工业化过程中所进行的经济活动。在经济活动中扮演重要角色的社会成员以及由这些社会成员组成的具有重要的经济功能的组织，我们称之为经济行为人。

在经济学中，关于经济行为人的最著名的观点要推亚当·斯密的经济人假说了。经济人是具有这样一种典型行为的个人：他进行一切经济活动都以私人成本—收益比较为基础，趋利避害是其基本的行为特征。在经济发展中，经济人是真正的主角。亚当·斯密说："每个人改善自身境况的一致的、经常的、不断的努力是社会财富、国民财富以及私人财富所赖以产生的重大因素。"①

这种以经济人为经济活动主角的理论甚至发展为一种极端的思想，"它认为，我们在理解社会现象时没有任何其他方法，只有通过那些作用于其他人并且由其预期行为所引导的个人活动的理解来理解社会现象"。②

经济人只是一种高度的抽象，在现实生活中，各个人所扮演的角色是不同的。按照经济人假说，资本家追求最高利润，工人追求最高工

---

①　〔英〕亚当·斯密：《国民财富的性质和原因的研究》上卷，商务印书馆 1983 年版，第 315 页。

②　〔英〕哈耶克：《个人主义与经济秩序》，北京经济学院出版社 1989 年版，第 6 页。

资,是理性的经济人行为。

一些工业化理论认为,经济行为人具有经济人理性主义行为特征,是经济发展的关键,因为,它给工业化提供了动力源泉。

人具有经济人理性主义行为特征,被有些经济思想家视为人的本性。他们认为,人虽然常常会犯错误,但人最基本的经济行为是谋取自己的私利,取得更多的收入或积累更多的财产。

正因为经济行为人具有经济人理性主义的行为特征,经济分析才能有可靠的基础和预测力。例如,若价格上升,则供给通常会增加,需求通常会减少;反之,若价格下降,则供给通常会减少,需求通常会增加。若利率提高,通常会使储蓄增加,投资减少;反之,若利率下降,通常会使储蓄减少,投资增加。减免所得税通常可以鼓励生产;反之,增加所得税往往抑制生产。增加工资通常可以鼓励劳动积极性;反之,减少工资则往往抑制劳动积极性。所有这些经济分析中的正常逻辑,都要以假定存在经济人理性主义行为为前提。

但是,在现实中,个人也可能缺乏经济人的理性行为,例如,在某些情况下,劳动力的供给曲线向后弯曲,即随着工资增长,劳动供给反而减少了(见图 2-3)。这往往被有些经济学家作为解释某些不发达国家经济落后的原因。

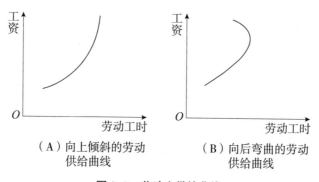

图 2-3　劳动力供给曲线

　　还有一种人,被认为在工业化过程中发挥着特别重要的作用,他们的经济人行为突出地表现为敢于冒风险,能发现潜在的利润所在,具有强烈的创业意识,这类人被称为企业家。有人认为,企业家是经济发展的真正主角,企业家精神是工业化过程的灵魂。不少经济研究文献都指出,缺少企业家是经济不发达的重要原因之一。

　　在经济发展中,企业是另一类经济行为人。在工业化过程中,企业是最主要的微观经济主体之一。企业的行为特征是一个复杂的现象。私人中小企业也许具有类似个人的经济人行为特征,但即使是私人所有的大型企业,也未必具有典型的经济人行为。如加尔布雷思等人所指出的,大公司的行为可能由其管理者——经理阶层所操纵。更不用说国营企业了,它们的行为不能不具有利他主义特征。

　　除了个人、企业之外,各级政府又是一类重要的经济行为人。政府在经济活动中所充当的角色以及它们的行为特征,是一个更为复杂的问题。

　　在一般经济分析中,通常假定政府(中央政府)的行为具有社会理性主义特征,即以社会成本-效益比较为基础,追求社会利益最大化。

　　问题是,政府也是由具体的个人组成,组成政府的个人虽然成为公务人或计划者,但可以设想,他们是一类区别于普通的经济人的特殊人物吗? 有些经济理论模型中,实际上暗含着这样的前提:政府如同一个具有至高无上权力的国王,执行由道德高尚(毫不考虑自己的私利)、智慧超群的经济学家组成的智者委员会提出的政策方案。这是关于政府行为的经济学家-国王假说。[①]

　　但是,有人不同意这样的假说,以布坎南(J. M. Buchanan)为主要代表的公共选择学派认为,在资本主义民主制度下,政府决策是政治市

[①]　参见金碚:"论宏观经济调控过程中的政府行为",载《社会科学辑刊》1989 年第 4 期。

场竞争的产物,参加这种政治竞争(或政治市场交换)的人,都不是从某种超个人的目标或目的(真理、效率、正义,宏观经济平衡等)出发的,从本质上说,他们与经济市场上竞争(交换)着的经济人没有什么区别,也是以私人成本-收益比较为行为准则的。

由于关于经济行为人及其行为特征的假说或描述不同,各种工业化理论模型具有不同的内在逻辑。

制度基础　任何经济分析都要建立在关于经济行为人,特别是关于个人的人性或人格特征的一定的理论假定的基础上。但是,正如马克思所指出的,人的本质并不是单个人所固有的抽象物。在其现实性上,它是一切社会关系的总和。[①]在马克思看来,在资本主义制度下,资本家是人格化的资本,他们的行为特征体现了资本的本性:使价值不断增殖。而工人则是自己的劳动力商品的出卖者,他们的行为特征是以自己的劳动力换得自身生存与延续后代的基本生活条件。而在社会主义制度下,则将不再有资本家和雇佣工人阶级,一切经济行为人的行为特征都会发生根本性变化。总之,在不同的社会制度条件下,处于不同社会经济地位的人,会具有不同的人性或人格,他们的行为特征是有本质差别的。

这种思想无疑比亚当·斯密的经济人假说要深刻,也比马歇尔所认为的一切人〔商人(city men)、银行家以及非营业性阶级即普通人〕的动机和道德,都只具有连续的程度上的差别[②](即关于人的行为特征的连续性的思想)要深刻。因此,在经济分析中,关于经济行为人的行为特征的假说或描述,不能脱离对社会关系特别是基本的经济关系的判断和理解。

在一切社会经济关系中,最基本的是财产所有制及其实现形式产

---

① 参见《马克思恩格斯选集》第 1 卷,人民出版社 1972 年版,第 18 页。
② 参见《经济学原理》上卷,第 12 页。

权关系。从一定意义上可以说,有什么样的所有制和产权制度,就会有什么样的经济行为人及其行为特征。在私有制和公有制条件下,经济行为人的行为特征不相同;在公有制的不同产权制度下,经济行为人的行为特征也不相同,这种不同决不仅仅只是连续的程度上的差别,而是工业化经济分析不能忽视的问题。

中国工业化过程中,发生过并且正在发生着经济制度和经济体制的巨大变化,产权关系的变革也是极为深刻的。这使得各类经济行为人在工业化过程中的地位和作用以及他们的行为特征都发生了或正在发生着重大的变化。用经济分析的语言来说就是,经济过程的行为方程的改变。

因此,在我们的研究中,将把关于经济行为人即工业化主体及其行为特征的分析,与对经济制度特别是产权关系变革的研究结合起来,作为揭示中国工业化进程内在逻辑和重要特点的分析前提。

目标函数与约束条件 在工业化过程中,微观经济主体和宏观经济决策者都是处于一定体制结构中的经济行为人,其行为特征首先表现为对某种经济或社会目标的追求。换句话说,它们各有其特定的行为目标函数,例如,微观经济主体的行为目标函数可能是收入最大化、利润最大化、产值最大化等等;宏观经济决策机构的行为目标函数可能是实现高速经济增长、经济稳定、收入均等、国际收支平衡等等。

经济行为人的行为目标函数的形成可以大致分为两种情况:一种情况是,经济行为人的经济性质或其所处的制度条件从客观上决定了他的行为目标函数;另一种情况是,目标函数的确定在很大程度上取决于经济决策者的选择意志。在现实中,这两种情况可能是混合在一起的。但在工业化经济分析中,通常认定(或假定)微观经济主体行为目标函数的形成属于前一种情况,而宏观经济决策机构的行为目标函数的形成在很大程度上属于后一种情况,当然,究竟在多大程度上属于后一种情况，要视理论模型的设立者认为宏观经济决策在多大程度上是经济运行中的外生因素，在多大程度上是经济运行中的内生因素。一般来说，若宏观经济决策具有外生变量性质，则其目标函数的设定主要取决于决策者的选择意志；若宏观经济决策具有内生变量性质，则其目标函数主要取决于经济体制和经济机制的性质。

要说明的是，我们这里所使用的宏观经济决策概念还未作严格定义，它只是泛指由政府（特别是中央政府）所作的经济决策。严格说来，政府的经济决策可以是宏观性质的，也可能是微观性质的，只是因为我们暂时假定政府决策是从整个国民经济的角度考虑问题的，所以，暂且笼统称之为宏观经济决策。

目标函数的确定是一回事，是否能实现目标函数是另一回事。在现实中，能否实现目标函数取决于一系列主客观因素。对于工业化过程来说，这一系列因素既是动能，又是约束条件。这些因素主要是：

1.（资源）供给条件。一国所拥有的资源以及资源的供给机制，是工业化过程最基本的供给条件。反过来看，资源的有限性以及资源供给机制的效率限度，又构成工业化过程的供给约束条件。在经济分析中，通常把供给条件分为物质资源条件、人力资源条件和资金（或金融）条件等若干类，分别地或综合地考察它们对经济增长与经济发展的推进作用和制约作用。

2. 需求条件。没有需求的生产是不会有前途的，因而也是无法持续的生产。在存在供给弹性的条件下，需求引致增长；需求容量决定着增长的限度以及规模经济的实现。反过来看，需求的有限性以及需求形成机制的效率限度，又构成工业化过程的需求约束条件。需求不仅是个总量问题，也是个结构问题。一国的工业化过程，只能在既定的需求总量规模所限定的发展空间中运行，同时，又必定受到需求结构变动的牵引，呈现出需求约束条件制约下的结构变迁动态。

3. 技术条件。从狭义上看，技术进步也是工业化过程的一种供给条件，技术（工艺）资源的有限性构成工业化过程的重要约束条件。但从广义的角度看，技术是经济活动的一定方式，在一定限度内，人们可以有技术选择的很大余地。例如，可以选择先进技术，也可以选择中间技术；可以选择有利于增加产出量的技术，也可以选择有利于增加就业人数的技术，还可以选择能改善劳动条件的技术；可以选择有利于增强自力更生国力的技术，也可以选择有利于提高经济效益的技术，等等。因此，技术条件不同于一般的供给条件，在工业化经济分析中，技术进步和技术选择是一个需要特别对待的问题。

4. 福利准则。提高整个社会的福利水平是工业化的根本目的，至少是根本目的之一。但什么是福利？提高谁的福利，或如何分配福利才意味着社会福利状况的真正改善？各个社会以至各种社会阶层都会有不同的判断准则。一般来说，高速增长、人均收入提高、分配均等化、社会安定、优良的环境，以至国威增强、自主自立等等，都可以被视为福利的内容。问题是，这些福利目标之间存在着矛盾性，往往难以兼得。因此，选择某些福利目标，往往就构成限制另一些福利目标的约束条件。

5. 体制结构和政府管理素质。工业化过程总是在一定的体制条件下进行的，现行体制结构是实现工业化目标的一个重要的约束条件。体制效率越高，越有利于实现工业化目标；反之，体制效率低下是阻碍工业化进程的严重不利条件。

进一步说，体制效率在很大程度上取决于政府管理的素质，而且，不同的体制结构对政府管理的素质要求也不同。一般来说，实行广泛的政府干预或计划的体制，要求更高水平的管理素质。因此，在既定体制条件下，政府管理素质是实现工业化目标的又一个重要的约束条件。

如果不仅仅是构造抽象的理论模型，而是分析具体的工业化问题，那么,目标函数的设定与约束条件的优劣往往是密切相关的。在良好的约束条件下,人们可以追求某种最大化目标;在恶劣的约束条件下,人们只能追求次优、次次优,甚至 N 次优的目标。因此,工业化经济分析,未必总是可以运用最优化理论方法,也许常常需要运用种种次优理论的研究方法。

特别是在各发展中国家的当代工业化过程中,各方面的约束条件十分严峻。正如库兹涅茨所指出的:"现今欠发达国家在增长方面所处地位,在许多方面显然不同于发达国家在进入现代经济增长行列前夕的情况(可能日本除外,但也不能肯定)。当今占世界人口最大部分的欠发达国家的人口平均产量水平,大大低于发达国家开始工业化之前的水平;后者当时在经济上比世界其他地方要先进,并不是在人口平均产量的行列的最低端。"[①] 因此,在严峻的国内和国际条件下,发展中国家的工业化往往只能走种种次优的道路。研究中国工业化的历程,我们发现,中国也是如此。

从另一方面看,对约束条件的优劣也不能绝对地看。宽松的约束条件未必一定有利于长期发展;反之,严厉的约束条件也未必一定不利于长期发展。资源丰富与否对工业化往往并不具有决定性作用;创造无需求约束的环境也许反而使整个经济机体失去效率;较强的政府管理素质往往使人们过分迷信集中计划的效力,反而使工业化过程受到过多的行政干预而丧失效率。同样,发展中国家在世界工业化进程中所处的较落后地位,从一方面看是一种竞争劣势,会带来许多困难;而从另一方面看,也许又能发挥后发优势,避免发达国家曾经走过的弯路。

因此,在进行工业化过程的经济分析时,理论模型应具有反映客观现实过程的辩证性,避免拘泥于僵化的教条。

---

① 〔美〕西蒙·库兹涅茨:"现代经济的增长:发现和反思",载《现代国外经济学论文选》第二辑,商务印书馆 1981 年版,第 33 页。

市场过程与计划原理　在工业化研究的理论模型中，通常假定存在两种最基本的经济调节方式，一种是市场调节，另一种是政府的计划调节（简称计划调节）。这两种经济调节方式，也就是经济运行和经济发展的两种最基本的资源配置方式。

对于市场调节和计划调节，一般经济理论中都有一些经典性的论述，并且作了相当形式化的抽象的数理描述。但是，工业化过程是一个具体的过程，而且，是一种经济激变过程。因此，在工业化经济分析中，对市场调节和计划调节的方式、作用、效果等必须作具体的研究和更为客观的描述.

在中国工业化过程中，市场过程的方式和作用就相当特殊，而且，在工业化的不同阶段，市场过程的性质和特点也有很大差别。

中国曾经是个以公有制为基础的计划经济国家，计划调节在工业化过程中发挥着重大的甚至是决定性的作用。但是，这种计划调节也不是像在一般经济理论中所描述的那样的理想过程，而是一种极为复杂的过程，而且，在不同的发展阶段，计划调节的原理也不同：计划可以是产品经济的计划，也可以是商品经济的计划；它可以是对市场过程的模拟，也可以是要实现一种与市场过程所要达到（或趋于达到）的不同的资源配置格局；计划过程可以是高度中央集权的决策过程，也可以是一种分级决策过程；计划手段可以是行政性指令性的，也可以是经济性指导性的。

总之，在工业化研究的理论模型中，正确地设定或描述市场过程和计划原理，具有十分重要的意义，它是理解和解释工业化进程及其运行机理的一个关键。

工业化过程的分期　如前所述，工业化过程是一个经济激变过程，工业化经济分析要采用长期动态分析方法。而长期动态分析的时间坐标单位不能仅仅局限于年度，而要扩展到"阶段"，这种时间推移过程中的阶段,反映了工业化所取得的实质性进展。因此,在工业化研究中,只有对工业化过程进行科学的分期,才能为经济分析提供一个时间坐标系统,从而正确地把握住经济激变过程的基本轨迹和主要特征。

工业化过程的分期点,通常被确定于经济结构变化达到了一定的转折点,经济体制和机制开始发生重大变化或已发生了重大变化或经济发展战略实现了重大改变的某个时刻。

中国工业化过程的分期是比较分明的。中华人民共和国的建立和国民经济的基本恢复,是中国当代工业化的起点。从那时起到70年代末,大约30年时间为一个阶段,从70年代末80年代初开始,进入工业化的第二个阶段。第一个阶段是中国工业化在传统经济体制和传统战略下推进的阶段。第二个阶段则是以经济改革为契机,经济运行机制和发展战略发生了重大变化的阶段。细分起来,第二个阶段又可以分为80年代和90年代两个时期,这两个时期工业化过程及其面临的问题,具有较明显的差别。

因此,我们的工业化研究大致按照划分为50—70年代与80年代以后两个阶段的两分法,或者划分为50—70年代、80年代以及90年代三个阶段的三分法展开经济分析。

第3章 经济增长及其结构特征

3.1 增长与波动

现代经济增长 在第一章中曾提及：经济增长的实质是规模不断扩大的社会再生产过程和社会财富的增殖过程。它表现为一个国家或地区在一定时期内的产品和服务的实际产出量的增加。从这个一般意义上说，任何国家或地区在经济发展的任何时期，都可以有经济增长，而且，实际上也确实一直在或快或慢地实现着经济增长。

工业化是经济增长的一个特殊的加速时期，各国工业化过程的经历都表明：工业化时期，经济增长率显著加快，远远超过工业化以前的传统社会；而当实现了工业化之后，社会发展进入较成熟的工业社会阶段，经济增长率将会低于工业化时期。因此，工业化时期的经济增长，是一个国家整个经济增长的漫长过程中的一个关键时期。美国经济学家西蒙·库兹涅茨把经济增长的这一关键时期以及稍后的一段时期称之为现代经济增长。

他认为，现代经济增长可以追溯到18世纪末，即我们常说的欧洲工业革命时期。他说："一个国家的经济增长，可以定义为给居民提供种类日益繁多的经济产品的能力长期上升，这种不断增长的能力是建立在先进技术以及所需要的制度和思想意识之相应的调整的基础上的。"① 经过大量的统计分析,他发现现代经济增长有六个特征,"标志着一个特定的经济时代"②。

1. 人均产量和人口的高增长率;

2. 很高的生产率的增长速度;

3. 经济结构迅速变革;

4. 社会结构和意识形态迅速变革;

5. 经济发达国家向世界其他地方扩展经济,使整个世界成为一个统一体;

6. 现代经济增长对整个世界都产生了局部影响,但在占世界人口四分之三的国家中的扩散还很有限。

库兹涅茨听说的现代经济增长的六个特征,前两个属于总量特征,中间两个属于结构特征,后两个属于国际间扩散特征。按照他的意见,大多数欠发达国家在发挥现代经济增长的潜力时,遇到许多障碍,发生了普遍的失败现象。为什么会这样? 美国发展经济学家托达罗指出:"有两点概括性的解释。第一点同大多数第三世界国家内部原来的条件有关,另一点则涉及到当代富国和穷国之间的国际经济和政治关系的性质。"③ 他列举了欠发达国家与发达国家在开始进行工业化时存在的八个方面的初始条件上的差异,因此得出结论:"由于最初的条件很不一样,西方经济增长的历史经验对于当代第三世界国家的适用性是十分有限的。然而,从这一历史经验中可汲取的最有意义、最适用的教训之一是:要实现长期的经济增长,关键是要在技术、社会和制度方面

---

①　"现代经济的增长:发现和反思",载《现代国外经济学论文选》第二辑,第21页。

②　同上书,第23页。

③　〔美〕M. P. 托达罗:《第三世界的经济发展》(上),中国人民大学出版社1988年版,第166页。

相应进行互为补充的变革。"①

在近代，中国处于经济发展十分落后的境地。在谈到旧中国为什么落后时，美国发展经济学家阿瑟·刘易斯在其《增长与波动》一书中有过一段发人深思的论述。他写道："在亚当·斯密和古典经济学家看来，中国代表了一种极端的情况，即在它现行制度的条件之下，已得到了尽可能的发展，并变为停滞。到 19 世纪中期，总的来看它的人口已经过剩，并且难以养活这么多人；在中国的某些地方，如果没有天灾，可以勉强混日子，但夺去几百万人生命的大天灾至少每十年一次。没有可以饲养役畜的剩余产品，因此，几乎是极端地使用人力。这个国家偏重于劳动密集型经济，而在独创性方面使全世界惊奇，他们靠这种独创性而取得了某些发展。

"在谈到经济问题时，分析是简单的。这里实际上没有道路，因此，除了有河流经过之外，人们生活在孤立的自给自足经济中，没有生产经济作物的机会。事实上直至 1913 年，中国每百万居民才有 25 公里铁路，相比之下，印度有 180 公里，日本有 200 公里，巴西有 90 公里，这表明了中国政府的失败。为什么中国如此落后呢？同样提出了灌溉问题。中国的小型灌溉工程是相当广泛的，但非常需要大型的灌溉工程，而且，控制洪水的主要灌溉工程要由政府管理。这种工程要求有一个强有力的政府，但中国的中央政府软弱，而且只掌握了很少的资源。这种经济适于传播新技术，不仅适于传播修筑公路、工业、灌溉或农业的新技术，而且适于传播组织与行政管理的新技术。但是，它的官方领导人却反对外来的新思想和新技术。

"发展并不总是取决于有一个强大而进步的政府，但是，当缺乏基

---

① 〔美〕M. P. 托达罗：《第三世界的经济发展》（上），中国人民大学出版社 1988 年版，第 179 页。

础设施是发展的主要障碍时,这种政府确实是有帮助的,中国就是这样的情况。"[1]

因此,即使撇开人们经常议论的为什么中国必须走社会主义道路的问题不谈,仅就纯经济的角度看,中国若要实现现代经济增长和工业化,也必须进行深刻的社会结构和意识形态上的变革。

50—70 年代的经济增长 从本世纪 20 年代起,工业化的任务实际上就提到了中国人的面前。从 1930—1936 年,国内工农业生产都以较快的速度增长。1936 年,工业总产值比 1935 年增长 11.1%,比1927 年增长 83.3%;农业总产值比 1935 年增长 5.9%。这一年成为新中国诞生之前我国经济发展的最高峰。从 1937 年起,中国开始历经八年抗战和四年内战,国民经济状况不断恶化。特别是国民党政府统治地区工业生产大幅度下降。1947 年国统区的工业生产量比 1936 年降低 10%。到 1949 年,轻工业生产大约比战前减少 30%,重工业生产量减少 70%,其中铁和钢减少 80% 以上。1949 年全国只有生铁产量 25.2万吨,钢产量 15.8 万吨,居世界第 26 位;原煤 3 243 万吨,居世界第 9位;发电量 43.1 亿度,居世界第 25 位;棉纱 180 万件,居世界第 5 位。

从 1949 年中华人民共和国建立到 1952 年,经历了为期三年的国民经济恢复时期,工农业生产基本恢复到战前水平。此后,中国工业化过程迈入了它的正常发展时期。从 1952—1979 年,社会总产值平均每年递增 8%—9%,国民收入平均每年递增 7%(见表 3-1)。

50—70 年代,中国经济增长的速度是比较快的,但波动幅度很大。社会总产值、工农业总产值和国民收入的波动幅度分别高达 9.3、8.6 和8.1 个百分点。其中还有 4—6 年为负增长(见表 3-2)。经济增长表现为大起大落。

---

① 〔美〕阿瑟·刘易斯:《增长与波动》,华夏出版社 1987 年版,第 296—298 页。

表 3-1　1952—1979 年的经济增长

项目	按当年价格计算 平均每年递增%[*]	按可比价格计算 平均每年递增%[**]	按可比价格计算 1979 年为 1952 年的倍数
社会总产值	8.3	9.4	7.9
工农业总产值	8.3	9.5	8.5
国民收入	7.1	7.2	4.8

[*] 按公式 $Y_{1979}=(1+r)^n Y_{1952}$，即 $r=\sqrt[n]{\dfrac{Y_{1979}}{Y_{1952}}}-1$ 计算。

[**] 按公式 $r=\dfrac{1}{n}\sum Y_i$ 计算。

资料来源:《中国统计年鉴（1987）》，第 36—38，43—45，50—52 页。

表 3-2　1952—1979 年的经济波动[*]

年份	社会总产值		工农业总产值		国民收入	
	年增长率 （%）	波动幅度 （百分点）	年增长率 （%）	波动幅度 （百分点）	年增长率 （%）	波动幅度 （百分点）
1952	25.9	+16.5	20.9	+11.4	22.3	+15.1
1953	18.7	+9.3	14.4	+4.9	14.0	+6.8
1954	8.5	−0.9	9.5	0	5.8	−1.4
1955	6.1	−3.3	6.6	−2.9	6.4	−0.8
1956	17.9	+8.5	6.5	−3.0	14.1	+6.9
1957	6.1	−3.3	7.9	−1.6	4.5	−2.7
1958	32.6	+23.2	32.3	+22.7	22.0	+14.8
1959	18.0	+8.6	19.5	+10.0	8.2	+1.0
1960	4.7	−4.7	5.6	−3.9	−1.4	−8.6
1961	−33.5	−42.9	−30.9	−40.4	−29.7	−36.9
1962	−10.0	−19.4	−10.1	−19.6	−6.5	−13.7
1963	10.2	+0.8	9.5	0	10.7	+3.5
1964	17.5	+8.1	17.5	+8.0	16.5	+9.3
1965	19.0	+9.6	20.4	+10.9	17.0	+9.8
1966	16.9	+7.5	17.3	+7.8	17.0	+9.8

（续表）

年份	社会总产值		工农业总产值		国民收入	
	年增长率（%）	波动幅度（百分点）	年增长率（%）	波动幅度（百分点）	年增长率（%）	波动幅度（百分点）
1967	-9.9	-19.3	-9.6	-19.1	-7.2	-14.4
1968	-4.7	-14.1	-4.2	-13.7	-6.5	-13.7
1969	25.3	+15.9	23.8	+14.3	19.3	+12.1
1970	24.2	+14.8	25.7	+16.2	23.3	+16.1
1971	10.4	+1.0	12.2	+2.7	7.0	-0.2
1972	4.5	-4.9	4.5	-5.0	2.9	-4.3
1973	8.6	-0.8	9.2	-0.3	8.3	+1.1
1974	1.9	+7.5	1.4	-8.1	1.1	-6.1
1975	11.5	+2.1	11.9	+2.4	8.3	+1.1
1976	1.4	-8.0	1.7	-7.8	-2.7	-9.9
1977	10.3	-0.9	10.7	+1.2	7.8	+0.6
1978	13.1	+3.7	12.3	+2.8	12.3	+5.1
1979	8.5	-0.9	8.5	-1.0	7.0	-0.2
1952—1979 平均	9.4	±9.3	9.5	±8.6	7.2	±8.1

　*　本表按可比价格计算。

　资料来源：同表 3-1。

80 年代的经济增长　从 70 年代末 80 年代初开始，中国经济增长的形式发生了明显的变化，经济增长速度加快，从 1980—1990 年，社会总产值、工农业总产值以及国民收入的年增长率按可比价格计算，分别提高到 10.6%、11.0% 和 8.6%；国民生产总值年平均增长率为 8.9%。值得注意的是，名义的经济增长率与实际经济增长率的差距扩大，按当年价格计算的年平均增长率高达 14.2%—15.7%（见表 3-3）。这表明在经济增长中出现了较明显的通货膨胀现象。

表 3-3　1980—1990 年的经济增长

项目	按当年价格计算平均每年递增%[*]	按可比价格计算平均每年递增%[**]	按可比价格计算 1990 年为 1952 年的倍数
社会总产值	15.7	10.6	23.7
工农业总产值	15.7	11.0	26.2
国民收入	14.2	8.6	11.9
国民生产总值	14.5	8.9	2.7[***]

[*]　按公式 $Y_{1990} = (1+r)^n Y_{1979}$，即 $r = \sqrt[n]{\dfrac{Y_{1990}}{Y_{1979}}} - 1$ 计算。

[**]　按公式 $r = \dfrac{1}{n} \sum Y_i$ 计算。

[***]　1990 年为 1978 年的倍数。

资料来源:《中国统计年鉴(1991)》,第 31—34, 47—49, 54—56 页。

80 年代,中国经济增长也出现了几次较大波动,但波动幅度均小于 50—70 年代。1980—1990 年,社会总产值、工农业总产值、国民收入的波动幅度分别平均为 3.5、3.7 和 2.9 个百分点,与 50—70 年代相比,分别减少了 5.8、4.9 和 5.2 个百分点。国民生产总值的波动幅度平均仅为 2.9 个百分点(见表 3-4),而且没有出现过负增长年份。50—70 年代波动最大的年份,社会总产值增长率偏离平均增长率 42.9 个百分点(1961 年),而 80 年代波动最大年份则只偏离 6.5 个百分点(1985 年)。尤其值得注意的是,前者发生在低于平均增长率的负增长年份,而后者则发生在高于平均增长率的高增长年份。

表 3-4　1980—1990 年的经济波动[*]

年份	社会总产值		工农业总产值		国民收入		国民生产总值	
	年增长率(%)	波动幅度(百分点)	年增长率(%)	波动幅度(百分点)	年增长率(%)	波动幅度(百分点)	年增长率(%)	波动幅度(百分点)
1980	8.4	−2.2	7.5	−3.5	6.4	−2.2	7.9	−1.0
1981	4.4	−6.2	4.6	−6.4	4.9	−3.7	4.4	−4.5
1982	9.5	−1.1	8.8	−2.2	8.2	−0.4	8.8	−0.1

（续表）

年份	社会总产值		工农业总产值		国民收入		国民生产总值	
	年增长率（%）	波动幅度（百分点）	年增长率（%）	波动幅度（百分点）	年增长率（%）	波动幅度（百分点）	年增长率（%）	波动幅度（百分点）
1983	10.2	−0.4	10.2	−0.8	10.0	+1.4	10.4	+1.5
1984	14.7	+4.1	15.2	+4.2	13.6	+5.0	14.7	+5.8
1985	17.1	+6.5	16.5	+5.5	13.5	+4.9	12.8	+3.9
1986	10.1	−0.5	9.7	−1.3	7.7	−0.9	8.1	−0.8
1987	14.1	+3.5	15.0	+4.0	10.2	+1.6	10.9	+2.0
1988	15.8	+5.2	17.3	+6.3	11.3	+2.7	11.0	+2.1
1989	5.4	−5.2	7.5	−3.5	3.7	−4.9	4.0	−4.9
1990	6.5	−4.1	7.7	−3.3	4.8	−3.8	5.2	−3.7
1980—1990 平均	10.6	± 3.5	11.0	± 3.7	8.6	± 2.9	8.9	± 2.8

* 本表按可比价计算。

资料来源：同表3-3。

与50—70年代相比，80年代经济增长过程中，物价总水平的变动特征也发生了很大变化。以1950年为基准计算，从1950—1979年，全国零售物价总水平仅上升了38.6个百分点；而从1980—1990年，上升了143.6个百分点（见表3-5）。可以说，50—70年代是物价总水平基本稳定的经济增长，而80年代则是物价总水平不断上升的经济增长。

表3-5 50年代以来全国零售物价总指数

（1950年=100）

年份	1952	1962	1970	1979	1985	1989	1990
零售物价指数	111.8	152.6	131.5	138.6	174.1	276.4	282.2

资料来源：《中国统计年鉴（1991）》，第230页。

经济增长的人均水平　中国的现代经济增长和工业化过程是在人均收入水平远低于发达国家的工业化起始时期的水平上起步的。据经济学家们的粗略推算,发达国家在开始进入现代经济增长及工业化起步的时期,人均国民生产总值(GNP)大都在 200 美元以上,有的已超过三四百美元。而中国到 1952 年,估计人均国民生产总值仅为 50 美元左右(见表 3-6)。人均国民收入水平这一指标也大大低于许多欠发达国家(见表 3-7)。

很显然,十分低下的人均国民收入水平是中国经济增长和工业化的极大障碍。近四百年来,中国的人口持续较高速增长,国民收入的增长大都为人口的增长所抵消,使人均收入水平始终难以提高。真可以说是陷于低水平均衡陷阱之中。

表 3-6 现代经济增长开始时各国的人均 GNP 水平

国家	时期	人均 GNP 推算值(美元)
英国	1765—1785 年	227
法国	1831—1840 年	242
德国	1850—1859 年	302
意大利	1861—1869 年	261
日本	1874—1879 年	74
	1936 年	325
美国	1834—1843 年	474
加拿大	1870—1874 年	508
澳大利亚	1900—1904 年	930
中国	1952 年	50

资料来源:〔美〕西蒙·库兹涅茨:《各国的经济增长》,商务印书馆 1985 年版,第 27—28 页;The World Bank, Chins: Socialist Economic Development, Volume I, Washington, D. C., p.43.

自 1949 年以来,中国的人均国民收入水平随着经济的增长而不断提高。按当年价格计算,1952—1990 年,人均国民收入从 104 元提高到 1 271 元,年平均递增 6.8%;按可比价格计算,则年平均递增 4.2%。这一增长速度,对于中国这样一个人口大国来说是不算低的。特别是 80 年代,中国的人均经济增长速度明显加快。

1952—1979 年, 按当年价格计算的人均国民收入年平均增长率为 4.6%, 按可比价格计算为 3.7% ; 而 1980—1990 年, 这两个数字分别提高到 13.0% 和 5.8%。人均国民生产总值的年平均增长率达到 13.1%（按当年价格计算）和 5.9%

表 3-7　若干欠发达国家的人均 GNP 水平

国家	时期	人均 GNP 推算值（美元）
阿根廷	1900—1904 年	443
	1925—1929 年	587
墨西哥	1925—1929 年	215
牙买加	1950—1952 年	232
加纳	1950—1954 年	263
菲律宾	1950—1954 年	181
埃及	1945—1949 年	117
印度	1901—1909 年	57
	1952—1958 年	77

资料来源:《各国的经济增长》, 第 34—35 页。

（按可比价格计算）（见表 3-8）。

若按美元不变价格及递增公式

$$Y_{1990} = Y_{1952} (1 + r)^n$$

计算, 即 Y_{1952} 估计为 50 美元, $r = 0.059$, $n = 38$, 则

$$Y_{1990} = 50 \times (1 + 0.059)^{38} = 441.6$$

也就是说, 按可比价格计算, 中国已从 1952 年的人均 50 美元, 增加到 1990 年的 442 美元。根据国际经验, 一般说来, 大国达到准工业阶段是在人均收入 250 美元左右, 标准模式在 400 美元左右, 初级产品出口小国则在 600 美元左右。[1] 根据这一标准, 中国无疑已从一个落后的农业国转变为一个准工业国, 即人们常说的工业农业国。

---

[1]　参见《工业化和经济增长的比较研究》, 第 101 页。

表 3-8　人均经济增长率[*]

年份	国民收入				国民生产总值			
	按当年价格计算的人均国民收入（元）	按当年价格计算的年人均增长率（%）	按可比价格计算的人均国民收入（元）	按可比价格计算的年人均增长率（%）	按当年价格计算的人均GNP（元）	按当年价格计算的年人均增长率（%）	按可比价格计算的人均GNP（元）	按可比价格计算的年人均增长率（%）
1952—1979 年	104 346	4.6	93 249	3.7	412		297	
1980—1990 年	376 1 271	13.0	256 450	5.8	456 1 558	13.1	310 552	5.9
1952—1990 年		6.8		4.2				

[*] 年均增长率按公式 $Y_{报告期} = (1+r)^n Y_{基期}$，即 $r = \sqrt[n]{\dfrac{Y_{报告期}}{Y_{基期}}} - 1$ 计算。

可比价格以 1950 年 =100 的零售物价指数为平减指数进行计算。资料来源:《中国统计年鉴（1991）》，第 31—32，300 页。

若采用上述年递增公式推算，我国从人均国民收入 50 美元，增加到具有转折意义的 250 美元左右，大约要用 28—30 年时间。这与历史事实正好一致，即在 70 年代末 80 年代初，中国进入准工业国阶段，工业化进程开始发生阶段性的演进。

3.2　经济增长的产业结构分布

初始结构　中国最早的近代工业要算 19 世纪 60 年代清朝政府兴办的军事工业。从那时起到 1949 年，近一百年时间，只积累起一百多亿元工业固定资产，工业在国民经济中所占比重很低。1949 年，工业净产值占国民收入的比重仅为 12.6%；工业产值占工农业总产值的比重仅为 30%（见表 3-9、表 3-10）。到国民经济恢复时期的 1952 年，工业产值占工农业总产值及社会总产值的比重分别为 43.1% 和 34.38%；

工业净产值占国民收入的比重仍仅为 19.52%（见表 3-10、表 3-11 ）。

表 3-9　1949 年的国民收入部门结构

	合计	农业	工业	建筑业	运输业	商业
绝对数（亿元）	358		45			
比重（%）	100	68.4	12.6	0.3	3.3	15.4

资料来源：《中国工业的发展》，中国统计出版社 1985 年版，第 1、6 页。

表 3-10　工业化初始时期工农业总产值构成（%）

年份	农业	工业
1949	70.0	30.0
1952	56.9	43.1

资料来源：同表 3-9，第 4 页。

表 3-11　1952 年的社会总产值及国民收入部门结构（%）

	社会总产值	国民收入
工业	34.38	19.52
农业	45.42	57.72
建筑业	5.62	3.57
运输业	3.45	4.24
商业	11.13	14.94

资料来源：《中国统计年鉴（1991）》，第 39、50 页。

而且，在工业中，现代工业所占比重也很小。抗日战争以前，机器大工业产值只占工农业总产值的 10% 左右。直到 1949 年，机器大工业也仅占 17%，农业和手工业占 83%。[①] 因此，工业化初期，中国工业的生产能力和发展水平不仅大大低于发达国家，也不及同属于欠发达国家之列的印度，钢铁、电力、水泥、棉纱生产等的人均产出水平都仅为印度的一半左右（见表 3-12）。

---

① 参见汪海波主编：《新中国工业经济史》，经济管理出版社 1986 年版，第 20—24 页。

低下的工业生产水平,迫使众多的人口依赖于有限的农业领域。由于中国人均耕地面积小,农业发展又受到工业落后的制约因而仍依赖于传统技术,所以,农业对国民经济的支撑力也越来越显得不足,以农业为主的产业结构不仅不能推动中国经济的增长和发展,而且,将越来越难以维持几亿中国人的基本生计。

中国经济发展的历史要求是显而易见的,即必须走工业化的道路。大力发展工业,显著地提高工业生产在国民经济中的比重,中国这个世界上人口最多的欠发达国家才能获得生存和发展的条件。因此,50 年代以来的中国经济发展史,首先就是一部工业发展史。

表 3-12　中印两国工业生产水平比较

人均产量	单位	印度(1950 年)	中国(1952 年)
煤	公斤	97	96
粗钢	公斤	5	2.8
生铁	公斤	4	2
电力	千瓦	0.01	0.005
纱锭	枚	0.03	0.01
水泥	公斤	9	4

资料来源: The World Bank, China: *Socialist Economic Development*, Volume I, p.43 页。

工业化率　经济学家们常常用制造业的份额每 10 年平均增加的百分点数来衡量工业化进程的速度,称之为工业化率。

库兹涅茨曾对目前的工业国在其工业化过程中的工业化率进行过估算。各国的差别较大,大致为 1—6 个百分点,加拿大和意大利的工业化率最低,瑞典和美国最高。[①]

钱纳里等人对 50 年代以来的数十个准工业国的工业化率进行了计算,标准形式为:制造业在国内生产总值中的份额从 19% 增加到 36%,

---

① 参见 Simon Kuznets, *Modern Economic Growth*, Yale University Press, 1966, table6. 1, p.301。

人均收入从 280 美元增加到 2 100 美元,这一过程需要 50 年,国民生产
总值每年增长 6.2%,人均收入年递增 3.9%;而工业化率则为 3.2%。[①]

70 年代以前,中国没有国民生产总值的统计资料,因此,难以获得
可直接进行国际比较的工业化率数据。但我们可以从国民收入及社会
总产值的统计资料中,获得关于中国工业化率的基本印象。1952 年,
中国的工业(不包括建筑业、交通运输业)净产值占国民收入的比重为
19.52%;工业产值占社会总产值的比重为 34.38%。到 1989 年,这两
个数字分别提高到了 47.37% 和 63.78%。平均每 10 年增加的百分点
分别为 7.5 和 7.9,远远高于准工业国平均 3.6 的工业化率,也高于发达
国家工业化过程的工业化率(见表 3-13)。这至少可以表明:从各产业
产出结构的变化速度来看,中国工业化的推进速度是相当快的。

表 3-13　中国的工业化率(%)

	国民收入	社会总产值
1952 年工业所占比重	19.52	34.38
1989 年工业所占比重	47.37	63.78
平均每 10 年增加的百分点	7.5	7.9

资料来源:《中国统计年鉴(1991)》,第 35、50 页。

到 70 年代末 80 年代初,第一、二、三次产业的结构中,第二产业
的比重已达 48%—49%,其中工业占国民生产总值的比重超过 44%(见
表 3-14)。

表 3-14　中国工业化的结构水平[*]

年份	人均国民生产总值 (元)	第二产业占国民生产 总值的比重(%)	工业占国民生产总值 的比重(%)
1978	375	48.6	44.8
1979	412	48.0	44.4
1980	456	49.0	44.7

---

① 参见《工业化和经济增长的比较研究》,第 261 页。

（续表）

年份	人均国民生产总值（元）	第二产业占国民生产总值的比重（%）	工业占国民生产总值的比重（%）
1981	480	47.3	42.9
1982	515	45.9	41.6
1983	568	45.6	40.9
1984	671	44.6	40.1
1985	814	45.2	40.3
1986	909	46.3	40.9
1987	1 042	46.5	40.6
1988	1 272	47.0	41.2
1989	1 423	45.7	40.7
1990	1 558	44.3	39.5

* 本表数字均按当年价格计算。

资料来源：《中国统计年鉴（1991）》，第 31 页。

中国工业化的这一结构水平，明显高于国际平均水平，也高于人均收入相当的大国的水平。据世界银行计算，中国 1981 年的人均国民收入约为 300 美元。按库兹涅茨所估算的国际标准，在这一人均国民生产总值水平上，广义工业（包括制造业、建筑业、运输、通信、电力、煤气、供水等）占国内生产总值的份额为 33%，制造业比重为 18.2%。而达到人均国内生产总值 1 000 美元时，广义工业部门的比重才达到 48.4%，制造业比重达 29.6%。按世界银行估算的 1980—1981 年的大国标准结构水平，在人均国内生产总值 300 美元时，广义工业的比重为 30%，制造业比重为 13%。从表 3-15 中可以看到，若按上述国际标准水平，中国 80 年代初的工业化的结构水平已达到人均国内生产总值 500—1 000 美元的国际平均水平和人均国内生产总值 2 500 美元的大国平均水平。

产业结构变化向工业和制造业的迅速倾斜，表明中国工业化的速率很高，推动产业结构转变的力量十分强大，中国工业化进程具有非常显著的积极进取性，即国家制定的工业化战略发挥了十分重要的作用。

表 3-15　产业结构的国际比较（占 GDP 的 %）　人均单位：美元

产业	库兹涅茨估算的国际标准结构				中国（1981 年人均 300）	世界银行估算的大国标准结构（1980—1981 年）		
	人均150	人均300	人均500	人均1 000		人均300	人均850	人均2 500
农业	36.8	26.4	18.7	11.7	35.8	35	24	13
广义工业	26.3	33.0	40.9	48.4	47.0	30	38	45
其中：								
制造业	13.6	18.2	23.4	29.6	24.5	13	19	25
服务业	36.9	40.6	40.4	39.9	17.2	35	38	42

资料来源：《各国的经济增长》，第 118 页；《经济发展的理论与战略管理》，第 225 页。

重工业的优先增长　中国工业化进程的积极进取性的最突出表现之一是，50—70 年代，工业增长的速率分布明显偏向重工业。1952—1979 年，重工业产值占工农业总产值的比重从 15.3% 提高到 41.3%，平均每 10 年增加 10 个百分点；重工业产值占工业产值的比重从 35.5% 提高到 56.3%，平均每 10 年增加 8 个百分点。重工业增长指数远远高于工农业总产值增长指数和工业增长指数（见表 3-16）。到 80 年代初，中国的产业结构与钱纳里、塞尔昆建立的国际模型以及印度等国相比，大大偏重于重工业（见表 3-17）。

表 3-16　50—70 年代重工业的优先增长情况

年份	重工业产值占工农业总产值的%	重工业产值占工业产值的%	工农业总产值指数（1952年=100）	工业增长指数（1952年=100）	轻工业增长指数（1952年=100）	重工业增长指数（1952年=100）
1952	15.3	35.5	100.0	100.0	100.0	100.0
1965	30.4	51.6	268.3	452.6	344.5	650.5
1970	36.4	53.9	424.3	798.1	522.8	1 309.5
1979	41.3	56.3	845.0	1 805.3	1 105.3	3 108.9
平均每 10 年增加的百分点	10.0	8.0	286.5	655.9	386.7	1 157.3

资料来源：《中国统计年鉴（1991）》，第 55、57 页。

表 3-17　生产结构的国际比较（占 GDP 的 %）

	中国 （1981 年）		钱纳里-塞尔昆 模型			印度 （1980— 1981 年）	印尼 （1981 年）	韩国 （1987 年）
人均国民 生产总值	300（估 算值）	350（经价 格调整）	300	600	1200	260	530	1 700
农业	33.8	35.1	31.1	21.0	13.4	39.1	24.5	17.4
矿业	4.0	6.9	2.1	2.6	3.0	1.6	24.2	1.5
轻工业	13.3	5.0	12.8	15.1	16.6	9.8	6.5	13.1
重工业	20.3	21.0	5.5	9.3	13.0	9.0	5.1	16.6
基础设施	10.2	15.1	12.1	14.3	15.7	12.8	10.2	16.9
服务业	18.4	16.9	36.6	37.7	38.3	27.8	29.5	34.5

　　资料来源：世界银行对中国经济考察的背景材料：《中国经济结构变化与增长的可能性和选择方案》，气象出版社 1984 年版，第 67—68 页。

　　值得注意的是，在 50—70 年代重工业超常增长的同时，中国仍然重视了农业生产，农业生产总值对国际平均的结构水平偏离不大。受到忽视的主要是基础设施和服务业。

　　重工业的优先增长虽然有助于增强国家自力更生的基础，但过度倾斜的增长率部门分布，导致了产业结构的失衡，使工业化过程中的矛盾日益尖锐。因此，到了 70 年代末 80 年代初，中国产业结构调整的要求已十分突出。

　　80 年代经济增长率结构分布的变化　整个 80 年代，中国工业增长率结构分布的显著特点之一，是轻重工业的比例改变了 50—70 年代的偏重于重工业的状况，增长的结构重心向轻工业偏斜。1979—1990年，重工业的年增长率为 10.3%，轻工业则为 13.9%，后者高出前者 3.6个百分点。1978 年，重工业产值占工农业总产值的比重以及重工业产值占工业总产值的比重分别高达 42.8% 和 56.9%。进入 80 年代后，这一比重逐步下降，到 1990 年，重工业产值占工农业总产值的比重为 38.6%，重工业产值占工业总产值的比重为 50.6%（见表 3-18）。与此同时,工业净产值占国民生产总值的比重也有所下降,从 1978 年的 44.8% 减少为 1990 年的 39.5%,第三产业的比重有明显上升,从 1978 年的 23.0%,提高到 1990 年的 27.2%。

表 3-18　80 年代的产业结构变化(%)

年份	重工业年增长率	轻工业年增长率	年份	重工业占工农业总产值的比重	重工业占工业总产值的比重
1979—1980	5.0	14.5	1978	42.8	56.9
1981—1985	10.7	13.5	1979	41.3	56.3
1986—1990	12.2	14.1	1985	38.6	52.9
1979—1990	10.3	13.9	1990	38.3	50.6

资料来源:《中国统计年鉴(1991)》,第 56、57 页。

由于轻重工业结构调整,工业经济增长的质态发生了很大的变化。这突出地表现为市场供给的大大丰富和人民物质生活水平的较快提高。与 50—70 年代相比,80 年代的工业增长给人民带来了更多的实惠,使国民经济出现了建国以来最为繁荣的景象。人们称 80 年代是中国经济发展的黄金时期,大概并不过分。仅仅十多年的时间,中国就摆脱了市场供给极为单调,人民消费水平十分低下且几乎没有消费选择权的经济困境,这在世界各社会主义国家的经济发展史上是罕见的。

承认 80 年代经济增长的成就,不等于可以忽视这一时期所产生的问题和矛盾。仅从工业增长所导致的国民经济比例结构矛盾来看,到 80 年代后期,有两方面的问题已越来越突出起来:

1. 宏观供求失衡。80 年代,几度出现经济过热现象。由于投资需求和消费需求双膨胀,社会总需求超过总供给的矛盾十分严重。1981—1988 年,全社会固定资产投资年平均增长 24.6%,明显超过国力所能承担的限度。过快增长的消费需求,使商品供求矛盾扩大。商品零售货源与商品购买力之间的差额,1983 年比 1978 年扩大 138 亿元, 而 1988 年比 1983 年扩大 744 亿元。社会总需求的膨胀是以过量的货币发行来支持的。全国市场货币流通量与社会商品零售总额的比例, 1978 年为 1∶8.05, 1988 年下降为 1∶4.4; 货币流通量与零售商品库存的比例, 1978 年为 1∶4.54, 1988 年下降为 1∶1.60。这其中固然有国民经济商品化、货币化所要求适量增加货币供给的因素, 但货币流通量的增加如此大幅度地超过商品实际供给量的增加, 显然很不正常。这是多年来货币过量发行的结果: 1980—1987 年, 国民收入年平均增长率只有 9.5%, 而货币发行量年平均增长 22.8%, 银行固定资产贷款年平均递增高达 58.7%。1984—1988 年, 全国货币流通量平均每年增长 32.1%, 仅 5 年时间就增加了 3 倍, 且 1980—1988 年财政赤字 (账面赤字加上净债务收入) 累计达 1 516.9 亿元。

在扩张性的财政、金融和货币政策的支持下, 社会总供需差率从 1984 年的 4.6% 扩大到 1988 年的 16.2%。巨大的供不应求矛盾引起物价连年上涨, 全国零售物价指数与上年相比, 1985 年上升 8.8%, 1986 年上升 6%, 1987 年上升 7.3%, 1988 年上升 18.5%, 发生了新中国成立以来少见的严重通货膨胀。

2. 产业结构失调。在供需矛盾十分严重的经济环境下, 旺盛的需求牵动着工业高速增长。1986 年工业增长速度为 8.8%, 1987 年上升到 14.6%, 1988 年逐季加快, 4 个季度的增长率分别为 16.7%、17.6%、18.0% 和 18.8%, 全年平均达 17.7%。但农业从 1985 年以后则处于低速增长状态, 1985—1988 年, 每年平均只增长 4.1%, 特别是粮、棉等主要农产品产量赶不上人口增长, 1988 年与 1984 年相比, 人均占有粮食由 394 公斤下降为 362 公斤; 棉花由 6.1 公斤下降为 3.9 公斤。工农业比例严重失调。

在工业内部, 加工工业与能源及原材料工业的比例也严重失调。能源工业在全部工业总产值中的比重从 1978 年的 14.1% 下降到 1988

年的 9.0%；重工业中原材料工业同加工工业之比从 1978 年的 1：0.96
下降为 1988 年的 1：1.67。不少企业缺煤、缺电、缺油、缺钢材，交通运
输越来越紧张。由于农业、能源和原材料等基础产业的增长严重滞后，
加工工业约有 30% 的生产能力得不到发挥，整个国民经济的资源配
置效率下降，表现为工业经济效益的普遍下降。全国独立核算工业企
业亏损额 1988 年比 1984 年增加 2.1 倍，资金利税率从 23.5% 下降到
20.5%。

　　80 年代末的经济形势表明：对国民经济重大比例结构再次进行调
整，又成为迫在眉睫的事情。从 1988 年第四季度起，国家开始实行治
理整顿方针，宏观经济形势发生重大变化。工业增长急剧减速，增长率
从 1988 年的 20.8% 下降到 1989 年的 8.5%，1990 年继续降低为 7.8%。
而且，出现了持续性的工业产品销售市场疲软现象。中国工业经济增
长开始明显地受到市场需求的有效约束，表明中国工业化正迈入一个
新的阶段，工业化的内在机制正在发生深刻的变化。

　　产出结构与从业结构　以上对于产业结构的研究都是以产出值为
衡量标准进行讨论的。从产出结构看，到 70 年代末 80 年代初，中国经
济的工业化程度已相当高了：1980 年，第二产业占国民生产总值的比
重为 49%，工业净产值占国民生产总值的比重为 44.8%。但是，若按劳
动资源在各产业的分布为标准，中国工业化的程度还相当低，因为，以
农业为主体的第一产业在 70 年代末 80 年代初仍占有全社会劳动资源
的 70% 左右。即使到 1990 年，全国仍有 60% 的劳动者从事第一产业，
第二产业的从业人员只占 21.4%（见表 3-19）。有的学者称这种产出
结构与劳动者从业结构相偏离的情况是中国工业化过程中的"大跨度
错位现象"。[①]

---

　　① 参见熊映梧、吴国华等："论产业结构优化的适度经济增长"，载《经济研究》1990
年第 3 期。

表 3-19　产出结构与劳动者从业结构的比较(%)

年份	产出结构			劳动者从业结构		
	第一产业	第二产业	第三产业	第一产业	第二产业	第三产业
1978	28.4	48.6	23.0	70.5	17.4	12.1
1980	30.4	49.0	20.6	68.7	18.3	13.0
1985	30.0	45.2	24.8	62.4	20.9	16.7
1990	28.4	44.3	27.2	60.0	21.4	18.6

资料来源:《中国统计年鉴(1991)》,第 31、99 页。

在各国的工业化过程中,产出结构与劳动者从业结构之间就存在一定的差别。一般来说,劳动力的农业部门份额高于产出结构中的农业部门份额;相应地,劳动力的非农业部门份额要低于产出结构中的非农业部门份额。[①] 而在中国工业化过程中,产出结构与劳动者从业结构的差别则特别大。

产出结构与劳动者从业结构的差别反映了一国经济的非均衡性。这种差别表明了农业部门与非农部门在生产率或人均收入上的差距。随着经济的发展,这种非均衡性逐步缩小,经济系统向较成熟状态演进。据库兹涅茨计算,以 1958 年为准,每个劳动者平均的国内生产总值,非农部门与农业部门的比率:人均 GNP70 美元的国家平均为 4.02;人均 GNP150 美元的国家平均为 2.60;人均 GNP300 美元的国家平均为 2.10;人均 500 美元和 1 000 美元的国家分别平均为 1.78 和 1.40。[②]

与其他国家相比,中国经济的非均衡性更为明显。各产业之间,每个劳动者平均的 GNP 差距高于其他各国平均的情况。1978 年,中国第二产业每个劳动者平均的 GNP 为第一产业的 6.94 倍。当然,随着工业化进程的深入,中国经济的非均衡性也在趋于缩小。到 1990 年,第二产业每个劳动者平均的 GNP 为第一产业的 4.36 倍,明显小于 1978 年

① 参见《各国的经济增长》,第 210—212 页。
② 同上书,第 218 页。

（见表3-20）。

表3-20 各产业每个劳动者平均的GNP水平比较

年份	第一产业		第二产业		第三产业	
	每个劳动者平均GNP（元）	为第一产业的倍数	每个劳动者平均GNP（充）	为第一产业的倍数	每个劳动者平均GNP（元）	为第一产业的倍数
1978	360	1.00	2 504	6.94	1 693	4.70
1980	467	1.00	2 834	6.07	1 668	3.57
1985	817	1.00	3 711	4.54	2 538	3.11
1990	1 476	1.00	6 439	4.36	4 574	3.10

资料来源：根据《中国统计年鉴（1991）》数字计算。

尽管如此，从国际比较来看，中国经济的非均衡性程度仍相当高。这表明，中国工业化还没有接近尾声，部门间的资源转移仍将是推动经济增长的一个有利因素。生产要素特别是劳动力要素继续工业化，即从农业部门向非农部门特别是工业部门转移，仍然是中国经济发展的主题，至少是主要内容之一。

3.3 经济增长的地区结构分布

经济增长水平的梯度特征 中国经济增长的地区分布基本上呈现为由东向西的梯度状态：东部地区发展水平高于中部和西部地区。京津沪三市、东北三省和江苏、浙江、山东、福建、广东五个东部沿海省份的人均国民收入明显高于全国人均国民收入（见表3-21）。中部和西部地区的人均国民收入则明显低于全国平均水平。

表 3-21　1989 年各地区人均国民收入的比较

地区	人均国民收入* （元）	为全国人均水平的 （％）	占国民收入份额
京、津、沪三市	3 573	303.3	8.8
东北三省	1 575	133.7	12.0
东部沿海五省	1 507	127.9	31.7
中部九省区	1 087	92.3	29.1
西部十省区	870	73.9	18.2
全国	1 178	100.0	100.0

* 各地区人均国民收入为有关各省（区、市）人均国民收入的算术平均数。资料来源：《中国统计年鉴（1991）》，第 37 页。

经济增长地区结构的上述梯度状态是长期以来的历史所造成的，其原因也是多方面的。如果从工业化过程的主导因素来分析，自 50 年代以来，制约中国经济增长的主要条件是资本供给及以一定的资本供给为前提的技术进步。由于中国在世界范围内属于技术水平低下的欠发达国家，技术进步在很大程度上是国外技术引进和扩散的过程；又由于体制上的限制，国内区域间技术扩散机制较弱，所以，中国工业化过程中的技术进步在很大程度上要依赖于经济的对外联系。对外经济联系越是便利，引进和吸收较先进技术的机会就越多，技术进步就越快；反之，在对外封闭的条件下，技术进步就十分缓慢。

因此，各地区的经济增长水平以及地区间差异的形成主要受两个因素的影响：一是经济开放度，二是资金供给状况。

经济开放度主要取决于两方面的条件：一是自然经济条件，其中最主要的是地区所处的地理位置和交通运输条件；二是国家的政策和经济体制条件。我国东部地区之所以比较发达，最重要的原因之一是在近现代经济发展中对外开放度较高。中、西部地区的经济落后则主要归因于长期的封闭。

资金供给状况也主要取决于两方面的条件：一是资本积累能力，这主要取决于人均收入水平的高低;二是筹资模式以及与之相关的投资体制和投资政策。

由于在长期的经济发展过程中,已形成了人均收入水平和技术经济条件差异都较大的地区经济结构状况,各地区的资本积累潜力差距较大,60%以上的资本积累能力集中于东部地区(见表3-22)。而且,东部地区、中部地区和西部地区的工业企业的经济效率和效益水平也呈梯度状态,因而,东部地区比中、西部地区具有对资金更强的吸引能力。所以,如果中央政府不对国民收入和投资资金进行地区间的转移和再分配,在经济增长过程中,地区间的差距将趋于扩大,收入分配地区间差距的变化在一定时期内会表现为循环累积式的分化效应。

表3-22　1981—1985年各地区的潜在积累能力*

地区	潜在积累额(亿元)	潜在积累额占全国潜在积累额的比重(%)	潜在积累率(%)
全国	9 119.1	100	35.68
东部地区	5 376.09	62.90	42.40
中部地区	2 456.01	26.93	29.29
西部地区	927.53	10.17	19.15

　*　潜在积累额指国民收入生产额与消费额之差;潜在积累率指潜在积累额占国民收入生产额的百分比。

　　资料来源:《国民收入统计资料汇编(1949—1985)》,中国统计出版社1986年版。

50—70年代地区差异的变化　50—60年代,在中国工业化过程中,经济开放度很低,技术引进和技术扩散的速度也不高,所以,地区间的技术差异变化不太明显。另一方面,这一时期,基本上实行中央集权的资金供给体制,中央政府控制了大部分投资。投资政策倾向于进口替代,以及开发内地资源和实现地区间的平衡,将东部地区的部分资金转移到中、西部地区,从而在一定程度上缩小了地区间差异。据有的学者计算,1952年地区差异系数为26.7,1957和1965年下降到22.1

和 21.0。[①]

　　但是，实行高度中央集权的资金供给体制，进行国民收入的再分配和资金的地区间大规模转移，也带来了一些弊端。（1）东部沿海地区的资金供给不足，老企业不仅缺乏新增投资，而且严重缺乏重置投资，设备日趋陈旧，与国际间的技术差距扩大，从而使整个国民经济的效率和技术素质下降。（2）中、西部地区的投资环境较差，经济开放度低，投资吸收能力和技术扩散能力都较弱，因此，中央政府调集资金，大规模集中投资于中、西部地区，并不能很快提高那里的经济发展水平和工业化程度，而往往只能形成一些技术和经济的飞地。而且，这些经济飞地的生产效率和企业效益也大都远低于东部发达地区。因此，50—60年代，地区间差异的缩小是以资源配置效率的降低为代价的。

　　60 年代后期到 70 年代中期，中国经济进一步走向封闭，虽有过一次引进国外技术的高潮，但由于经济开放度很低，技术的吸收和扩散受到极大阻碍，所以，技术进步和产业发展仍十分缓慢，大规模的三线建设也未能对中、西部的工业技术进步产生决定性影响，只是进一步强化了飞地经济现象。另一方面，这一时期经济决策实行了分权，特别是将部分财权和投资权下放给地方政府，增强了地方政府即所谓块块的经济功能。这样，中央政府再分配国民收入和投资资金的能力相对有所削弱，从而使地区经济的差异又趋于扩大。地区差异系数从 1970 年的22.3 扩大到 1978 年的 28.8。

　　80 年代的地区经济增长和 90 年代前景　80 年代，经济持续较高速增长，城乡经济空前繁荣，在短短 10 年间就基本解决了传统体制下消费品市场供应严重短缺的问题。特别是农村经济有了很大发展，农

---

　　① 参见杨开忠："中国区域经济系统研究"（中），载《中国工业经济研究》1989 年第4 期。地区差异系数=（各地区人均国民收入水平的标准差 ÷ 各地区人均国民收入水平的算术平均值）×100%。

副业经济大为繁荣,农村工业更以超常的速度迅猛增长。这主要归因于 1978 年以来的经济体制改革和对外开放。

80 年代的高速经济增长以及支持了这种高速经济增长的体制变革和国家政策取向,对各地区经济发展的作用是不尽相同的。

东部地区经济比较发达,潜在的资金积累能力强,投资效益高,对资金的吸引能力强,由于进行体制改革,国家计划管理放松,市场机制增强,使中央政府直接进行国民收入再分配和资金调集的作用降低,加上融资渠道的多样化,资金向东部较发达的地区流动。经济的对外开放也首先刺激了东部地区的经济发展。特别是先行开放的沿海地区,经济增长明显高于其他地区。例如,广东省在 70 年代以前,只属于中等地区,人均国民收入大致排列在全国各省的第 15 位以后。而实行对外开放以来,广东省的人均国民收入迅速提高,到 1989 年已超过经济发达的江苏、浙江等省,仅次于京、津、沪三市和辽宁省,居全国第 5 位。福建省原先比较落后,经济发展比较缓慢,人均国民收入远低于全国平均水平。实行对外开放以来,福建省特别是其省内的沿海地区和开放城市,经济增长速度显著加快。1989 年,福建省的人均国民收入就超过全国平均水平,居全国各省区的较前列,甚至超过湖北省,接近较发达的东北吉林省的水平。

体制改革和对外开放也促进了中、西部地区经济的较快增长。但是,中、西部地区的产业结构与商品经济发展中的经济效益结构存在一定的矛盾,尽管自然资源丰富,然而加工业的技术落后,加之现行价格体系存在某些对其不利的因素,使中、西部地区经济发展,特别是资金积累和技术进步遇到了比东部地区更多的困难。

因此,整个 80 年代,各地区经济发展的差异性进一步扩大。地区差异系数从 1980 年的 28.5 扩大为 1985 年的 29.6。1989 年东部地区的人均国民收入水平比全国平均水平高 77.3%,而西部 10 省区的人均国民收入却比全国平均水平低 26.1%。

在 80 年代的地区经济发展中也出现了一些矛盾和问题。实行地方财政包干,地方政府的经济干预权过大,以及投资管理薄弱,使得地方保护主义抬头。严重的地区经济封锁,导致国内市场严重分割和产业区域分布的混乱,并形成地区间产业同构化。而且,各地方的盲目投资和重复建设以及竞相攀比增长速度,使现有的资源条件和基础产业(包括基础设施)难以支撑,产业结构失调,以致产生严重的通货膨胀和市场秩序的混乱。80 年代末,经济陷入困境,不得不实行为期三年多的治理整顿。治理整顿期间,紧缩银根,强调集中,放慢改革步子,虽然只是短期内的应急对策,但也对 90 年代的经济增长和地区经济发展产生了深刻的影响。

90 年代,经济增长过程中继续扩大地区差异的因素和相对缩小地区差异的两种因素并存。缩小地区差异的因素主要是(特别是在治理整顿期间)国家加强投资计划,实行向基础产业倾斜的政策以及地区产业结构的调整。而且,改革和开放对经济增长的推动效应将从东部地区逐步向中,西部地区扩散。扩大地区差异的主要因素是:(1)资金供给体制分散化和分权化的基本趋势不会逆转,而且,融资体制将更为灵活和多样化。(2)经济开放将进一步扩大,沿海地区将越来越多地得益于经济的对外开放。(3)由于财政金融的困难,政府不得不较多地考虑投资的经济效益,因此,在一些方面,必须采取优先发展沿海经济的措施,以达到尽快改善财政金融状况的目标。(4)随着商品经济的发展,各地区的经济增长将更多地取决于竞争(效率)优势而不是资源优势,90 年代,市场竞争将进一步强化,这将成为扩大地区间差异的催化剂。

在 90 年代中国经济增长和工业化的进程中,扩大地区差异的因素可能仍强于缩小地区差异的因素。不过,由于 80 年代中、西部地区已受到商品经济发展的冲击,封闭状态已被打破,随着经济改革的深入,内地的一些企业,特别是大中型军工企业已在进行调整以适应经济发展的要求。加之中、西部自然资源开发能力的加强,地区经济将获得更大的活力。所以,90年代,东部地区和中、西部地区之间经济差异扩大的趋势(速率)会小于80年代。到90年代末和下世纪初,中、西部经济开发可望获得更大进展,地区间经济差异将转变为逐步缩小的趋势,全国范围内,经济增长的地区结构分布将逐步趋于均衡。

大致可以作这样的判断:与产业结构演变趋势一样,中国工业化进程中,经济增长的地区结构也是一个从非均衡向均衡逐步演进的过程。非均衡增长是一条现实的道路,均衡趋势则是成熟工业化的标志。

3.4　经济增长机制及其模式转换

经济增长的轨迹、形式与机制　从以上对中国工业化过程中经济增长及其结构特征的分析中,不难得出这样的结论:经济增长的现实轨迹及形式特征与经济增长的机制有着直接而密切的关系。50—70年代的增长轨迹和增长的形式特征,与那一时期的经济增长机制具有内在的因果联系。80年代以后,增长轨迹与增长的形式特征的变化与经济增长机制的变化基本上呈同步性。因此,无论是从经济增长的基本轨迹或形式特征方面看,还是从经济增长机制的特性变化方面看,50—70年代与80年代之交都是中国工业化进程的一个历史性转折期。

中国工业化的轨迹是很独特的,许多奇异现象为世界所罕见;中国经济增长的形式特征也表现了与国际标准形式的较大偏离。这除了是由于中国自然经济条件的特殊性之外,主要归因于,新中国成立以来就开始走上了有中国特色的社会主义工业化道路,形成了一套别具特性的经济增长机制或工业化机制。

从历史事实看,中国独特的经济增长机制或工业化机制的形成和演变,确实受到主观选择的很大影响,甚至与意识形态有着相当大的关系。但是,工业化毕竟有其内在规律和客观逻辑。顺应这一规律和客观逻辑的主观选择才能被历史证明其存在的理由。违背经济规律会受到惩罚,与客观逻辑相悖的主观逻辑和任意选择,没有成立的基础。因此,经济规律和客观逻辑最终将纠正人们错误的主观选择。从这一最彻底的意义上说,工业化归根到底仍然是马克思所说的那种经济发展的"自然历史过程"[1],而无论其在某一国家的具体实践中可能表现出怎样的独特性,它都"既不能跳过也不能用法令取消自然的发展阶段"[2]。

对中国工业化过程进行经济分析,不仅要实证地描述其经济演化的动态轨迹和形式特征,而且,尤其重要的是要深入地刻划其经济机制的运作原理和客观根据,进而揭示中国工业化道路的内在逻辑,并对其既体现为一种自然历史过程又表现出极大的独特性,这样令人目眩的历史作出合乎逻辑的解释。在此基础上,才能对中国工业化道路以及各种主观选择的成败、利弊、得失进行规范性的评价和福利分析。

因此,在探讨中将把对经济机制的研究作为经济分析的重点之一。作者认为,深入研究经济增长和工业化过程中经济机制形成、运作、演变的现实背景,是正确把握中国工业化过程的基本脉络的一个关键。

在以下几章的研究中,将从构成经济机制的微观实体和制度基础的经济主体、组织要素和产权规则开始讨论;然后,再分别讨论与供给机制、需求机制有关的内容;最后,综合性地研究中国工业化的宏观经济特征。

体制改革与机制转换　具有内在联系和一致性的一套较完整的经济机制,可以称之为一种经济机制模式。具有不同性质和运作原理的

---

[1]　《马克思恩格斯全集》第 23 卷,人民出版社 1972 年版,第 20 页。

[2]　同上书,第 11 页。

经济机制,构成不同的经济机制模式。不同的经济机制模式总是与相应的经济体制模式密切联系,以至于人们有时把机制模式与体制模式视为同一的东西而不加严格区别。

体制模式是机制模式的制度形式,机制模式是体制模式的实现内容。一定的机制模式要以一定的体制模式为基础;反之,一定的体制模式总是为了实现一定的机制模式。因此,经济体制改革与机制模式转换总是相伴发生:为了改变经济机制,必须改革经济体制;而进行经济体制改革,也总是为了实现或适应经济机制的转换。

在中国工业化进程中,50—70 年代与 80 年代这两个时期,经济增长和工业化的轨迹和形式特征发生了很大变化,经济机制模式逐步转换,这与 70 和 80 年代之交开始的经济体制改革有着直接的关系。在进行经济分析时,我们大致可以作这样的理论抽象或判断:50—70 年代的工业化进程是一种传统增长模式或传统工业化模式,与之相应的是,一种传统的经济机制模式和传统经济体制模式在运行着,并发生着效力。从 70 年代末 80 年代初开始,中国实行经济体制改革,从传统经济体制向新经济体制转换,与此同时,经济机制也开始从传统模式向新的模式转换。这也标志着,中国的经济增长模式与工业化模式也将实现新旧转换。

无论是经济机制模式的转换、经济体制的改革,还是经济增长模式和工业化模式的转换,尽管是经济发展史上的一种激变,但都含有一定的连续性和渐进性,表现为转换过程的时续性(也可以称之为长期性)。80 年代的整整十年,中国经济都处于这一转换过程之中,进入 90 年代,转换过程仍将延续下去。因此,研究 80 年代与 90 年代中国的工业化进程、经济改革和机制模式转换是经济分析的题中应有之义。将经济体制改革和经济机制模式转换引入经济分析,我们才能更好地描述和解释中国经济增长的形式和增长模式的转换,也才能更好地描述和解释本世纪下半叶中国工业化的基本轨迹和工业化道路的内在逻辑。

如果说，从经济发展的长过程看，工业化就是一个经济激变时期，那么，从 70 年代末 80 年代初，实行经济改革和机制模式的转换，中国工业化进程就是在发生着更为深刻的经济激变。在这一深刻的经济激变时期，以更快的速率推进工业化过程，并实现工业化模式的转换，是本世纪最后 20 年中国工业化的一个显著特点。把握住这一特点，是对中国工业化进行经济分析在方法论上的一个科学要求。

第 4 章　经济增长中的公私经济关系

4.1　定义与分类

社会主义经济的基本特征　按传统的理解，社会主义经济是以生产资料公有制为基础，实行计划经济和按劳分配的经济。从逻辑上看，公有制、计划经济、按劳分配是三位一体的：公有制保证了实行计划经济所要求的利益一致性；计划经济保证了公有制体系实际运行中目标选择、动力机制和资源配置的客观可行性；也由于实行公有制和计划经济，与个人直接相关的生产要素只有劳动，所以，按劳分配是唯一主要的个人消费资料分配原则。

按照上述理解，确实可以粗略地看见传统社会主义经济的轮廓，但是，这个轮廓是相当朦胧的，人们很难依此来把握社会主义经济运行的真实的内在机理。特别是当人们面对着具体而复杂的社会主义经济的现实世界时，不禁感到茫然：究竟什么是社会主义？社会主义是公有制经济，但不也有许多私人经济和私人经济行为吗？社会主义是计划经济，但不也有许多无计划、违背计划以至错误计划的现象吗？社会主义实行按劳分配，但各种非按劳分配原则不也是通行的和合法的吗？而且，在实行了经济体制改革之后，社会主义经济的特征还能归结为"公有制""计划经济"和"按劳分配"吗？

问题的关键在于揭示社会主义经济关系的内在结构及其动态特

征,而不能用"为主""为辅"之类的断语来回避现实的挑战。因为,仅仅是说"公有制经济为主""计划经济为主""按劳分配为主",并不能有助于将我们对社会主义经济的认识向前推进。特别是随着经济体制改革的深入,社会主义是计划经济的教条被打破,社会主义市场经济成为改革的目标。如果仅仅从传统的社会主义原则出发,而不是从实际出发,我们将无法对中国工业化过程进行科学的经济分析。

研究社会主义经济关系的内在结构及其动态特征,不可避免地会集中于问题的焦点:公经济与私经济及其相互关系。为使我们的讨论有一个科学的概念基础,保证所用术语涵义的明确性,有必要先作某些定义和分类约定。

经济实体　经济实体是指具有独立(或相对独立)的经济利益的经济单位,通常至少在一定程度上拥有理性的决策能力。拥有较大自主权的经济实体,也称为经济主体。

主要的经济实体分为四类:宏观经济实体、中观经济实体、微观经济实体和亚微观经济实体。

宏观经济实体就是国民经济总体,在经济分析中通常称为国家。宏观经济实体的决策行为人通常是中央政府,有时简称政府。

中观经济实体一般指作为国民经济总体的构成部分的行业系统和地方经济,在经济分析中前者通常称为行业、产业;后者通常称为地方。中观经济实体的决策行为人通常是政府的经济主管部门和地方政府。在我国,常常把中观经济形象地称为"条条"(部门管理)和"块块"(地方管理)。

微观经济实体是国民经济的最基层单位厂商、社团和家庭。在经济分析中也称为企业和居民。微观经济实体是经济体系的细胞,是生产、经营、消费等基本经济活动的主要的直接承担者。

亚微观经济实体是微观经济实体以及宏观和中观决策机构的内部

构成元素,即担任各种职务具有一定的经济行为特征的个人。例如,在典型的资本主义企业中,基本的亚微观经济实体是,资本家(所有者)、经理人员(管理者)和工人(劳动者);在典型的社会主义企业中,基本的亚微观经济实体是,经理人员(厂长、经理,习惯上又称为企业家)和工人。在宏观和中观决策机构中,各类公务人员也都类同于亚微观经济实体,可以称之为经济计划和管理人员,简称中央、地方或部门的计划者或调控者。在一般的宏观和微观经济分析中,往往都无视亚微观经济实体的存在,把宏观、中观决策机构和微观经济实体都抽象为没有内部结构的经济单位,忽视亚微观经济实体行为对经济活动的影响。这是一种过度的抽象。在我们的经济分析中,亚微观经济实体是重要的分析对象之一。

宏观、中观、微观和亚微观经济实体的分类,有时只具有相对的意义。特别是在宏观与中观之间以及微观与亚微观之间,往往没有绝对的界线,甚至具有直接同一性。但是,在理论上作总体的把握,它们之间的界线是明晰的,作为经济分析的基本范畴,它们的内涵与外延都是易于理解和把握的。

公经济和私经济　一般来说,公经济是指属于国家或集体的经济,私经济是指属于个人(或私人)的经济。① 按照公私经济的这种最一般的分类原则,在社会主义经济制度下,宏观经济与中观经济属于公经济,这是没有疑义的。那么,微观和亚微观经济呢?

社会主义公有制企业是公经济的微观实体;社会主义制度下合法存在的非公有制企业(包括个体工商户)是私经济的微观实体;家庭也

---

① 公经济、私经济的概念不同于公有制经济、私有制经济(有时简称公有经济、私有经济),后者是生产资料公共所有制经济及生产资料私人所有制经济的简称,即只涉及生产资料的所有制关系。而前者则广泛得多,它涉及所有各种收入和财产(无论是生产资料还是生活资料)关系以及与之密切相关的经济行为。

是私经济的微观实体。亚微观经济实体总是以个人形式存在,无疑属于私经济,但在公经济实体中,一些亚微观经济实体,例如,企业经理、政府公务人员,又必须按制度规定的公经济行为准则行事,因此,遵循和体现公经济行为规则。这些公有制经济实体(或者其决策机构)的亚微观经济实体通常具有双重人格:职务人格属于公经济,利益人格属于私经济。

如果暂时撇开非公有制企业,假定生产资料所有权是完全的公有制,那么,可以这样说:宏观和中观经济属于公经济;微观经济中的企业属于公经济,家庭属于私经济;亚微观经济实体作为个人属于私经济,如果担任公务,则同时具有公经济的职务人格行为特征。

在现实经济中,公经济和私经济都表现为各种复杂的形态。为了便于进行经济分析,可以对其作大致的分类。由于在社会主义经济中,公私经济的分析,其复杂性主要表现在微观和亚微观经济方面,所以,我们的研究主要集中于对微观经济实体及其亚微观结构的讨论。

公经济类型　按照产权责任范围来划分,公经济分为以下五类:

公经济Ⅰ:财产属全体人民所有,由国家直接经营,原则上须负无限清偿责任,与国家财政有连带的债务责任关系。

公经济Ⅱ:财产属全体人民所有,但管理权归某个中观经济实体,例如地方政府。原则上讲,它们也要负无限的清偿责任,与中观财政(例如地方财政)有连带的债务责任关系。

公经济Ⅲ:财产属全体人民所有,但产权由微观经济实体自主经营,原则上只负有限的清偿责任,与中央和地方财政都没有连带的债务责任关系。

公经济Ⅳ:财产属一定范围内的劳动者集体所有,产权由微观经济实体经营,原则上只负有限的清偿责任。其产权责任范围通常比微观经济实体自身更宽,换句话说,财产属于比微观经济实体(例如企业)

更大范围的劳动者集体(例如,城市中的行业)所有。

公经济Ⅴ:财产属于以本微观经济实体范围为限的劳动者(以及出资者)集体所有,产权完全归微观经济实体,只负有限的清偿责任,特殊情况下,也可能与亚微观实体的个人财产有某种连带的债务责任关系。

私经济类型　按照产权的性质及其与个人利益相联系的主要特征来划分,私经济分为三大类七小类:

私经济A(1):作为纯粹消费实体的家庭,只拥有消费资料所有权,原则上讲,不具有储蓄和投资行为,只进行纯粹的(个人)消费活动。

私经济A(2):作为消费和储蓄实体的家庭,不仅拥有消费资料所有权,而且,具有储蓄能力,即不仅进行消费活动,也进行储蓄活动。

私经济A(3):作为消费、储蓄和投资实体的家庭,即除了具有私经济A(1)、A(2)所具有的行为之外,还具有投资行为,这就可能获得对生产资料的一定所有权。

私经济A(4):作为公有制经济(主要是集体所有制经济)的承包经营者的家庭或个人,承担经营风险,也可获得家庭(或个人)承包经营的经营收入。

私经济B:公有制经济实体或决策机构中的亚微观经济实体,例如,企业职工(特别是经营者)、政府机关中的工作人员,他们的行为基于某种个人利益的考虑,形成与国家利益、集体利益相对应的个人利益群体,这种群体是公有制经济内部的一种重要的私经济实体。

私经济C(1):以生产资料的劳动者个人(或家庭)所有制为基础的微观经营实体,例如,个体工商户所从事的经济活动。

私经济C(2):以生产资料私人所有制为基础的微观经营实体,例如,私营工商业者所从事的经济活动。

上述三类私经济中,私经济A和私经济B是与公有制经济相联系的,或者可以说,是作为公有制经济组成部分的私经济,前者是家庭经济,后者是公有制经济实体内部的亚微观经济。私经济C则是私有制经济。

以上对公经济和私经济的分类,是根据我国现实经济状况所作的概括,在逻辑上并未穷尽所有可能的各种类型。随着社会主义经济的不断发展,特别是随着改革的进一步深化和对外开放的进一步扩大,也许会出现更多类型的公、私经济实体和行为。不过,对于本书目前的研究来说,对公、私经济类型作以上粗略分类已经足够了。

4.2 社会主义经济的经典模式

单纯的公经济Ⅰ 在马克思主义经典著作家们所预言的社会主义经济中,在生产力高度发达的基础上,实行单一的全民所有的生产资料公有制形式,整个社会经济按照一个全国性的计划中心所制订的计划运行。在这种经典模式中,唯一存在的公经济类型是我们所定义的公经济Ⅰ。

在单纯公经济Ⅰ的理论模型中,几乎没有微观经济实体的独立地位,全国就像是一座大工厂,不需要有严格的规则来规范这个"大工厂"中的各个具体生产单位之间的产权界定、经营和转让的行为。计划中心完全可以按照资源最佳配置的要求来毫无障碍地进行生产调度。

这样的模式显然是过于抽象和理想化了。没有严格界定的微观经济实体的经济不仅难以实现效率,而且,运行起来也是困难的。所以,当讨论到比较现实的经济问题,特别是当社会主义经济成为一种现实时,马克思主义经典作家们实际上已认定,社会主义经济体系也是由称为工厂或企业的无数个微观经济实体所组成的。每一个微观经济实体甚至也可以和应该实行某种经济核算。尽管如此,这种社会主义经济模式中,公经济 I 仍是唯一的公经济类型。

私经济A(1)和隐约存在的私经济B　在经典模式中,家庭是纯粹的消费单位。尽管这似乎与按劳分配原则有些矛盾,因为,按劳分配并不保证家庭所得的收入正好与现期消费相等,一旦收入超过现期消费,家庭就会掌握部分剩余,即其消费倾向就不是 1 而是小于 1,这在逻辑上就会产生储蓄,即存在私经济A(2)。但是,经典理论忽视了这一点,也许是因为这一问题被认为并不重要而在构造理论模型时被抽象掉了。因此,至今为止,有些经济学家仍把家庭所支配的超过现期消费的收入及其积存称为结余消费基金。总之,在经典模式中,唯一存在的重要的私经济类型是我们所定义的私经济A(1)。

问题是,按劳分配过程不只是一种不产生任何其他效应的单纯的分配方式,而是会产生对劳动的刺激效应的。特别是,当认识到社会主义微观经济实体(企业)的地位,认识到社会主义企业中经理的作用,更重要的是,当认识到社会主义经济也需要有物质奖励,也要建立在劳动者对个人利益关心的基础之上时,在逻辑上就必然要承认存在私经济B。在经典模式中,这种私经济B似乎隐约得到了承认,特别是在讨论到政策问题时往往被强调,但总体上看,它在理论模型的主体框架中是没有地位的。每个人都被假定为是各尽所能的。尤其是,计划决策机构中的计划人员和企业领导人都被假定为只有单纯的职务人格,而没有独立的利益人格。

经典经济增长模型　按照上述的理论假说,社会主义经典模式的经济增长模型如图 4-1 所示(t 表示时间)。国民收入经分配形成由社会所支配的收入(简称国家收入)和家庭收入。家庭收入全部用于当期消费。国家收入用于当期消费之外的储蓄,全部用于当期投资。当期投资决定了下期的资本形成(以及与之相应的劳动力投入,下同),推动着下期国民收入的增长。

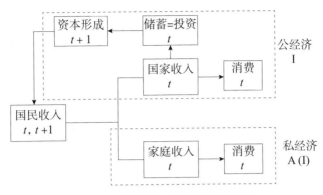

图 4-1　经典社会主义经济增长模型

在这一增长模型中,公经济与私经济是界限分明的。公经济 I 是生产经营活动的唯一承担者。经济增长的累积性后果是单纯的公经济 I 的不断壮大。私经济 A(1)的增长仅表现为消费水平的提高,不产生财产累积后果,也就是说,即使有家庭财产的积累,也只是纯粹消费性的,不形成有重要经济意义的储蓄。理论上假定家庭的储蓄倾向为 0,消费倾向为 1。

尽管经典社会主义模式具有单纯的内在逻辑一致性,但是,现实经济毕竟要复杂得多。因此,即使是在原则上希望以经典社会主义模式的框架为蓝图来建设的传统社会主义经济体制下,现实情况也离经典模式有相当的距离。

4.3　传统体制下的经济模式

公经济 I、II 和公经济 IV 的二元结构　在现实的社会主义经济中,公经济 I 并不是唯一的公经济形式。在新中国成立以来的经济发展中,公经济 IV 发挥着重要的作用,尤其是在广大的农村,公经济 IV 是主要的公经济形式,这在我国称为集体所有制经济。在城市中,集体经济也占相当大的比重。

我国的集体所有制经济分为两类，一类称为大集体，类似于本书所定义的公经济Ⅳ；另一类称为小集体，类似于本书所定义的公经济Ⅴ。直到70年代末以前，在我国，公经济Ⅳ都是集体经济的主要形式。不仅在所占比重上公经济Ⅳ是集体经济的主体，而且，从发展趋势看，公经济Ⅴ的发展能力很小，具有向公经济Ⅳ归并的倾向。

由于存在公经济Ⅰ和公经济Ⅳ两类微观公经济实体，所以，也存在两类公经济储蓄主体和投资主体。在这种公有制经济模式中，国家资本（全民所有制的资本）积累和集体经济资本积累是发展资金的两个来源。

值得注意的是，不仅财政系统属于公经济Ⅰ，而且，银行系统也完全属于公经济Ⅰ，即均为完全是国家直接经营（管理）的经济实体。国家财政和国家银行发挥着从公经济Ⅳ吸取资金，输送到公经济Ⅰ，形成公经济Ⅰ的储蓄和投资的作用。特别是在传统体制下，财政系统对全社会资源的控制力十分强大，大量的资金通过财政的纵向筹资渠道输入国营经济，形成国有资产。所以，公经济Ⅰ比公经济Ⅳ的增长力更强，扩张速度更快。

若从新中国成立以来的经济史上看，我国公经济Ⅰ和公经济Ⅳ二元结构的形成经历了一个过程。1952年，国民收入中各种经济成分所占比重，全民所有制经济为19.1%，集体所有制经济为1.5%，公私合营经济为0.7%，私营经济为6.9%，个体经济为71.8%。1957年，全民所有制经济上升到33.2%，集体所有制经济上升到56.4%，公私合营经济上升到7.6%，个体经济下降到2.8%，私营经济消失。1966年9月，公私合营经济完全成了全民所有制经济。到1980年，在工农业总产值中，全民经济占60.3%，集体经济占34.6%，加上全民所有制经济与集体所有制经济合营的部分，共占整个经济的95.3%，个体经济及其他经济仅占4.7%，在理论分析中处于微不足道的地位，因此，在构造理论模型时完全可以抽象掉了。

需要说明的是，在传统体制下还存在公经济Ⅱ，即地方和部门经济。在某些情况下，公经济Ⅱ的作用还相当强，但是，从总体上看，传统体制是高度中央集权的，全民所有制经济的运行主要听从中央计划指令的安排，所以，公经济Ⅱ是高度受制于公经济Ⅰ的。而且，公经济Ⅱ与公经济Ⅰ之间的界限也不十分严格，"下级服从上级，全国服从中央"是调节公经济Ⅰ与公经济Ⅱ之间关系的主要原则。因此，在理论分析中，公经济Ⅰ与公经济Ⅱ的划分有时意义并不很大。在本书的研究中则假定，在传统体制下，公经济Ⅰ与公经济Ⅱ是融为一体的。

私经济A(1)、A(2)和被抑制的私经济B　在传统体制下，家庭基本上只是消费单位，家庭收入水平低下，家庭收入基本上类同于消费基金，即家庭的消费倾向很高，除用于现期消费之外所剩无几。而且，用于消费支出之外所剩的少量收入，也只是一种延期消费资金，从国民经济的整体看，这部分资金并不形成具有重要意义的储蓄。因此，在传统体制下，家庭基本上属于本书所定义的私经济A(1)，只有少数家庭可以属于本书所定义的私经济A(2)。从对整个国民经济进行总体性分析的角度看，也许只能说，传统体制下的家庭仅具有微弱的私经济A(2)行为。不过，至少在理论上不能否认私经济A(2)的存在。

从表4-1中可以看到，在传统体制下，居民家庭的储蓄行为是非常微弱的。尽管1952—1980年，我国的积累率平均接近30%，但家庭储蓄倾向却远低于10%（见表4-1）[①]。这说明，在传统体制下，储蓄（即投资资源）的形成基本上是公经济行为的结果，作为私经济实体的家庭，其储蓄贡献很小。而且，家庭储蓄基本上依附于消费行为，是单纯的消费结余或消费延期。

———————————

① 我国缺乏家庭储蓄的历年统计资料，表4-1中只列入银行储蓄存款余额的统计数据。由于在传统体制下，居民的储蓄手段很少，存款余额与国民收入之比，或存款余额增量与国民收入增量之比，大致可以粗略地反映居民的储蓄倾向。

表 4-1 传统体制下城乡居民微弱的储蓄行为

年份	国民收入（亿元）	国民收入比上年增长额（亿元）	年末存款余额（亿元）	年末比上年同期存款余额增长额（亿元）	存款余额与国民收入之比	存款余额增长额与国民收入增长额之比
1953	709	120	12.3	3.7	0.017	0.031
1965	1 387	221	65.2	9.7	0.047	0.044
1978	3 010	366	210.6	29.0	0.070	0.079

资料来源：《中国统计年鉴（1991）》，第 32、275 页。

传统体制下的现实模式与经典社会主义模式的一个重要区别是，经济系统存在着界限分明的宏观、中观和微观层次，而且，在经济活动中，亚微观经济实体也具有实质性意义。因此，在传统体制下，如何调动部门、地方、企业以至职工个人的生产和工作积极性是一个重要的问题。这一问题在经典社会主义模式中几乎是不存在的。

问题的关键在于在经典社会主义模式中，人是有高度觉悟的社会主义新人，他们总是会"各尽所能"地工作的。而在现实经济中，人是有自身利益的，他们的生产和工作积极性在一定条件下可以发挥出来，在另一些情况下则可能并不充分地发挥出来，甚至完全发挥不出来。所以，"各尽所能"并不能成为现实经济中个人的行为假定。这意味着，在传统体制下，亚微观实体的私经济 B 行为是普遍存在的。

但是，在传统体制下，私经济 B 又是被抑制的。高度集权的指令性计划严格规定了职工的生产定额和工作内容；平均主义的缺乏刺激的收入分配制度钝化了亚微观实体的利益目标；经济成分的单一化和个人致富的一切渠道被杜绝，使私经济 B 的选择空间十分狭窄。这一切决定了在传统体制下，私经济 B 在国民经济运行中的作用被大大限制了。这样，经济实体的积极性被抑制了，其活力，特别是微观经济实体的活力被损害，因此，在经济增长机制中，动力主要只来自政府特别是中央政府。传统社会主义的经济增长是一种典型的以国家为主导以政府为"发动机"的经济增长模式。[1]

传统体制下的经济增长模型　图 4-2 描述了传统体制下经济增长的基本过程(简称传统经济增长模型)。国民收入经分配过程形成国家收入、集体经济收入和家庭收入。国家收入一部分用于当期消费,一部分形成储蓄,储蓄直接转化为投资,成为国家资本形成的源泉。集体经济收入一部分用于当期消费,另一部分形成储蓄,储蓄的一部分通过国家财政和国家银行转化为国家投资的源泉,另一部则转化为集体经济的投资,决定了集体经济下期的资本形成。家庭收入的绝大部分用于当期消费,消费基金的节余部分通过国家银行转化为国家储蓄和投资。这样,国家投资不仅取决于国家储蓄,也受到集体经济和家庭提供的储蓄来源的影响,这些因素共同决定了国家的下期资本形成。国家资本形成和集体经济的资本形成推动了国民收入的不断增长。

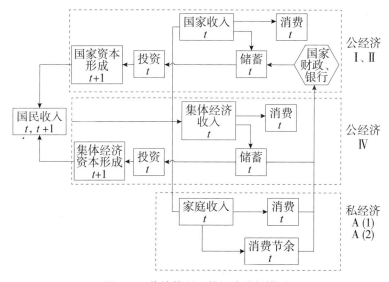

图 4-2　传统体制下的经济增长模型

---

[1]　参见金碚:《经济发展与宏观筹资》,中国人民大学出版社 1991 年版,第八、九章。

在传统经济增长模型中,公经济与私经济的界限也是比较分明的,这一点与经典模型很相似。而且,经济增长的累积性后果也是公经济的壮大。不过,传统经济增长模型与经典模型的区别也是十分明显的。

1. 公经济的形式不只是单纯的公经济Ⅰ,而是公经济Ⅰ、Ⅱ和公经济Ⅳ的并存,而且,经济增长不断地强化着这种公有制经济的二元结构。

2. 尽管家庭储蓄在量上是微不足道的,但毕竟存在着私经济A(2),这至少意味着,私经济行为对经济增长并非丝毫不发生作用。随着经济的不断增长和人均国民收入的不断提高,私经济A(2)必然会有日益增长的趋势,它的作用将越来越不容忽视。传统的社会主义经济理论特别是经济增长理论之所以忽视私经济A(2)的作用,是因为经济不发达的现实掩盖了经济关系中的某些内在规定性和变化趋势。其实,表4-1显示,在现实经济中,家庭储蓄确有不断增长的趋势。

3. 要维持传统经济增长模型的既定格局,国家财政系统和国家银行系统必须发挥高度集权的强有力的经济垄断作用。只有这样,才能保证公经济Ⅰ和公经济Ⅱ的一体化,并保证私经济A(2)的储蓄流入公经济系统而不致形成公经济之外的积累实体。

4.4　体制改革以来的现实经济模式

公经济的多元结构　自从进行经济体制改革以来,中国经济发生了深刻的变化。在公有制经济内部,这种变化首先表现为经济决策权的分散化和利益实体的多元化。

在全民所有制经济中,放权让利的结果是,一方面,地方经济实力大为增强,形成了具有相当强的独立性的中观经济实体,政府所直接支配的收入,明确地划分为中央收入和地方收入两部分,分别由各自的预算和非预算过程所控制；另一方面，全民所有制企业（或者称国营企业）成为相对独立的微观经济实体，它们的行为和决策不再完全由国家（政府）所支配。总之，在全民所有制经济内部，形成了公经济Ⅰ、公经济Ⅱ、公经济Ⅲ三类经济实体，并各自具有相对独立的经济利益。

需要指出的是，从迄今为止的改革实践看，有关公经济Ⅰ、公经济Ⅱ和公经济Ⅲ之间关系的产权规则还没有达到相当规范化的程度，这不仅表现为地方所支配的经济和中央所支配的经济都笼统地归之为国营或全民所有，而且，特别表现为国营或全民所有制企业的产权规则很不健全，企业收入或企业财产是个相当模糊的概念，它由企业支配，是实现企业利益的经济根据，但又永远属于国家或全民所有，收入的使用和财产的处分受到政府相当严格的控制。尤其奇特的是，企业自我积累所形成的并不是企业自我的资产，而仍然归全民或国家，但在政策上有时又规定这部分财产可以分账处理，以示与其他财产权的区别。

在集体所有制经济中，各种小集体企业蓬勃发展起来。公经济Ⅳ和公经济Ⅴ在类型上的区别日益分明。城市中的各种民办企业实力日益增强，农村中的乡、镇、村办企业形成半壁江山。这类企业与改革以前城市中的大集体企业在性质上有着很大差别，属于本书所定义的公经济Ⅴ。

活跃的私经济B　由于公有制经济结构的多元化，决策权的分散化和各类具有独立或相对独立地位的经济实体的自身利益的强化，各类微观经济实体和决策机构中的亚微观经济实体的行为日益活跃起来，并越来越具有重要的意义。现在，各类公经济实体，特别是公经济Ⅲ、公经济Ⅳ和公经济Ⅴ的行为都不仅取决于公有制经济运行的自身逻辑，而且在相当大程度上取决于私经济B的行为。

在公经济实体中，通常情况下，亚微观经济实体具有职务人格和利益人格的双重身份。作为职务人格，他们作出和执行公经济决策，是公经济的人格体现；而作为利益人格，他们又都是实实在在的私经济实体，他们是个人收入（或家庭收入）的获得者，直接就是家庭的组成者，因此，是公有制经济中的私经济人格。

自从进行经济体制改革以来，私经济 B 的作用日益增强并越来越受到重视。在企业中，物质鼓励被作为调动劳动者积极性的主要手段之一，最重要的经济指标被规定与工资挂钩，例如，产值与工资挂钩、效益与工资挂钩、上缴利税与工资挂钩，等等，都是基于对私经济 B 的承认和重视。一些小型企业，特别是在农村经济中，实行个人或家庭承包经营的责任制，这实质上是强化公有制经济内部的亚微观经济实体的私经济 B 的作用，在相当大的程度上是把私经济 B 的亚微观行为提升为私经济 A（4）以至类似于私经济 C 的微观行为。

值得注意的是，由于政府决策权的下放和地方经济决策权的扩大，政府决策机构中的亚微观行为的作用和意义也变得异常重大。现在，无论是宏观经济决策还是中观经济决策，或是决策机构自身的收入和支出活动，都不能不密切涉及各类公经济实体以至私经济实体之间的利益关系，这种利益关系不仅包括各种公经济利益之间的相关性和矛盾性，也包括各种私经济利益之间以及它们与公经济利益之间的相关性和矛盾性。在这种利益关系错综复杂的情况下，决策机构中的亚微观实体的行为有时是举足轻重的。

地位日益重要的私经济 A（3）和 A（4）　自从经济体制改革以来，一系列的变化使得家庭的作用显得越来越重要，家庭在经济体系中的地位发生了本质性的变化。

1. 家庭已不只是消费单位，而且是重要的储蓄主体，甚至成为比政府和企业更重要的储蓄主体。据有的学者计算，居民储蓄率（居民总储蓄与居民在国民生产总值中所得数额相比），1979 年为 10.53%，1984 年为 17.08%，1988 年为 22.83%，1989 年为 25%。1979 年，居

民储蓄仅占国民经济总储蓄的 23.55%，政府储蓄和企业储蓄分别占
42.80% 和 33.65%。而到 1989 年，居民储蓄占国民经济总储蓄的比重
高达 65.91%，政府储蓄与企业储蓄加起来才占 34.09%。[①] 值得注意的
是，家庭储蓄已不再是消费行为的一个简单的余项，而已获得了自身相
对独立的动力机制，其中包括保险储备、财产积累、价值增殖等稳定的
利益动机。

2. 家庭成为重要的投资主体之一。实行改革以前，家庭储蓄除了
用于农村的个人建房之外，大部分进入国家银行成为储蓄存款增加额
或滞留手中成为手持现金增加额，很少用于生产性投资，根本没有证券
投资。实行改革以后，家庭储蓄直接转化为投资的数额不断增加。不
仅实物投资（包括参加社会集资）逐年增加，而且，从 1982 年起出现证
券投资，1988 年以后，每年居民购买证券的投资额超过 100 亿元。到
1991 年，长期资金市场上的有价证券已达近 2 000 亿元。

3. 家庭成为重要的经营主体，这在实行家庭联产承包经营的农村
经济中表现得尤为突出和普遍。前面已提到，有些小型的城市企业和
乡镇村办企业也实行了家庭（个人）承包经营或租赁经营。

总之，自从实行改革以来，家庭已成为本书所定义的私经济 A（3）
和私经济 A（4）的经济实体。私经济 A（3）和私经济 A（4）的行为具
有比私经济 A（1）和私经济 A（2）强得多的财产积累能力和收入增殖
能力。家庭财产的积累和收入的增加，产生了四个结果，一是增加了集
体经济的资本形成的资金来源；二是银行居民存款持续大幅度增加，到
1991 年，银行居民储蓄存款余额已超过 9 000 亿元；三是居民的证券投
资热情提高，金融意识增强，有些地区出现证券投资热潮，四是促进了
私人经济的资本形成，其实，家庭收入只要用于直接（实物）投资，私

---

① 参见郭树清、韩文秀：《中国 GNP 的分配和使用》，中国人民大学出版社 1991 年
版，第 181、187 页。

经济 A 就向私经济 C 转化了。

成长中的私经济 C　自从实行改革以来,出现了多种经济并存的局面。在公有制经济为主导的前提下,私有制经济得到了恢复和发展。在工业总产值中,城乡个体经济和其他非公有制经济所占比例从 1980 年的不足 1% 提高到 1990 年的 9.8% ;社会商品零售总额中,个体经济所占比例从 1978 年的 0.1% 提高到 1990 年的 18.9%。[①]

这十多年来,私人经济中发展比较快的是个体经济,即本书所定义的私经济 C(1)。无论在城市还是在乡村,私经济 C(1)都已相当普遍。而且,与其他国家相比或与中国解放前及建国初期相比,中国目前的私经济 C(1)表现出特有的活力,其收入水平远高于公有制经济中的个人收入水平。由于私经济 C(1)与作为私经济实体的家庭往往没有明确的界限,所以,私经济 C(1)与私经济 A(3)及私经济 A(4)的发展常常是相辅相成,互相促进的。

与私经济 C(1)相比,私经济 C(2)的形成和发展虽然迟缓一些,而且至今还存在一些制度性障碍,但是,近些年来情况也有相当大的变化,一是一些个体经济已发展为私营企业;二是随对外开放的不断扩大,外商直接投资规模日益扩大,出现了大量的中外合资或合作企业和外商独资企业,而且,这类企业的增长势头相当强盛。

改革以来的新经济增长模型　由于公有制经济的决策权分散化,利益主体多元化和多种经济成分并存局面的形成和发展,中国经济增长的机制发生了深刻的变化。图 4-3 描述了自改革以来经济机制逐步转变所形成的新的经济增长模式的理论模型。

从图 4-3 中可以看到,国民收入在各种经济实体中分配,形成国家支配的收入(中央收入)、全民所有制企业支配的收入(全民企业收

---

① 参见《中国统计年鉴(1991)》,第 26 页。

入）、地方政府支配的收入（地方收入）、集体所有制经济实体支配的收入（集体经济收入）、居民家庭支配的收入（家庭收入）和私有制经济实体支配的收入（私有经济收入）。

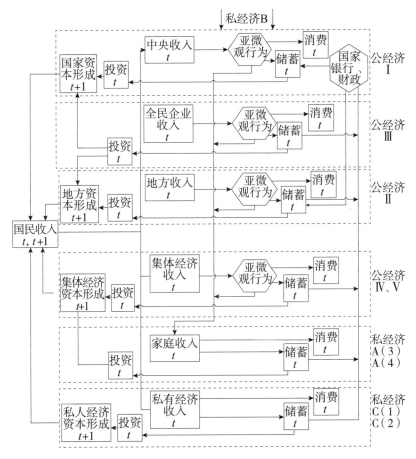

图 4-3　改革以来的经济增长模型

中央收入、全民企业收入和地方收入分别用于消费和储蓄，储蓄转化为投资，决定下期的国家资本形成和地方资本形成。这部分本书中统称之为全民所有制经济的国民经济子系统，按照公经济 I、公经济 II

和公经济Ⅲ的行为规则运行,是社会主义经济增长的主导力量。

　　集体经济收入也按一定的比例用于消费和储蓄,储蓄的一部分经国家财政和国家银行系统转化为公经济Ⅰ和公经济Ⅱ的储蓄和投资来源,另一部分转化为集体经济的投资,决定集体经济下期的资本形成。在集体经济内部,产权形式和企业经营形式也在发生多样化的演变。总体上分为本书所定义的公经济Ⅳ和公经济Ⅴ,分别按不同的行为规则运行。这种制度创新使集体经济的内在活力大为增强,与改革以前的传统经济增长模型相比,新经济增长模型中的集体经济的地位大大提高。

　　由于家庭经济功能的改变,私经济A(3)和私经济A(4)在经济增长中的地位日益突出起来。这不仅表现为各公经济实体内部的亚微观经济实体对家庭收入增长的反应更为敏感,在相当程度上具有向家庭利益倾斜的行为特征,而且表现为家庭储蓄成为各类公经济实体和私经济实体的重要的资金来源。家庭储蓄在很大程度上决定了整个国民经济的投资和下期的资本形成,私经济A(3)和私经济A(4)的行为后果直接影响着各类经济实体的投资规模和资本形成规模及结构。

　　在新经济增长模型中,私经济C(1)和私经济C(2)获得了合法地位,成为国民经济系统中的一个有机组成部分,是推动经济增长的一个不可忽视的力量。它们的贡献主要表现在两个方面:第一,由于社会主义经济的主体是公有制经济,私有制经济的增长不可能完全脱离国民经济运行的总循环过程,在这一过程中,私经济C(1)和私经济C(2)支配的储蓄中有相当一部分会通过国家财政和国家银行系统转化为公经济实体的储蓄和投资;第二,私人投资促进私人资本形成的不断增长,增加了整个国民经济的资本形成额,增强了经济增长的潜力。

　　与经典模型和传统模型相比,在改革以来的新经济增长模型中,公、私经济关系变得错综复杂了,公经济与私经济之间的界限也不那么截然分明了。经济增长的后果也不仅仅是公经济的累积性壮大,私经济也获得了累积性增长的条件。在这种情况下,国民经济增长的动力因素和约束条件也发生了深刻的变化;人们还将发现,产权制度或产权规则的重要性大大增强了。

4.5　公经济与私经济并存的二元市场机制

公费市场与私费市场　经济增长不仅取决于要素的供给,也受制于产品实现的条件。尽管在经典的社会主义经济理论中,产品的实现完全由中央计划安排,生产与流通直接同一,个别劳动直接等于社会劳动,不产生任何矛盾,因而不存在市场问题,但是,在现实经济中,市场实现始终是经济增长过程和工业化过程中的一个重要问题。当然,由于经济机制不同,市场实现问题在传统体制下和在改革以来的新体制下具有不同的意义和表现形式。

在传统体制下,公经济与私经济的界限分明,加之生产结构简单,需求结构也简单,生产及生产资料与个人消费及消费资料比较容易区分,所以,可以明确地划分为生产资料市场和消费品市场两个互不干扰的并行市场。因为传统体制是一种人为建立的产品计划经济体制,生产资料的流通并不通过真正的市场过程,而主要由物资分配的计划渠道来实现,所以,这里所说的传统体制下的生产资料市场实际上是指一个取代市场而发挥产品实现功能的生产资料交换系统,现实经济中称之为物资系统。不过,物资系统作为生产资料的交换系统,实质上仍然是一种特殊的"市场",尽管它往往无视商品市场交换的一般经济规律。所以,为了论述的方便,不妨还是称之为生产资料市场。

传统体制下的生产资料市场基本上完全是公经济市场,进入市场的都是公经济主体。而消费资料市场则是公、私经济并行的市场。进入市场的经济主体,既有公经济实体(政府或企业),也有私经济主体(家庭),市场购买力的形成以及消费品的最终实现.一部分取决于公经济实体的福利性支出,一部分取决于家庭的消费支出。总之,消费资料市场分为公费支出和私费支出两个市场(简称公费市场和私费市场)。在传统体制下,这两个市场间的界限一般来说是比较分明的。公费市场主要是城市部分居民从公经济单位获得的各种福利待遇方面的需求所形成的。由于当时公经济的形式比较简单,城市中主要是政府严格控制下的公经济Ⅰ和公经济Ⅳ,所以,消费品的公费市场受到较严格的计划控制。

由于在传统体制下,经济增长的动力机制主要取决于公经济行为,私经济活动被控制在尽可能小的范围之内,而且基本上没有累积性增长的机制,所以,产品实现主要依赖于公经济市场,不仅生产资料的实现取决于公费市场,而且,高价值的消费资料的实现也取决于公费市场,例如,城市住房、电话、小汽车、医药用品等都主要是公费购买的。尽管那时真正可以称为市场的正是消费品的私费市场,但由于消费水平低下,消费选择范围狭窄,而且许多生活必需品都要按计划凭票证购买,所以,私费市场对传统社会主义经济增长的需求拉动和约束作用都很小。

传统社会主义经济增长主要是由公费市场需求所拉动的。公费市场为产业成长所要求的规模经济提供了国内市场条件。这也正好与重工业优先发展的增长模式相吻合。

实行经济体制改革以来,情况发生了很大变化。这突出地表现为私费市场的地位日益变得更为重要,而且,公费市场与私费市场之间的界限逐渐被打破。

现在,生产资料市场已不仅仅是公经济市场,一些私经济主体也进入了生产资料市场。在消费资料市场中,私经济主体更为活跃,而且,随着生产结构的复杂化和需求结构的多样化,以及工业化过程从重工业优先发展战略转变为轻重工业的协调发展,居民消费水平提高,消费选择的范围日益拓宽,私费市场对经济增长的需求拉动和约束作用大大增强了。

新体制下的二元市场机制　匈牙利经济学家亚诺什·科尔内曾经以实证方法描述了传统体制下经济运行的特征,他指出,由于实行高度集权的体制,政府与企业之间存在父子关系,微观经济实体的预算约束软化,总是存在数量扩张和投资饥渴倾向,从而造成难以遏制的旺盛市场需求,使市场具有强烈的吸纳特征,整个国民经济必然在短缺状态下运行。[①] 科尔内所描述的吸纳市场和短缺经济实际上就是以单一公经济Ⅰ所推动的,以公费市场为主要的产品实现条件的经济系统。

自从实行改革以来,国民经济系统所发生的变化已将科尔内所描绘的现象缩小到国民经济的某个局部中,而在国民经济系统的另一些领域则不再存在那种短缺特征和吸纳市场。这主要产生于以下两个原因:

1. 尽管某些公经济实体仍然存在如科尔内所说的那种预算约束软化现象,但公经济形式的多样化和微观公经济实体独立利益的强化,特别是公经济Ⅲ、公经济Ⅳ和公经济Ⅴ的发展,使得微观公经济实体的预算约束在总体上得到一定程度的硬化。

2. 私经济的成长,私经济在国民经济系统中比重的提高,使整个国民经济中微观主体的预算约束程度在总体上得到硬化。特别是家庭经济功能的变化,家庭所支配的收入份额大幅度提高,使私费市场的地位大大提高,私费市场的扩大显著地降低了整个国内市场的吸纳性质,同时也就降低了整个国民经济的短缺强度。

---

① 吸纳是指买者的购买意愿得不到满足,排队等待卖者。具有吸纳特征的市场也称卖方市场。相反的情况称为压力或买方市场。参见《反均衡》第三篇;〔匈〕亚诺什·科尔内:《短缺经济学》,经济科学出版社 1986 年版。

这样,在改革以来的新体制下,公费市场与私费市场并存的二元市场机制所产生的需求效应也具有独特的二元性质。公费市场吸纳性比较强,而且受到国家的较直接控制,国家放松(或紧缩)投资规模控制,或者放松(或紧缩)对社会集团购买力的控制,可以较有效地调控公费市场的需求和吸纳程度。但是,私费市场的吸纳性则比较弱,国家也难以对其进行直接控制,而且私费市场需求结构取决于居民的消费意愿和选择偏好,因此,生产者一旦面对私费市场,将受到消费者较严格的挑剔。

问题的关键在于,随着经济的不断发展和供给能力的不断提高,最终产品中越来越大的部分将面对私费市场。过去,某些产品面向公费市场似乎前景乐观,因为,一般来说,公费市场上需求的价格弹性较小,买者对产品的价格和质量、花色等的敏感度较低,价格承受能力较强。但是,这些产品一旦进入私费市场,就面临着严峻的挑战。私费市场上,需求的价格弹性较高,买者对产品的价格和质量、花色等的敏感度很强,特别是在竞争性的私费市场上,价高质次的产品将失去市场。80年代末90年代初,中国发生了持续时期很长的市场疲软现象,国家大幅度扩大贷款规模和放松对社会集团购买力的控制,也未能很快改变局面,工业产成品积压问题长时期难以解决,以致不得不采取半行政性措施进行限产压库。这表明,二元市场机制中的公费市场和私费市场的结构—功能已发生了某种本质性的变化。

二元市场机制下的产业成长　中国工业化的第一阶段,从新中国成立到70年代末,主要产业基本上都是在公费市场中形成和发展起来的。进入工业化的第二阶段,许多重要产业都必须在私费市场中求得发展。有些产业的产品价值较高,在发展初期可能只能主要依赖于公费市场,但一旦进入成熟时期,就只有开拓私费市场才能有广阔的发展前景。80年代,家用电器等产业的发展充分说明了这一点。90年代以后，通信设备（电话）、空调器、电脑、小汽车以至居民住房等产业的成长也必须遵循这一规律。

　　尽管由于在生产领域中公经济实体占主导地位，因而在中间产品的流通过程中公费市场是主体，但在最终产品的流通过程中，私费市场所占比重正在日益扩大。因为，（1）不仅人均国民收入水平在不断提高，而且在国民收入分配比例上，私经济实体所占份额也明显提高了。（2）个人的实物性、福利性的供给制分配方式将通过改革而逐步转变为货币化、工资性的分配方式，相当一部分过去主要由公经济实体购买后分配给个人的高价值产品，如电话、小汽车、住房等也将逐步转由私人购买。这意味着，产业成长将越来越受制于私费市场。

　　产品从公费市场转向私费市场，往往要经历一个艰难的过程，这是因为，由于前述原因，公经济实体与私经济实体的需求曲线是不同的。在图 4-4 中，公经济实体的需求曲线 $D_G D_G$ 比私经济实体的需求曲线 $D_S D_S$ 更陡，因为通常情况下，公经济实体的价格弹性比私经济实体要小得多。因此，当价格水平 P_1 较高时，私经济的需求量 Q_1 也较低，而公经济的需求量 Q_2 则明显高于私经济需求。而若要使私经济的需求提高到 Q_2，则价格必须下降到 P_2。从图 4-4 中可以看到，当价格水平

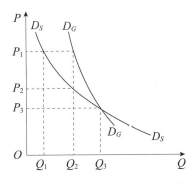

图 4-4　公私经济不同的需求曲线

高于 P_3 时,若使产品销售从公费市场转向私费市场,需求量就会减少。因此,若产业销售市场要从公费市场转向私费市场而又要避免需求障碍,则价格水平须降低。当价格水平为 P_3 或低于 P_3 时,公费市场转为私费市场,才不致引起需求减少。这表明,当产业发展要从公费市场转向私费市场时,必须进一步提高效率,减少成本,降低价格。

我国目前的许多产业都面临着市场转换的困难。以家用电器为例,十多年来收录机、电视机、电冰箱等的产量不高,销售中公费市场所占比重很大,不仅社会集团购买量大,而且据调查,在个人购买的产品中,公经济单位以种种方式给予补贴的所占比重也较大,所以,当时居民收入水平虽然很低,但家用电器的销售仍然呈供不应求形势。十多年后的今天,家用电器的产量大幅度提高,有的增长了几十倍、上百倍,有的增长了几百倍。但居民中的高收入者数量有限,公费市场不可能有大幅度扩展,而且,公经济单位补贴个人购买家用电器的情况也已大大减少,这就要求开拓广大中低收入者的私费市场。很明显,要做到这一点,价格理应下降。但由于种种原因,我国家电产量大幅度增长的同时,其价格不仅没有下降,反而一度大幅度上涨。我国彩电、冰箱、收录机等的售价远高于同规格外国产品的国际市场价格,而我国居民的收入水平只相当于发达国家和新兴工业国家收入水平的几十分之一。在这种情况下,私费市场狭窄的矛盾突出起来,市场销售当然会发生困难,出现市场疲软、产品积压等现象。

再以目前工业界普遍看好的小汽车为例,现在,我国小汽车的价格大大高于国外同类产品,例如,桑塔纳小轿车国际市场价格在 1 万美元左右,而我国国内价格要高于国际市场价格 1—2 倍(包括各种税费达 17—19 万元人民币)。如此高的价格,为什么销售状况还十分良好呢?原因是小汽车厂家目前面对着的是公费市场。到 90 年代后期至 21 世纪初期,当小汽车产量大幅度提高,成为我国经济的支柱产业之一时,如何开拓私费市场也将成为严峻的问题,也许情况会与家用电器今天所面临的形势类似。

近些年来,尽管社会集团购买消费品的数量和金额都以较快的速度增长,社会集团对消费品的货币购买力从 1986 年的 462.0 亿元增加到 1990 年的 741.2 亿元,按当年价格计算,4 年增长了 60.4%,但是,社会集团对消费品的货币购买力在全社会商品购买力中所占比重不仅没有提高,反而趋于下降(见表 4-2)。这表明,开拓私费市场是关系到我国产业发展的一个关键问题,尤其是考虑到群众消费水平的提高,最终产品市场前景对产业发展的决定性作用日益增强,上述问题将变得越来越重要。

表 4-2 社会集团购买公用消费品的货币占全社会商品购买力的比重(%)

年份	1986	1987	1988	1989	1990
比重	7.3	7.3	6.9	6.5	6.2

资料来源:《中国统计年鉴(1991)》,第 583 页。

4.6 公经济与私经济并存的产权制度

产权制度与经济效率 社会主义的经典作家们批判了以生产资料私有制为基础的资本主义,不仅谴责了资本主义制度的剥削性质,而且指出了它所必然产生的浪费和低效率现象。他们认为,在社会生产力高度发达的社会中,只有以公有制为基础的计划经济才能实现资源的有效配置和国民经济的有计划按比例发展。

这种社会主义计划经济思想遭到了自由主义经济学家们的反对。为了反驳自由主义经济学家们的责难,波兰经济学家奥斯卡·兰格(Oskar Lange)在 30 年代提出了在社会主义公有制条件下实现经济资源有效配置的著名的兰格模式。在兰格模式中,假定生产资料实行公有制,中央计划部门规定生产经营的决策原则:以最小成本的方式生产每种产品,生产的目的是最大限度地满足消费者偏好。劳动者自由选择职业,把他们的服务贡献给支付最高工资的产业,劳动者收入全部用于消费。并假定,全部价格都由中央计划部门确定。中央计划部门根据供求状况及时调整每一种产品的价格,使之达到均衡价格,从而实现经济均衡。兰格论证说,这样的经济均衡可以保证资源的最有效配置(即所谓帕累托效率)。

兰格的理论是有启发性的,但是现实的社会主义经济与兰格模式相去甚远。兰格模式实质上就是假定在仅存在公经济Ⅰ和私经济A(1)的条件下,用计划来模拟和代替市场竞争。如前所述,这种经典模式即使在传统社会主义体制下也难以实现。不过,即使西方经济学家也大都承认,在理论上,中央集权的计划经济是有可能实现帕累托效率的,问题只是在于为此所需要收集、整理和计算的信息量过大,以至于不可能有哪个中央计划部门能够胜任。

西方经济学家们大都相信的是另一套关于产权与经济效率关系的理论,即完全竞争的、自由经营企业的经济可以达到帕累托效率。条件是,在其他各方面也有利于高效率的前提下(即不存在垄断、消费的不可分性以及递减的成本曲线等),必须有一套不减弱的产权制度。所谓不减弱的产权是指:

1. 明确规定权利,即有一个包括财产所有权的各种权利、对这些权利的限制以及破坏这些权利时的处罚在内的完整的体系。

2. 所有权是排他性专有的,即因一项行动而产生的所有报酬和损失都直接给予有权采取这一行动的人(即所有者)。

3. 产权可以转让,从而可以被吸引到最有价值的用途上。

4. 权利体系是能够实施的,而且在实际上也是完全有效地实施的,其中包括发现破坏权利的行为,逮捕破坏者,并且处以适当的罚款或惩罚。

不过，西方学者也认识到，上述关于不减弱的产权的定义只是一种理想状态，只有在不存在交易费用（交易费用为零）的情况下，才是严格正确的，但在现实中，任何一种制度下交易费用都不可能为零。[①] 因此，经济效率不仅取决于产权规则，而且与整个经济制度的交易费用高低有关。人们并不能证明，以私有制为基础的完全竞争的毫无约束的市场经济的运行，其交易费用就是最低的，因而其效率一定是最高的。西方学者也认为：不减弱的财产权和不属于任何人的财产权并不是财产权的两种仅有的可能状况；相反，它们只是所有可能的状况中的两个极端。在很多社会里，存在着各种形式的公有财产，对于这种财产，通常都附有把个人的贡献和所得到的报酬联系起来的相当复杂的规定。这些公有财产制度也是切实可行的制度结构，可能有其突出的优点。[②]

不过，无论如何，我们应该承认，产权制度与经济效率是密切相关的。合理、完善和有效实施的产权规则是实现经济效率的关键之一。

传统产权制度的特征和矛盾　与传统社会主义模式相适应，在新中国成立后的近 30 年间，逐步形成了一套公有制经济的传统产权制度。它的基本特点是（这里主要讨论公经济Ⅰ、Ⅱ）：

1. 所有的产权都归属于唯一的产权主体——全体人民的代表国家。企业财产是国家无偿投入的，国家当然也有权无偿调拨企业财产。这样，各个企业的产权是没有严格边界的，特别是企业与国家财政之间的产权边界是很不明确的。企业的收益都归国家，即使长期亏损也不会破产，因为，它们几乎可以无限地从国家财政获得清偿债务的资金，或者国家命令其他公经济实体，豁免其无法偿还的债务。

2. 企业在原则上无权成为独立的产权主体，企业以任何方式获得

---

① 参见〔美〕阿兰·兰德尔：《资源经济学》，商务印书馆 1989 年版，第 7 章。
② 同上书。

的所有财产都归国家。企业可以在多大程度上支配财产,完全取决于国家的政策和指令。

3. 企业产权的转让是不计价格的,中央企业可以下放给任何一级地方政府,地方企业也可以随时被上收归中央部门。这就是前文中所说的,公经济 I 与公经济 II 是融为一体的。

4. 国家对企业财产实行的是实物管理。由于不存在产权转让市场,企业的实际产权价值无法量定,所以,国家对企业财产的监护只能是对企业的实物资产(厂房、机器设备等固定资产)进行直接管理,严格禁止企业擅自处置固定资产,以防止国有财产的流失。

传统产权制度曾被设想为与传统的计划经济体制相适应而具有一系列优越性,例如,企业不是产权主体,不能拥有归自己所有的财产,也不能任意处置(固定)资产,保证了国有财产不受侵犯;企业产权边界不确定,可以保证企业经营服从国家利益或政策目标;企业产权的无偿转让,可以保证国家在全国范围内调整资源配置格局,实现国民经济有计划按比例地发展。

问题是,传统公有制产权制度的所谓优越性在实践中很难实现,而且往往走向反面。即使在传统体制下,为了实现中国工业化第一阶段的目标,传统公有制产权制度还确有其存在理由的话,那么,在实行改革开放之后,中国工业化进程已迈入第二阶段,传统公有制产权制度也将日益陷入深刻的矛盾之中,成为中国经济发展的障碍。

1. 企业既然不是独立的产权主体,就没有维护企业产权的内在动力;既然一切财产归国家,企业自我积累意识就失去了经济根据;企业无权处置实物资产,即使长期闲置也不能作价转让,就造成了大量的国有资产闲置,以至贬值。在新的经济条件下,传统公有制产权制度已无力于真正保卫国有资产了。

2. 产权既然是无偿转让,有效的产权转让失去动力,财产的现有支配者不愿出让产权，甚至宁愿让它烂掉；既然没有有效运行的产权转让市场，那么，一旦有必要进行产权的作价转让时（随着公经济利益实体的多元化，这种情况已变得很普遍），产权价格就毫无规则可循，或者是漫天要价，阻碍产权顺利转让；或者是低价变卖，侵蚀财产所有者（国家）利益。而且，在传统公有制产权制度下，产权的证券化程度很低，产权交易的实际费用很高。总之，这样的产权制度十分不利于公有资产的有效配置和利用。这是造成产业结构调整困难的根本原因。

3. 企业对经济后果不负财产责任，无破产之虞，必然挫伤企业的经营动力、效益动机和竞争意识，从而造成企业素质下降，市场竞争力衰竭。这是导致企业缺乏活力和经济效益下降的根本原因，也是国家三令五申强调提高经济效益，而实际不见明显成效的症结所在。

4. 随着公经济形式多元化，特别是公经济Ⅲ和公经济Ⅴ的迅速发展，以及公经济Ⅰ与公经济Ⅱ之间的界限不断硬化，原则上只能用于规范公经济Ⅰ的行为的传统产权制度，已显得越来越不适应了。因而，使得各类公经济实体的活动都无明确的产权规则可循，公经济主体之间的矛盾和摩擦日益扩大。

5. 公经济与私经济之间的关系日益复杂化，以传统公有制产权制度来规范新体制下公经济实体的行为，其结果实际上是导致公经济产权的弱化，而与之相比，私经济的产权强度却高得多（尽管我国私经济产权规则也有待于进一步完善），这就必然导致公经济收益向私经济实体的泄漏。特别值得注意的是，由于公经济产权的相对弱化，使得亚微观实体的利益人格与职务人格间的关系失去制衡力量，往往导致向利益人格的过度倾斜。在我国，理论界往往对以下问题迷惑不解：谁是国家利益的代表？厂长、经理代表谁？为什么工资侵蚀利润？地方保护主义为什么这样盛行？等等，实际上都是上述现象的反映。

产权制度改革的方向　我国实行以公有制为基础的社会主义制度，

与其他国家相比,公经济在经济发展中所处的地位更重要,发挥的作用更大;另一方面,自从实行改革以来,私经济也有较大发展,随着改革的深化和对外开放的进一步扩大,私经济的作用还将进一步增强。这是中国的基本国情,产权制度的完善和改革,必须符合这一基本国情。

我国产权制度改革的关键是要建立、健全和不断完善符合市场经济发展客观要求的公有制产权制度。(1)要有利于巩固公有制经济的物质基础,维护公有财产不受任何形式的非法侵蚀;(2)要有利于公有制基础上的财产积累和技术进步,不断增强经济发展的后劲;(3)要有利于改善公有产权经营,便于产权的有效转让,提高产权使用的效率,保证和促进资源的有效配置;(4)要使企业拥有产权主体的资格,成为真正独立核算、自负盈亏、自我积累、自我发展、自我约束的商品生产者和经营者;(5)要有助于形成有效的市场竞争机制,在平等的市场竞争中实现优胜劣汰,使整个国民经济富于活力和生气。

改革和完善公有制产权制度,不仅包括建立和健全新型的公经济产权规则,而且也包括建立和健全新型的私经济产权规则,因为,如前所述,在我国公有制为基础的社会主义制度下,不仅存在一定比重的私有制经济,而且,在公有制经济内部也存在着各种与公经济密切相联的私经济活动,本书所作的理论分析表明,无论是在逻辑上还是在现实中,这两者都是密不可分、相辅相成的。

建立和健全私经济产权规则的关键是如何明确私经济实体进行储蓄、投资和积累所获得的产权的各项权益,以及如何处理私经济产权与公经济产权之间的关系。如前所述,目前由于公经济产权被弱化,在许多方面,私经济产权强度高于公经济,造成私经济对公经济的利益侵蚀;但在另一方面,我国私经济的产权又不很明确,特别是私经济实体进行投资形成生产性资本,其产权规则很不明确,由此造成私经济投资和积累的产权风险较大,妨碍了私经济资源的有效使用,也不利于国民经济发展。这一问题必须通过建立和健全私经济产权规则来解决。还有，随着商品经济的发展和人均国民收入水平的不断提高，私经济实力逐渐增强，有能力进入规模较大的产权交易过程。例如，可以购买公有制企业的股票，或与公经济进行合营。这就有必要尽快建立和健全适合中国国情的公经济与私经济进行产权交易的有效规则。如果再考虑到对外开放的进一步扩大，国外厂商对我国的私人直接投资不断增加，我国企业也会越来越多地与外国企业发生种种产权交易关系，这就更迫切地要求我国建立和健全一套各类公经济实体与私经济实体进行产权交易的有效规则了。

总之，随着改革的深入和对外开放的扩大，中国经济增长中的公、私经济关系变得越来越复杂，这就必须有一套有效的产权制度来规范各类经济实体的行为，使之有利于资源的有效配置和国民经济的健康发展。因此，90 年代至 21 世纪初，产权改革将成为中国工业化过程中的一项最重要的制度创新内容。

第5章 物质资源的供给机制

5.1 资源开发与工业化

经济资源及其分类 在一般经济分析中,资源配置是个中心问题。那么,什么是经济资源呢? 在西方理论经济学中,通常将经济资源抽象为三种:自然资源(有时简称土地)、资本和劳动。自然资源是指由人发现的有用途和有价值的物质,这里所说的有价值,不是指它已包含了一定量的劳动,而是指与需求相比具有相对稀缺性。资本是指用于增加未来产量的人类生产物。劳动是指人口中具有一般生产能力的劳动者。

在西方实用经济学中,可以称作经济资源的,还有技术、信息、金融资产,等等。总之,广义地说,一切可以促进经济增长和发展的要素都是经济资源。

在马克思主义理论经济学中,经济资源(或生产要素)也分为三类:未经人加工过的自然物质,称为自然资源或土地;经人加工后用于生产过程的物质资料;劳动人口。与西方经济学不同,在马克思主义经济学看来,自然资源是没有价值的,因为它没有包含人类劳动。经人加工后的物质也不能无条件地称为资本,在马克思主义经济学看来,资本并不是单纯的生产要素或经济资源,而是物化在生产要素上的生产关系。不过,在经济研究和日常经济生活中,当代的马克思主义经济学家也并不过分拘泥于用语的纯洁,只要对概念的含义作了明确的定义,也可以把机器、设备、厂房等物质资料称为物质资本。[①] 在实用经济学中,马克思主义经济学家也不反对把技术、信息、金融资产以至管理能力等称为广义的经济资源。

本章主要研究工业化过程中物质资源的开发、供给和利用等问题。重点讨论作为工业特别是加工制造业的"粮食"的那类物质资料,即通常称为原材料能源的东西。因此,对物质资源作较狭义的界定,主要指在现有技术条件下可用于工业生产过程作为工业加工对象的物质资料,包括自然资源和某些基础产业产品,有时也涉及劳动力资源,但对劳动力问题的深入研究将在第 6 章完成。

资源禀赋与工业化　人类的生存与经济的发展不能没有一定的资源条件,工业化过程也必须以一定的资源条件为前提。而且,一国经济资源的丰度以及现有资源的结构特征,会对工业化的进程及其模式选择产生深刻的影响。

在古典经济学派的理论框架中,资源开发的顺序基本上是沿着先开发和利用丰度较高的资源,然后开发和利用丰度较低的资源进行的。在新古典主义的理论中,一国工业化受资源禀赋的影响,按照国际或地区间分工的原则,应重点发展使用本国较丰富资源的产业。

资源是一个动态概念,过去没有被发现或发现了但不知其用途的物质,在那时不是资源,但今天被人们所发现并随着科学技术的进步而成为非常有用的东西,就变为宝贵的资源。

投入工业生产过程中的物质资源,有的是自然存在物,例如矿藏、水、木材等,有的是经过一定加工过程而成的物质,例如钢材、电能

[①]　关于资本性质的研究可参见《经济发展与宏观筹资》第二章第二节"资本和资金的实质及特征"。

等,但无论哪种物质资源,它的供给量最终都取决于地球上现存的自然物质条件(我们不考虑将来人类可以去地球之外的太空开发宇宙资源这一遥远的可能性问题),换句话说,自然资源是一切物质资源的最终源泉。

一国所拥有的自然资源,是由其国土条件决定的,可以说是大自然的恩惠,特别是其中的可耗尽资源(也称贮存资源或储存资源),更是上天的赋予。拥有者全凭天赋,求之者不可多得,一切由命中注定。但上帝并不是公平地对待各国的,每个国家都有不同的资源禀赋。从这一意义上说,各国经济发展或工业化的初始条件不同,是从不同的起跑线起步的,而且,各国工业化的模式、战略和实际进程也将受到资源禀赋状况的影响。

若作简单的推理,似乎可以作以下几个合乎逻辑的假说:

1. 物质资源丰富的国家,拥有工业化的优越条件,其工业化的业绩会更为辉煌。物质资源贫乏的国家,工业化的困难更大,不易取得令人满意的业绩。

2. 由于大多数国家前工业化时期的主要产业是农业,所以,工业化进程一般会是从主要以农产品为原材料的轻工业的加速增长起步,逐步积累力量,再发展重化工业。

3. 如果一国拥有某种丰度很高的可贸易资源(主要是矿物、植物等自然资源),可以通过资源出口来发动和加速工业化进程。

从各国工业化的实际进程看,上述假说只有很有限的解释力。确有一些资源条件优良的国家较快实现了工业化,但也有一些资源条件优良的国家至今仍在工业化道路上徘徊。特别是有不少资源比较贫乏的国家,也取得了令人瞩目的工业化业绩,较早进入了发达工业化国家的行列。再从工业化的模式看,一些农业国也并未按照农业—轻工业—重工业的道路实现工业化,有不少国家走的恰恰是重工业优先发展的工业化道路。至于依靠资源出口来带动整个工业化进程（所谓初级产品出口导向型战略）能否取得成功，更是一个令人怀疑的问题。

由此看来，资源条件是影响工业化的重要因素，但并不是决定性因素。在既定的资源禀赋条件下，各国工业化有很广阔的选择余地。

大国效应　中国是个大国，幅员辽阔，人口数量居世界第一，从物质资源的总量看，堪称地大物博。但是，从人均占有的物质资源量看，中国的资源却并不丰富（见表 5-1）。以耕地为例，中国耕地的总面积是泰国的 5.3 倍，但人均耕地只有泰国的 28%。再如林木蓄积量，中国为 91.4 亿立方米，日本为 28.6 亿立方米，泰国为 18.3 亿立方米，中国分别为日本和泰国的 3.2 倍和 5.0 倍。但是，中国的人均林木蓄积量仅为日本的 35% 和泰国的 25%。

表 5-1　各国自然资源的比较

国别	国土面积（万平方公里）	1989 年人口（万人）	人口密度（人/平方公里）	耕地面积（万公顷）	人均耕地面积（公顷/人）	森林面积（万公顷）	森林覆盖率（%）	林木蓄积量（亿立方米）	人均林木蓄积量（立方米/人）
中国	960.0	111 865.0	117	9 572	0.09	12 465	13.0	91.4	8.17
日本	37.8	12 312.0	326	417	0.03	2 511	66.7	28.6	23.23
印度	297.5	80 418.9	270	16 595	0.21	6 660	22.4	37.1	4.61
菲律宾	30.0	6 010.0	200	455	0.08	1 075	36.1	7.9	13.14
泰国	51.3	5 345.0	108	1 790	0.32	1 417	27.7	18.3	33.00

资料来源：《中国统计年鉴（1991）》，第 819—820 页。

表 5-2 显示了中英两国钢、原油和电力的年产量和人均年产量。从总产量看，中国分别为英国的 3.3 倍、1.5 倍和 1.9 倍，但从人均产量看，则中国分别仅为英国的 17%、8% 和 10%。

表 5-2　1989 年中英钢、原油、电产量及人均产量比较

国别	钢		原油		电	
	产量（万吨）	人均产量（吨/人）	产量（万吨）	人均产量（吨/人）	产量（亿千瓦小时）	人均产量（千瓦小时/人）
中国	6159	0.055	13764	0.123	5848	522.8
英国	1874	0.328	8914	1.558	3112	5440.6
中国:英国	3.3:1	0.17:1	1.5:1	0.08:1	1.9:1	0.1:1

资料来源：《中国统计年鉴（1991）》，第 819、829 页。

中国的资源条件对工业化会产生怎样的影响呢？

在工业化初期，规模巨大的资源总量为工业发展提供了较好的条件，使得中国工业化的起步有较广阔的选择余地，因为，在中国广袤的国土上，几乎拥有工业生产所需要的一切资源。那时，中国人由衷地感恩于大自然的慷慨，并为生长在这块富饶的土地上而自豪。

但是，当进入工业化的中期，随着工业生产规模的大幅度增长，资源需求量日益增加，人们终于发现，人均资源占有量的稀少成为制约工业进一步增长的不利因素。按人均水平看，中国不仅耕地面积小，森林资源贫乏，各种矿藏的探明储量都不多，而且，甚至连水资源也并不丰富，特别是北方地区水源严重短缺。

这是一种典型的大国效应：在工业化初期，广阔的幅员和巨大的资源规模，突破了人均资源占有量相对稀缺的限制，人们不会感受到资源约束的压力；到了经济高速增长的工业化中期，人均资源相对稀缺的矛盾日益突出，工业化受制于资源供给条件，而且，一旦如此，正因为是大国，所以，任何其他国家的进口资源都不能从根本上缓解资源不足的矛盾。中国不可能靠进口粮食来解决吃饭问题，也不可能主要靠进口国外资源来解决工业发展问题。正因为如此，世界上大多数发展中的大国都比较强调自力更生和倾向于内向型的经济发展战略。国际分

工、国际贸易以及外向型产业的发展,确实可以获得较多的比较利益,也能促进技术进步,但是,很难像一些小国所做到的那样从根本上解决一个大国所面临的资源问题。

总之,大国工业化只能是主要立足于开发和充分利用本国的资源,而且,实际上在开发和充分利用本国资源方面,大国也比小国有更大的回旋余地。像中国这样的大国,一般情况下不会遇到经济资源绝对缺乏的问题,而资源的相对缺乏则是可以通过资源的深度开发和有效利用来解决的。

开发强度和资源成本 地球上的自然物质很少能够不需借助于任何物力和人力就直接进入工业生产过程的。工业原料需要经过采集、砍伐、采掘、矿(植)物处理、运输等过程才能用于工业生产;土地的使用需依赖于地面平整、运输线的开通以及供水、供电条件等;能源物质(包括化石燃料、水力、太阳能等)要成为工业能源,也必须投入一定的人力、物力和技术。总之,只有经过一定的开发过程,自然物质才能成为可利用的工业经济资源。至于经人加工过的物质资料,例如钢材、电力等,更取决于(基础)工业生产能力的大小。所以,如果广义地理解加工概念,即把一切劳动投入过程都算作加工(或处理)的话,那么,未经加工的自然物质与经人加工过的物质资料并无绝对区别。两者都需经过开发过程,才能变为可用的资源。

开发过程是人类在一定的技术条件下,投入一定量的人力、物力,使自然物质变为工业生产的物质资源的过程。若是以投入人力、物力的多少来定义物质资源开发强度,即凡是只需投入较少人力、物力就可采得工业资源,称为低强度的开发过程;凡需投入较多人力、物力才能采得工业资源,称为高强度的开发过程。

开发强度主要取决于两方面的因素,一是物质资源本身的条件,例如,低品位矿物比高品位矿物的开发强度要高,离工业中心远的资源比离工业中心近的资源开发强度要高,一般来说,资源越稀缺,开发强度也越高(但也有些例外)。二是取决于开发过程的持续进度,特别是对于蓄存性(可耗尽)资源,随着开发过程的不断延续,开发强度会逐步提高,即开发过程的产出率会递减,为开发同样的资源量,须投入更多的人力、物力。

资源成本以及由资源成本决定的资源价格,主要取决于资源开发的强度。开发强度越高,资源的成本和价格也越高。

需要指出的是,资源的开发强度以及成本、价格,也是动态性质的概念,科学技术的进步会改变资源开发强度和成本。资源价格还要受资源供求多方面复杂因素的影响。

工业化进程中资源开发的一般趋势 工业化是产业结构重心从第一产业向第二产业转移的过程,第二产业的增长比第一产业所受的自然条件的限制要小,其增长速度比第一产业快得多。第二产业的高速增长,使得越来越多的物质资源得到利用。按照工业生产的成本最小经济原则,在工业化进程中,一般总是先开发易于开发利用的物质资源。随着工业化的不断推进,需要逐步开发较难开发的资源。因此,资源开发的一般趋势是,从浅层开发向深度开发推进,开发强度逐渐加强。

由于资源开发过程由浅入深,从弱到强,工业化过程中,物质资源的成本也具有从低到高的趋势。

认识物质资源开发的上述一般趋势,对于各国实现工业化具有极为重要的意义。一国工业化初期一般都具有低价格要素(不仅物质资源成本较低,人力资源成本也较低)的有利条件,如何充分利用这一有利条件,是推进第一阶段工业化过程的关键之一;随着工业化进程的不断推进,资源开发强度不断提高,资源成本上升,这是工业化第一阶段向第二阶段转变过程中的一个难题。能否解决这个难题,是能否保持经济持续、稳定增长,能否实现工业化第二阶段目标的关键。

5.2　工业化第一阶段的资源供给机制

浅层开发的低成本资源优势　中国的人均物质资源拥有量不多,许多矿物的品位较低,开采条件差,有些资源(如石油)在新中国成立初期探明储量很少。但是,中国毕竟是个大国,资源开采的回旋余地很大。工业化初期,工业生产规模较小,加工能力十分有限。广阔国土上的资源拥有量与有限的加工工业能力相比是十分丰富的。所以,在工业化第一阶段,只需开发浅层资源,就能满足工业发展的需求。

中国工业化是从资源的浅层开发开始的。这也是支持当时的重工业优先发展的工业化模式的一个条件。重工业是资源消耗量大,特别是能源消耗量很大的产业,没有资源的充分供给,就不可能建立起大规模的重工业生产能力,也不可能保证重工业生产能力的充分发挥。而在中国工业化第一阶段,则正是充分利用了大国优势,集中人力、物力,开发浅层资源,保证了重工业的较快增长。"一五"和"二五"期间,重工业基本建设投资构成中,采掘和原料工业分别占 62.4% 和 65.0%,这在新中国建设史上算是比较低的。

由于处于资源浅层开发阶段,在客观上拥有低成本资源的优势,所以,充分利用这一优势是中国工业化的一个历史性机会。抓住这一机会,就可以迈上经济发展的一个新台阶。

问题是,尽管从当时的国际比较看或从今天的立场看,中国工业化第一阶段拥有浅层资源开发的低成本优势,但是,开发重工业资源毕竟是代价较高的,特别是与轻工业相比,重工业资源的开发强度是很高的,而且,采掘和原材料等基础产业本身投资需求量大而直接盈利性又

低,所以,必须有一种特殊的资源供给机制来保证中国第一阶段工业化
所选择的重工业优先发展模式的运行。

非经济性的供给机制 中国工业化第一阶段选择了重工业优
先发展的道路。重工业特别是重加工业是经济增长的主要因素。
1952—1980 年,在农业、工业、服务业三个产业中,工业对经济增长
的相对贡献度接近 70%(见表 5-3),而在制造业各行业中,重工业对
制造业增长的相对贡献度也很高,尤其是 1963—1970 年,接近 70%
(见表 5-4)。

表 5-3 各产业对经济增长的相对贡献度(%)

年份	农业	工业	服务业	合计
1952—1980	20.0	69.8	10.2	100.0
1980—1988	21.1	66.3	12.6	100.0

资料来源:〔日〕南亮进:《中国的经济发展——与日本的比较》,经济管理出版社
1991 年版,第 100 页。

表 5-4 制造业各行业的相对贡献度*(%)

行业＼时期	1953—1963 年	1963—1970 年	1970—1980 年
重工业	67.1	67.9	61.3
轻工业	28.4	28.6	32.0
其他	4.5	3.5	6.7

* 相对贡献度是各行业占全制造业各时期产值增加部分的比例;此表中未包括矿
业和电力,"其他"主要是木材和窑业。

资料来源:同表 5-3,第 152 页。

这样一种经济增长结构,需要解决两个经济问题:(1)开发资源需
要资金,资金的主要来源之一是制造业利润(关于工业化资金的来源
和筹集问题,将在第 7 章详细讨论);(2)刚刚建立起来不久的制造业
要获得较高、较稳定的利润,必须有价格较低的资源供给。那么,中国
工业化第一阶段,是怎样解决这两个问题的呢?

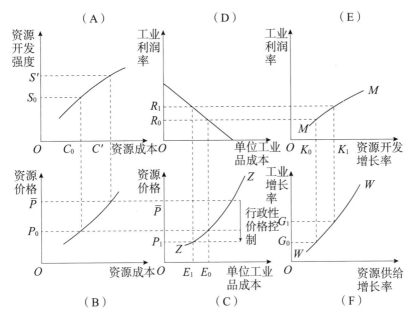

图 5-1　工业化第一阶段的资源供给机制

图 5-1 描述了这一时期的资源供给机制。图中,(A)显示了资源开发强度与资源成本的关系,开发强度越高,资源成本就越高;(B)显示了资源成本与资源价格之间的关系,资源成本越高,资源价格也越高;(C)显示了资源价格与单位工业品成本的关系,资源价格越高,单位工业品成本也越高;(D)显示了单位工业品成本与工业利润率之间的关系,单位工业品成本越高,工业利润率越低;(E)显示了工业利润率与资源开发间的关系,因为工业利润率越高,可用于进行资源开发的资金来源越有保证(在计划经济制度下,国家可以通过计划手段将工业利润转向资源开发过程),所以,资源开发增长也越快;(Ϝ)显示了资源供给与工业增长之间的关系,假定资源供给量等于资源开发量,资源供给(或开发)越快,工业增长率也就越高。

如图 5-1 所示,当资源开发强度为 S_0 时,资源成本为 C_0,资源价格为P_0, 单位工业品成本为E_0, 工业利润率为R_0, 资源开发和资源供给的增长率为K_0, 此时, 工业增长率为G_0。资源供给与工业生产对资源的需求正好处于均衡状态。

然而, 从推进工业化的要求看, 这种均衡状态下的工业增长率G_0显得太低了。假定为了实现工业化目标, 要求使工业增长率提高到G_1, 这意味着经济增长率的大幅度提高。为此, 需要资源洪给增加到K_1, 要求工业利润率提高到R_1, 单位工业品成本下降到E_1。但是, 由于资源价格受资源成本和资源开发强度的制约难以下降, 这就出现了不均衡状态。不仅如此, 由于资源开发量增长, 资源的开发强度会提高。假定开发强度提高到S', 则资源成本提高为C', 从而导致资源价格上升到$\overline{P}$, 不均衡程度进一步提高。这表明, 发生了资源供给与工业化要求之间的矛盾。

那么, 在工业化第一阶段的传统经济体制下, 如何解决这一矛盾呢? 从图中的(C)部分中可以看到, 最简单的方法就是用行政性手段控制资源价格, 将其从$\overline{P}$压低到P_1。为了做到这一点, 在现实经济中, 一方面, 由政府的物价管理部门严格规定所有工业资源的价格和所有工业产品的价格, 使二者间的价格差能保证工业部门获得较高的利润; 另一方面, 又由政府的物资管理部门垄断经营所有重要的物质资源流通业务。实际上, 就是将所有物质资源的支配权都集中到国家手中, 并将其按国家规定的价格, 由下达行政性的计划指令的方式, 分配给各有关的工业企业。工业企业由此获得低价资源, 只要按计划指令进行生产, 就可以获得稳定的利润。其实, 各制造行业的利润率也都由国家计划所规定。这种资源供给方式, 本书称之为非经济性(或行政性)的资源供给机制。这种供给机制的最重要特征是, 资源供给不受价格调节, 资源部门向制造业部门提供资源是由行政性计划安排的, 因此, 资源供求中, 经济核算没有实质性意义。

粗放增长的资源约束　在实行非经济性资源供给机制的条件下，工业生产不受资源价格调节，也没有经济地利用资源的动机，对资源的需求是没有止境的。因此，经济增长必然是粗放型的，即主要依靠更多地投入资源量来实现高速经济增长。

由于粗放型经济增长能否实现，取决于资源的供给量能否大幅度提高，所以，必须投入大量人力、物力来进行资源开发。表5-5表明，采掘和原料工业基本建设投资占工业基建投资的比重从"一五"时期的53%提高到"五五"和"六五"时期的65.1%和71.1%。采掘和原料工业基本建设投资占重工业基建投资的比重从"一五"时期的62.4%，提高到"五五"和"六五"时期的74.6%和83.8%。这表明，中国工业发展对物质资源供给的依赖度越来越高。

表5-5　采掘和原料工业基本建设投资比重*（%）

时期	占工业基建投资的比重	占重工业基建投资的比重
"一五"时期	53.0	62.4
"二五"时期	58.2	65.0
"四五"时期	59.5	66.5
"五五"时期	65.1	74.6
"六五"时期	71.1	83.8

* 本表数字统计范围为全民所有制企业。

资料来源：《中国工业经济统计资料（1986）》，中国统计出版社1987年版，第195—196页。

问题是，无论投入多少力量进行资源开发，资源的供给都是有限的，更何况开发资源的能力本身也是有限的。因此，尽管新中国建立30年来对物质资源进行了强度越来越高的开发，工业化的物质资本的存量有了很大的增加，但物质资源短缺的问题不仅没能解决，反而更趋紧张。能源生产"一五"计划期间为36 852万吨标准煤，平均每年7 370.4万吨标准煤；"五五"计划期间增加到297 803万吨标准煤，平均每年 59 560.6 万吨标准煤,增长了七倍多。但 1977 年和 1978 年全国仍约有 1/4 的企业因缺能而开工不足。钢材产量从 1952 年的 106 万吨增加到 1978 年的 2 208 万吨,增长近 20 倍,但仍然供不应求,1978 年进口钢材 830.5 万吨,相当于当年国内产量的 37.6%。如果沿着这一道路继续走下去,中国工业化面临的矛盾将越来越突出。到 70 年代末,由于资源供给的严重约束,中国工业化第一阶段的经济增长模式走到了它的尽头。实行非经济性的资源供给机制,建立起了一个比较完整的庞大工业体系,但也已使这个庞大的工业体系难以继续顺利运行,要摆脱这一困境,必须实行经济改革,其中包括资源供给机制的变革。

5.3　工业化第二阶段的资源供给机制

向经济性供给机制的转变　在非经济性的资源供给机制下,由于人为压低了资源价格,不仅刺激了资源需求,也抑制了资源供给的动力,造成资源供求的严重不平衡。为了调动资源供给部门的生产积极性,80 年代经济改革的一项重要内容就是采取提高资源价格、放开部分资源价格以及价格双轨制等方式逐步放松了政府对物质资源价格的行政性控制;同时,物资流通也从过去完全听从指令性计划,由国家的物资管理部门垄断和分配转变为有越来越多的物质资源进入市场,由市场机制来调节供求。资源价格开始对资源供求起调节作用。这表明,资源的非经济性供给机制开始向经济性供给机制转变。

这种资源供给机制的转变与经济增长的速度分布及产业结构的调整是紧密相关的。70 年代末 80 年代初,中国工业化过分向重工业倾斜的弊端逐步暴露出来。进入工业化第二阶段后,不可能再继续推行重工业优先的传统发展战略。80 年代,轻重工业的增长速率分布和产业结构向轻工业方面倾斜。1952—1979 年,重工业增长大大高于轻工业,而 1979—1990 年,轻重工业增长率分布却明显有利于轻工业,重工业年增长率 10.3%,轻工业达到 13.9%。轻重工业的比重(按产值计算)也从 1978 年的 43.1%:56.9%,转变为 1990 年的 49.4%:50.6%(参见本书第 3 章)。

产业结构从过分重型化向轻型化的转移对物质资源的供求产生了多方面的影响。从有利于推进工业化的方面看,这种影响主要是:

1. 资源成本和价格对工业成本的影响相对减弱,因为,轻工业的物质资源密集度低于重工业。资源价格上升对轻工业产品成本的推进相对弱于对重工业产品成本的推进,所以,产业结构向轻型化转移,是政府放松对资源价格的管制,允许其上浮的重要条件之一。

2. 资源供给与工业增长间的关系发生有利变化,即一定量的资源供给量可以支持更大的工业产出能力。

上述两种影响在图 5-2 中表现为(C)中的曲线 ZZ 向右上方移动变为曲线 QQ;(F)中的曲线 WW 向右上方移动变为曲线 LL。这就可以解释,为什么尽管资源价格上升,但 80 年代中国经济仍实现了空前的繁荣。

机制转换带来的繁荣 在图 5-2 中,各坐标轴的意义与图 5-1 中的(C)、(D)、(E)、(F)完全相同。由于政府放松对资源价格的控制,(C)中的资源价格 P_1 上升为 P_2,尽管如此,但由于经济性的供给机制将更多的资源引向盈利性高的加工业特别是轻加工业,资源价格对单位工业品成本的影响曲线从 ZZ 移至 QQ,所以,工业利润率反而上升到 R_2。[1]

---

　　[1]　这里的讨论仅从资源供给角度进行抽象的理论分析,说明资源供给和利用这一个因素对利润率变动产生的影响。而在现实中,影响利润率的因素是多方面的。因此,这里所作的逻辑推论并不要求与实际的工业利润率变动情况直接一致,而只是说,在其他情况不变的条件下,本书的推论可以成立。

同时,由于产业结构偏向轻型化,产出／资源率提高,(F)中的曲线由 WW 移动到 LL。这样,工业增长率大幅度提高,从 G_1 增加到 G_2,出现了令人瞩目的经济繁荣。特别是由于资源供给机制更为灵活,支持了产品结构的多样化和新产品的大量涌现,从而大大促进了市场繁荣。

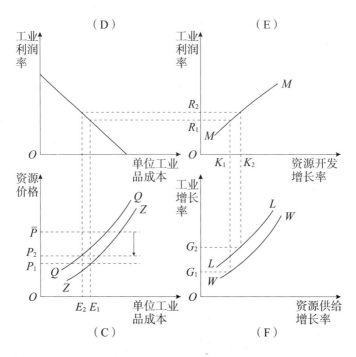

图 5-2 资源供给机制的转换

资源供给机制的转变所产生的影响是极为深刻的,它使得中国传统体制下的资源调拨供给制变为供求双方的论价买卖关系,为传统产品经济转变为商品经济创造了条件。与传统的产品经济体制相比,商品经济的优点之一是,企业获得资源不必完全依赖于国家计划,它们可以根据生产活动的需要到市场上去购买各种资源。这种资源供给机制不仅使全民所有制企业可以依据市场需求及时调整生产结构,有助于产品更新和技术进步,而且也使千千万万未列入国家生产计划的集体所有制企业特别是乡镇企业获得了生存和发展的条件。

资源供给机制的转换,也适应了 80 年代以来公私经济关系的变化,不仅使适应于商品经济运行客观要求的各类公有制经济形式得以蓬勃发展,而且使公有制经济体系内部的私经济和作为公有制经济补充的非公有制经济都获得了发展空间。

总之,资源供给机制的转换,大大拓宽了中国工业化的"战场",把各方面的力量都调动了起来,并使制度创新和技术创新活跃起来,大大增强了整个国民经济的内在活力。

价格机制的局限性　在 80 年代开始的资源供给机制转换中,虽然有助于把能促进经济繁荣的各种积极性调动起来,但也隐藏着一个内在矛盾,即加工工业的高速发展以及加工工业相对有利的盈利条件吸引了大量经济资源向其转移,工业利润更多地倾向于形成加工工业的再投资,而资源供给部门则投资不足。这在图 5-3(E)中表现为曲线 MM 上移到 NN,它表示,同样的工业利润水平所导致的资源开发量相对下降。

不仅如此,由于政府对资源价格的控制逐步放松,资源价格不断上涨,也使工业利润率下降。这两方面作用的合力,形成了制约工业增长的障碍。图 5-3 反映了这种情况。

图 5-3 中各坐标轴的含义与图 5-2 完全相同。在(C)中,由于政府进一步放松资源价格控制,资源价格水平从 P_2 上升到 $\bar{P}$,这使得单位工业品成本从 E_2 上升到 E,工业利润率从 R_2 下降到 $\bar{R}$,加之(E)中的曲线 MM 变为 NN,导致资源开发增长率即资源供给增长率从 K_2 下降到 $\bar{K}$。这样,如(F)所示,工业增长率从 G_2 下降到 $\bar{G}$。

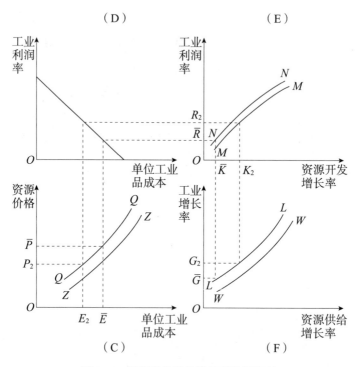

图 5-3　资源供给的价格机制的局限性

上述理论分析可以在实际统计数据上得到印证。80 年代中后期，中国工业增长明显地分为两个阶段（见表 5-6）。1984—1988 年为高速增长阶段，平均每年增长 17.6%，特别是其中的 1984—1985 年和 1987—1988 年，两次出现过热现象，增长高峰年（1985、1988 年）的工业增长率超过 20%；而 1989—1990 年则是工业经济增长的冷却阶段，无论是工业增长率还是轻、重工业增长率，都不足前一阶段的一半。

表 5-6　80 年代中后期的工业增长率（%）

年份	工业	轻工业	重工业
1984	16.3	16.1	16.5
1985	21.4	22.7	20.2

（续表）

年份	工业	轻工业	重工业
1986	11.7	13.1	10.2
1987	17.7	18.6	16.7
1988	20.8	22.1	19.4
1989	8.5	8.2	8.9
1990	7.8	9.2	6.2
平均每年增长率			
1984—1988	17.6	18.5	16.6
1989—1990	8.2	8.7	7.4

资料来源:《中国统计年鉴(1991)》,第56页。

造成 80 年代中后期工业增长大起大落的原因是多方面的,其中也有国家宏观经济政策方面的原因,但是,从资源供给和利用的角度看,无疑也暴露了价格机制在配置经济资源方面的局限性,即价格机制往往偏重于反映短期效益的要求,而轻视了长期效益的要求。加工产业的产品价高利大,基础产业产品相对来说价低利薄,价格机制就将大量资源引向加工产业,导致加工产业过度膨胀,而基础产业则严重滞后,于是,资源需求与资源供给之间的矛盾日益突出起来。最终因基础产业无力支撑而导致工业经济增长的滑坡。

读者也许会提出这样的问题:既然基础产业所提供的资源价格偏低,加工产业的产品价格较高,这样的相对价格体系导致资源供不应求的矛盾,那么,为什么不能提高资源价格,使相对价格体系有利于平衡资源供求呢? 从理论上说,提出这一问题是很合理的,长远来看也确实要通过调整相对价格体系来实现资源供求的平衡,但是,从中国所处的工业化阶段来看,特别是考虑到经济体制上的各种复杂问题,企望在近期内实现上述要求则是不现实的。因为,要使资源价格的提高对国民经济发展以至国民经济的稳定起积极作用,前提是加工产业具有对高价资源的消化能力。否则,资源价格上升将推动工业产品价格也上涨,最终导致比价复归。实际上，整个80年代中国基础产业产品（从农产品开始）多次提价，最后还是因工业品的普遍涨价而比价复归，只是徒然提高了价格总水平。而且，每一次提价都导致又一次轮番提价，既使下一轮提价成为必然，又使下一轮提价矛盾更多，更困难。因为，资源价格的上升不断推动工业成本上升，将中国工业发展日益推入成本推进的困境之中。

成本推进的困扰　中国工业化从80年代中后期开始所遇到的成本推进的压力可以用图5-4来说明。图中，纵轴表示工业品价格，左横轴表示工业品成本，右横轴表示工业品需求，假定工业增长受需求约束，则产量等于需求量。图左边部分中的直线 OE 为45°线，把左横轴上的成本水平折射到纵轴上。位于45°直线右上方的射线反映了工业利润率，射线与左横轴间的夹角越大，表示利润率越高，反之则利润率越低；如果射线向反时针方向旋转，表示利润率下降；如果射线旋转至与 OE 线合并，则表明成本等于价格，利润率为零。

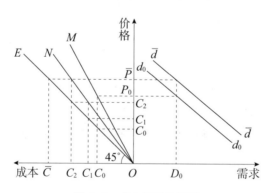

图5-4　成本推进的困扰

假定初始期的成本为 C_0，盈利线为 OM，价格为 P_0，当需求曲线为 d_0d_0 时，需求量为 D_0（假定销售量及产出量也为 D_0，下同）。

如果由于资源价格提高，使工业品成本上升到 C_1，为保持工业利润率不变,工业品价格须提高到 $\overline{P}$。若需求曲线不变,价格上涨意味着需求量的减少,为了不使需求量减少,就得使需求曲线从 d_0d_0 向右上方移动到 $\overline{dd}$。在实际经济生活中,这表现为国家实行扩张需求的宏观政策。换言之,只有当需求不断扩张时,才能在成本推进的条件下保持工业生产的效益水平(利润率)。这大致就是 80 年代中期的情况。

但此种情况的代价是发生明显的通货膨胀,需求的扩张与成本推进并存,使物价总水平持续大幅度上升。80 年代中后期,中国所发生的通货膨胀是新中国成立以来少见的。这导致了严重的恐慌和混乱,迫使政府不得不采取紧缩政策以控制需求的过度膨胀。实际上,即使政府不采取主动压缩需求的政策,需求扩张也总有一个限度。一旦需求成为价格上涨的约束,成本推进就将表现为工业经济效益的下降。

假定成本上升到 C_2,需求曲线不变,仍为 $\overline{dd}$。为了保证需求量不变,价格仍维持 $\overline{P}$。则盈利线向反时针方向旋转到 ON,这表明工业利润率下降。极端地说,如果成本上升到 $\overline{C}$,需求和价格不变,则盈利线旋转至 OE,工业利润率为零。

80 年代后期以来,中国工业发展正是面临着这种成本推进的困扰,经济效益持续下降(见表 5-7)。

表 5-7　全民所有制独立核算工业企业经济效益状况[*](%)

年份	资金利润率	资金利税率	产值利税率	可比产品成本降低率
1984	14.9	24.2	22.8	−2.0
1985	13.2	23.8	21.8	−7.7
1986	10.6	20.7	19.9	−7.3
1987	10.6	20.3	18.9	−7.0
1988	10.4	20.6	17.8	−15.6
1989	7.2	17.2	14.9	−22.2
1990	3.2	12.4	12.0	−7.0

[*] 本表按当年价格工业总产值计算。

资料来源:《中国统计年鉴(1991)》,第 416 页。

5.4　走出困境的道路

低效益陷阱的实质　到80年代末90年代初,中国工业化似乎落入了低效益陷阱之中。过去,人们总是认为,由于中国工业增长是粗放型的,因此,有速度才能有效益。但80年代后期的两次经济过热却导致了效益大幅度下降。于是,人们普遍认为是高速度导致了效益滑坡。从1988年第四季度起开始进行治理整顿,把过高的工业增长速度压下来,但速度的下降并未改变效益滑坡的局面,反而使效益状况更为恶化。从1990年第四季度起,工业增长速度回升,有人预言,当工业增长速度回升,将会出现速度型效益,但是,后来的情况还是未见乐观。

这似乎产生了一个悖论现象:提高工业增长速度会造成资源需求大于供给,严重的资源短缺导致效益下降;降低工业增长速度会失去速度型效益,仍然会导致效益下降。

那么,问题的要害在哪里呢? 有人认为,关键是要实现工业的适度增长。他们的思维逻辑大致可以用图5-5来说明。在图5-5中,纵轴表示效益;横轴表示工业增长率;XX为速度型效益曲线,它表明增长率的提高可以导致效益增加;YY为资源供给型效益曲线,它表明高速度引起的资源短缺会损害效益,只有降低速度,使资源供给相对宽裕,才能提高效益。很显然,要实现最高效益,就必须把工业增长率控制在E点,这就是适度增长率。

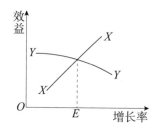

图5-5　适度增长理论的逻辑

如果仅仅是考虑增长与效益之间的关系，那么，这种思路也许是可取的。但是，这种思路是以增长率是影响效益的主要因素这一假定为前提的。而这一假定本身是值得怀疑的。日本是个资源贫乏的国家，它的经济增长速度也领先于全世界，且并未损害效益。况且，适度增长率本身是个难以把握的概念。它往往会使人陷入逻辑上的同义反复：当人们问什么样的增长率比较合理？回答是适度增长率。适度与合理有什么区别呢？如果认为适度增长率是某个确定的增长率，例如，6% 或 7%，那么，中国经济增长就处于一条比哈罗德-多马模型所描绘的还要陡峭的锋刃之上。这无异于是说：高效益是例外，低效益才是常态。因为，经济增长很难是直线式的。

其实，尽管增长率高低对效益状况确有影响，但毕竟不是主要因素。导致效益低下的主要原因之一是，中国工作的物质资源消耗量太大。以能源为例（见表 5-8），1989 年中国人均能源消费量比经济发展同等水平国家（低收入国家）的平均水平高近 80%。能源消费与 GNP 比经济发展同等水平国家的平均水平高近 70%。比中等收入国家（地区）高 1.77 倍，比高收入国家（地区）高 5.26 倍，为世界平均水平的 5.45 倍。

中国工业不仅能耗大，其他物质资源的消耗量也很大，例如，钢材的综合成材率日本（1984 年）为 91.3%，中国仅为 80% ；工业发达国家钢材利用率大多在 80% 以上，中国仅为 65% 左右。[①]

一方面是物质资源开发强度的不断提高，另一方面工业生产的物质资源消耗量又降不下来，其结果必然是工业经济效益的下降。这是中国工业化过程在 20 世纪 90 年代至 21 世纪初面临的一个极为严峻的挑战。

---

① 参见金碚："论我国工业化过程中资源的供给和利用"，载《中国工业经济研究》1990 年第 5 期。

表 5-8　1989 年能源消耗的国际比较

国别（地区）	人均GNP（美元）	人均能源消费（千克油当量）	能源消费与GNP之比	中国能源消费与GNP之比为该类国家的倍数
中国	350	591	1.69	1.00
低收入国家	330	330	1.00	1.69
中等收入国家（地区）	2 040	1 242	0.61	2.77
高收入国家（地区）	18 330	4 867	0.27	6.26
全世界	3 980	1 222	0.31	5.45

资料来源:世界银行:《1991 年世界发展报告》,中国财政经济出版社 1991 年版,第 204—205、212—213 页。

资源的深度开发与高附加值利用　国际比较研究表明,发达国家的经济增长中,投入物使用效率提高的贡献,大于投入物数量增加的贡献,而发展中国家的经济增长却主要依赖于投入物的增加。有的经济学家指出:看来,(发展中国家和发达国家的)主要区别是,前者经济增长的主要原因是投入物的积聚,而不是其使用效率的提高。[①]外国经济学家和统计专家对工业化国家的经济增长因素的大量研究表明,发达国家经济增长中,资本和劳动投入的贡献份额不到 50%,而总和要素生产率增长的贡献份额高达 50% 以上。我国经济学家采用基本相同的方法研究了中国经济增长,发现资本和劳动投入的贡献份额高达 90% 以上,总和要素生产率增长的贡献份额仅为 5.46%,特别是物质资本的贡献份额,超过 75%(见表 5-9)。这表明,中国工业化对物质资源投入量的依赖性极高。这对于中国这样一个人均物质资源量十分有限的国家来说,显然是十分不利的。

[①]　参见《1991 年世界发展报告》,第 42—45 页。

表 5-9　各国经济增长因素比较（%）

国别	时期	资本投入的贡献	劳动投入的贡献	总和要素生产率增长的贡献
法国	1960—1985	27	–5	78
联邦德国	1960—1985	23	–10	87
日本	1960—1985	36	5	59
英国	1960—1985	27	–5	78
美国	1960—1985	23	27	50
中国	1953—1990	75.07	19.47	5.46

资料来源：《1991 年世界发展报告》，第 45 页；李京文等："中国经济增长分析"，载《中国社会科学》1992 年第 1 期。

　　不容怀疑的结论是：走出低效益陷阱的关键是必须大幅度降低工业生产的资源消耗量。70 年代，世界石油价格大幅度上涨，当时，以石油为主要能源的工业国陷入一片能源危机的惊恐之中。从 70 年代中后期以来，各工业国大量采用节油措施，使石油消耗量逐步降了下来（见表 5-10）。于是，油价也稳定下来，以至逐步回落，到 80 年代基本上摆脱了能源危机。1991 年的海湾战争使石油供应量大大减少，即使这样也只造成短时期的油价波动（一度上升到每桶 25 美元），并未引起大的恐慌。相反，油价回落到每桶 20 美元以下。主要原因之一就是，各主要工业国已完成了产业调整，节能技术和措施的实行卓有成效地降低了能耗量。世界石油消费需求（1979—1989 年）从 30 亿吨下降到 28 亿吨。

表 5-10　石油价格及各国国民生产总值的耗油量[*]

年份	世界石油价格（美元/桶）		每 1 000 美元国民生产总值消耗的石油桶数				
	现值	不变值	美国	英国	法国	联邦德国	日本
1960	1.50	3.71	4.95	1.82	0.98	0.75	1.11
1965	1.33	2.71	4.60	2.47	1.45	1.50	1.82
1970	1.30	2.09	5.03	3.06	1.93	1.82	2.36

（续表）

年份	世界石油价格 （美元/桶）		每1 000美元国民生产总值消耗的石油桶数				
	现值	不变值	美国	英国	法国	联邦德国	日本
1971	1.65	2.50	5.03	2.98	1.99	1.90	2.45
1972	1.90	2.72	5.11	3.12	2.04	1.93	2.35
1973	2.70	3.53	5.11	2.97	2.10	1.95	2.51
1974	9.76	11.06	4.94	2.80	1.91	1.73	2.48
1975	10.72	10.72	4.90	2.47	1.80	1.70	2.20
1976	11.51	10.35	4.98	2.37	1.83	1.74	2.22
1977	12.40	10.01	4.98	2.36	1.74	1.78	2.31
1978	12.70	9.41	4.88	2.25	1.64	1.84	2.16
1979	16.97	11.25	4.69	2.32	1.75	1.78	2.18
1980	28.67	16.48	4.36	2.12	1.63	1.54	1.89

* 不变值以1957年价格指数为100计算；有横杠的数字为耗油高峰年数值。

资料来源：胡乃武主编：《中国宏观经济管理》，中国人民大学出版社1989年版，第642页。

对于中国来说，降低物质资源消耗量主要有两条途径，一是在现有产业结构和产品结构基本不变的前提下，采取各种措施降低单位产品的物质资源消耗量；二是调整产业及产品结构，发展高附加值产品和产业。这两条途径都是十分重要的，但更具战略意义和长远意义的是第二条途径。

中国工业化过程已进入资源深度开发阶段，自然资源，特别是煤炭、石油等能源的开发强度越来越高。以石油为例，随着原油采出程度提高，含水上升，产量递减，必须每年打调整加密井，新建产能弥补递减，采取各种酸化压裂措施改造油层，提高产量。同时，很多自喷油井转为机械采油，维持简单再生产的各种费用逐年上升，80年代末90年代初，全国平均采油成本从"六五"期间的每吨54.5元上升到113.4元，其中,1990 年原油生产成本每吨达 177.6 元。[①]

　　面对资源成本日益上升的矛盾,中国工业发展不能再主要靠现有产业和产品的数量扩张。实际上,中国目前工业和制造业的比重已非常高,甚至大大超过工业发达国家(见表 5-11)。中国工业主要产品的产量也已很高,问题是,中国工业产品不仅消耗物质资源多,而且其附加价值很低,同类的产品,中国的因档次低,其价值只及外国产品的 1/3 或 1/2,甚至更低。在工业品中,附加值高的产品(例如小汽车)产量往往很低,而一般工业品产量则往往居世界名次的较前列。特别值得注意的是,中国服务业的比重畸低。因此,从整个国民经济的角度看,中国物质资源(包括第三产业)的利用附加价值很低,即用高成本的物质资源生产低价值的产品(包括服务),必然难以摆脱资源短缺、效益下降的困境。

表 5-11　工业及服务业比重的国际比较(占 GDP 的 %)

国别	农业	工业	制造业	服务业
中国	32	48	34	20
印度	30	29	18	41
巴西	9	43	31	48
英国	2	37	20	62
美国	2	29	17	69
日本	3	41	30	56

资料来源:《1991 年世界发展报告》,第 208—209 页。

　　所以,问题已很清楚,随着资源开发强度的不断提高,中国工业化不仅要一般地采取各种节省物质资源的措施,而且,特别要致力于调整产业和产品结构,提高产业水平和产品档次,即大力发展高附加值

　　[①]　参见杜永林、张玉清:"对我国石油价格走势的展望",载《经济管理》1992 年第 2 期。

的产业和产品。总之,90 年代以后,中国工业化的资源对策可归结为三点:第一,进一步进行资源的深度开发;第二,大力推广节省物质资源的技术和实行节省物质资源的政策措施;第三,大力发展高附加值产业和产品。

建立有利于提高物质资源利用效率的供给机制　要实现上述中国工业化的资源对策,关键是要建立有利于提高物质资源利用效率的资源供给机制。

人们已经注意到的是,进一步强化资源供给的经济性或商业性,即逐步实现价格体系的合理化。在实际操作中其实就是逐步提高(或放开)资源价格,并扩大市场调节的比重。国外经济学家看中国经济问题,往往也是首先看到这一问题,认为中国的物质资源价格与世界市场价格相比太低了。指出这不仅不利于增加资源供应量,也不利于压缩资源需求量,因此,出路只能是资源(特别是能源)提价。这种意见总体来说并不错,资源提价无疑是个必然趋势。

问题是,相对价格是个很复杂的问题,物质资源价格尽管偏低,但加工工业的消化能力不是短期内可以提高的,加工工业的消化能力不提高,资源提价往往只能引起物价轮番上涨。这一点本书前面已有论述。特别值得注意的是,尽管资源价格偏低,但中国的个人收入水平也很低,基础产业产品和服务的价格与中国的个人收入特别是工资收入水平相比,可以说是已经不低了,甚至远高于国际水平。有些资源的供给和需求都缺乏弹性,仅靠提价很难从根本上解决问题。以与物质资源类似并与物质资源约束直接相关的交通业为例,尽管仍有人不断指出中国的火车客运价格和货运价格太低,因而还应提价,但作一下国际比较就会发现,对于中国的工资水平来说,中国的火车票及运费价格已很高了。更不用说是航空运输,价格已高得非私费所能承受(其实,火车票的软卧价格也已非一般人的收入所能承受)。在这种情况下,单纯的涨价,其主要效应是扩大公费支出(包括公费购买的支出额增加和各种补贴的增加),从而推动成本上升,效益下降,或者国家财政收支平衡更困难。因此,改变物质资源价格偏低只能是一个逐步实现的过程,操之过急,效果只能是适得其反。因为,资源利用效率的提高只能是一个渐进的过程,物质资源价格上升的速率与之相适应、相匹配,才能真正起到促进资源利用效率提高的作用。

问题的要害在于,与比较完善的市场经济体制相比,在中国目前的体制下,资源利用效率提高的速率相当慢。因此,资源供求实际上是一个超出其本身之外的问题,即是一个与整个经济体制相联系的问题。从这一意义上说,建立有利于提高物质资源利用效率的供给机制,有赖于经济体制改革取得成功,特别是公有制(全民所有制)企业改革取得决定性进展。总之,随着改革的深化,资源供给的经济性将进一步强化,以最小成本原则为中心的经济性供给机制将引导资源配置于利用效率最高的领域。这是中国经济发展的前途所在,也是中国步入工业化国家行列的必由之路。

第6章 人口资源与劳动就业

6.1 劳动①供求分析的基础

劳动无限供给 劳动是经济发展的一种最重要的资源。对工业化过程进行经济分析，首先要对劳动供给的实际状况作基本的判断，并以此作为理论分析的前提。

古典经济学的理论假定是，劳动无限供给，即存在相当数量的劳动储备，或称劳动后备军，实际上就是失业的剩余劳动人口。因此，他们认为，劳动者的工资维持在生计水平上，即工资由保证劳动者基本生存需要以及延续后代所必需的消费资料价值所决定。而如果工资超过生计水平，人口就会增加。马尔萨斯甚至认为，人口假如不受生活资料所制约，就会按几何级数增加，而食物（生活资料）由于受土地限制只能按算术级数增加，人口增加快于食物增加，因此，人口经常处于过剩状态。生活水平将趋于下降，社会的前途不是财富的增长而是贫困。亚当·斯密和李嘉图不同于马尔萨斯的观点。李嘉图指出："马尔萨斯先生未免过分地认为人口只是由于先有了食物才增加的。他说，'食物会

---

① 关于劳动与劳动力这两个概念是否有重要区别，如果有，这种区别的实质是什么，经济学家们，特别是各派理论经济学有十分不同的观点。本书的研究不涉及这方面的理论争论。若要作严格的定义，劳动力是指具有劳动能力的人力资源；劳动则是指人力资源的运用。但由于两者间的这种区别一般不影响本书的研究，因此，为了行文的方便，只要不致引起混乱，对其一般不作严格区分。读者可以把劳动理解为劳动力的简称。

创造自身的需求'，说先提供食物，结婚就会受到鼓励。他没有考虑到使人口普遍增加的是资本的增加以及因之而来的劳动需求的增加和工资的上涨。食物的生产不过是这种需求的结果。"[1] 不过，李嘉图也认为："实际上人口一定会随着劳动者生活状况的改善而增加。正因为如此，所以……对于食物也会产生新的和更大的需求。因此，这种需求是资本和人口增加的结果，而不是它的原因。"[2] 尽管亚当·斯密、李嘉图与马尔萨斯在人口理论上以及对人口增长所导致的未来后果的认识不相同，但是，在分析现实经济运行时，他们实际上都认定，当工资处于生计水平时，劳动供给的弹性是无穷大的，即劳动无限供给。反过来，正因为劳动无限供给（这实际上就是假定存在过剩人口），所以，市场竞争使工资维持在生计水平上。

马克思也继承了古典学派关于存在过剩人口（马克思称之为产业后备军）和工资由生计水平决定的传统。因此，在马克思的资本主义经济理论中，劳动供给也是无限的。

劳动无限供给的理论也是以刘易斯为代表的一批发展经济学家研究工业化问题的基础。当刘易斯回忆起他的著名的劳动无限供给条件下的经济发展理论形成过程时说："1952 年 8 月的一天早晨，我走在曼谷的大街上，突然想起最需要做的一件事，是放弃新古典宏观经济学通常（并非必须）采用的假定：劳动供给是固定不变的。如果假定劳动供给有无限弹性，加上资本主义部门生产率在提高，我们就可以得到不断上升的利润份额。"[3] 一旦建立了这一基础，就可以解释资本如何积累，农村的剩余劳动如何转向现代工业部门。从而刻划出二元经济向一元

---

①　《李嘉图著作和通信集》第一卷，商务印书馆 1983 年版，第 348—349 页。

②　同上。

③　〔美〕W. A. 刘易斯："50 年代的发展经济学"，载杰拉尔德·M. 迈耶等编：《发展经济学的先驱》，经济科学出版社 1988 年版，第 134 页。

经济过渡的途径。刘易斯在他的著名论文"劳动无限供给条件下的经济发展"中写道:"本文是按古典学派的传统写成的,作出古典学派的假设,并提出古典学派的问题。从斯密到马克思的古典经济学家都假定,或者说都认为,支付维持生活的最低工资就可以获得无限的劳动供给。然后,他们研究生产是怎样一直增长的。他们发现,其答案在于资本积累,并根据他们对收入分配的分析来解释资本积累。""因此,本文的目的是要知道如何利用古典结构就能解决分配、积累和增长问题……"①

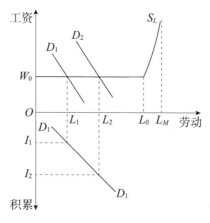

图 6-1　劳动无限供给

劳动无限供给的理论假定可以用图 6-1 来说明。图 6-1 中,横轴表示劳动;向上的纵轴表示工资水平;向下的纵轴表示积累;曲线 W_0S_L 是劳动供给曲线;D_1D_1、D_2D_2 是劳动需求曲线;D_1D_1 表示劳动需求与积累(投资)之间的正相关关系;劳动供给曲线从原点到 L_0 为平行于横轴的直线;W_0 表示维持生活的最低工资(即生计工资)水平。这表

① 〔美〕W. A. 刘易斯:"劳动无限供给条件下的经济发展",载《现代国外经济学论文选》,商务印书馆 1984 年版,第 48、49 页。

明，在 OL_0 区间，当工资为 W_0 时，劳动的供给弹性无限大。L_M 是全社会总劳动量。当积累为 I_1 时，劳动需求曲线为 D_1D_1，劳动供求量为 L_1；当积累提高到 I_2，假定这是所能达到的最高积累水平，劳动需求曲线为 D_2D_2，劳动供求量为 L_2。可见，劳动无限供给的假定并不是说一国的劳动人口数量是无限的，实际上任何国家的劳动资源都是一个有限量（图 6-1 中为 L_M），而是说，在社会所能达到的最高积累水平或最高增长率范围内，在某个工资水平上，劳动供给弹性无限大，也就是说，对于有可能达到的最大的劳动需求来说（图 6-1 中以 D_2D_2 表示），劳动供给量是无限的。

波兰经济学家卡莱茨基（Michal Kalecki）在研究社会主义经济增长时，也是从劳动无限供给假定开始的。假定经济增长率

$$\gamma = \beta + \alpha$$

式中，γ 为经济增长率；α 为劳动生产率年增长率；β 为劳动力增长率。

假定原来的增长率为 $\gamma_0 = \alpha + \beta$，但存在劳动储备即剩余劳动力，就业增长率就可以超过 β，经济增长率就可能超过 γ_0，实现加速增长。而当劳动储备被吸收完后，经济增长率又回到 γ_0。如果在一个相当长的时期内，劳动储备不可能被吸收完，则劳动的供给在此期间是无限的，它不构成对经济增长的约束。此时，国民经济的加速增长主要只受积累率限制，而积累率因受到多方面因素的制约（例如现期消费的制约）并不可能无限制地提高。

劳动有限供给　如前所述，一定时期内一国所拥有的劳动人口数量总是有限的。劳动无限供给假定，只是说，对于有可能达到的最大需求量来说，劳动供给无限，或对于一定的工资水平（生计工资水平）来说，劳动的供给弹性无穷大。这一假定实际上等于说，由于存在过剩劳动人口，劳动的稀缺性几乎为零，或者说劳动的边际生产力和机会成本为零。这样的假定尽管可能符合某些国家或某些地区的实际情况，但

也是相当极端的,因而不免遭到许多批评。

　　那么,如果假定劳动供给是有限的,情况会有哪些不同呢? 首先,这意味着劳动是一种具有稀缺性的资源,它的供给弹性不可能无穷大。其次,劳动的边际生产力和机会成本不是零,而且,一般将超过其生计工资水平。因此,第三,工资不再由维持基本需要的消费资料价值决定。按照新古典主义的意见,在完全竞争条件下,工资由劳动的边际生产力决定,即如马歇尔所说的:"一般资本和一般劳动……按照它们各自的(边际)效率从国民收益中抽取报酬"。[①] 最后,劳动的供给量也与其他生产要素一样,受其价格即工资率调节。

　　劳动有限供给的理论假定可以用图 6-2 来说明。图中各坐标轴的意义与图 6-1 相同。劳动供给曲线为一条向右上方倾斜的曲线 $S_L S_L$,它位于生计工资水平 W_0 之上。

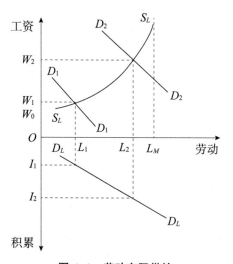

图 6-2　劳动有限供给

---

① 《经济学原理》下卷,第 215 页。

假设原先的积累率为 I_1, 劳动需求曲线为 D_1D_1, 所需劳动量为 L_1, 为保证劳动供给, 工资为 W_1。如果积累率提高到 I_2, 劳动需求曲线移至 D_2D_2, 劳动需求量增加至 L_2, 为获得所需的劳动供给, 工资须提高到 W_2。若工资无法提高到这一水平, 劳动供给就将不足。而工资的提高则会使利润相对减少, 从而影响积累。因此, 在劳动有限供给条件下, 经济增长不仅受资本积累的制约, 也要受劳动供给状况的制约。

卡莱茨基曾经从另一角度研究过劳动有限供给问题。他把劳动供给视为一个动态过程, 把劳动储备远未被吸收完的那段时期称为劳动无限供给, 而把劳动储备即将被吸收完, 直到完全被吸收完的一段时期称为劳动有限供给。在劳动有限供给时期, 国民经济可以通过吸收有限的劳动储备而实现较高的增长率(加速增长), 直到劳动储备被吸收完, 经济增长又回到加速增长以前的增长速度。卡莱茨基的研究还表明, 劳动的有限供给会对加速增长产生一种障碍效应, 而且, 越是想迅速地把增长率提高到所企望的加速增长水平, 这种障碍效应也就越强。[1]

劳动充分就业　劳动充分就业可以有两种不同的含义。一种含义是: 在现有工资率水平下, 凡是愿意工作的人都已就业。它暗含着这样的意思, 只要工资水平有相当幅度的提高, 劳动供给还可以增加。另一种含义是, 所有劳动储备都已被吸收完, 劳动供给已不再可能增加, 即使提高工资也无济于事。前一种情况可以称为相对的充分就业, 即只是对于现有工资水平来说, 劳动已充分就业; 后一种情况可以称为绝对的充分就业, 即经济参数的任何调整都不可能增加劳动供给了。相对的充分就业只意味在劳动市场上实现了供求均衡。绝对的充分就业则是指劳动资源的利用已达极限。

相对的充分就业与劳动有限供给条件下所达到的劳动供求均衡的

---

[1]　参见 Michal Kalecki: *Selected Essays on the Economic Growth of the Socialist and the Mixed Economy*, Cambridge University Press, 1972。

情况基本相同。绝对的充分就业可以用图 6-3 来说明。图 6-3 中各坐标轴的意义与图 6-1、图 6-2 相同,假定原先的积累为 I_1;劳动需求曲线为 D_1D_1;劳动需求为 L_M;工资为 W_1。此时,劳动供给已达极限,劳动供给曲线 S_LS_L 在 L_M 处成为垂直的直线。如果积累(或投资)增加到 I_2,若曲线 D_1D_1 不变,则劳动需求为 L_X,此时,若需求曲线移至 D_2D_2,即使工资提高到 W_2 仍无法满足劳动需求,劳动供求缺口为 L_ML_X。此时,为实现劳动供求均衡,只有改变积累(投资)与劳动的关系,图中表现为 D_1D_1 曲线移至 $D_1'D_1'$。这意味着劳动生产率的提高以及资本 / 产出率的提高。

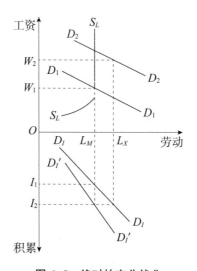

图 6-3　绝对的充分就业

卡莱茨基在讨论充分就业条件下的加速增长时指出,因为经济增长率 $\gamma = \alpha + \beta$,在劳动充分就业条件下,不存在劳动储备,即劳动力的增长率 β 是既定的,所以,只有通过提高劳动生产率 α,才能实现加速经济增长。途径之一是采用"鼓励资本密集"的技术,这在图 6-3 中即表现为 D_1D_1 曲线移至 $D_1'D_1'$。当然,在这种情况下,要真正能提高经济增长率,条件是劳动生产率的提高对于资本密集度的提高有较大的反映,即劳动生产率提高的幅度大于资本密集度提高的幅度。

工资刚性及棘轮效应　在经济分析中,工资(严格说应是工资率,即每个工人每单位时间所获得的工资)常常被视为劳动的价格,与物价相似,受供求规律的调节。其实,工资与物价有许多不同之处。其中最重要的一点是,工资,特别是名义工资具有很强的向上浮动的刚性。换句话说,工资通常是易升不易降的,即使劳动需求减少,供给增加,也不会使工资下降。

在劳动无限供给条件下,工资不会因为劳动供过于求而长期降低到维持最低生活水平的生计工资水平之下。更重要的是,一旦工资普遍上升到一个较高的水平,就不再会降回到原先那种较低的水平。而且,即使存在供过于求现象,工资也会保持一种逐步上升的长期趋势。马克思就曾指出,尽管"劳动力的价值,就是维持劳动力所有者所需要的生活资料的价值"[1],但是,"和其他商品不同,劳动力的价值规定包含着一个历史的和道德的因素"[2]。而在现代经济中,工资刚性以及向上浮动的趋势更为强烈。因此,工资的变化具有明显的棘轮特征,即它的运动方向是单向的(当然不排除特殊情况下的工资下降)。

特别是在工业化过程中,工资不断上升的棘轮效应十分明显。从某种意义上可以说,工业化过程就表现为低工资经济向高工资经济的演进。正因为这样,工资并不总是能够成为调节劳动供求的有力杠杆。在研究工业化,特别是社会主义工业化时,这是一个不容忽视的问题。但是,反过来,说劳动供求的失衡就是因为工资具有刚性,也不能令人信服。有的经济学家正确地指出,即使在特殊情况下,工资确实下降

---

[1]　《马克思恩格斯全集》第 23 卷,第 194 页。

[2]　同上。

了,也未必能实现劳动供求均衡。例如,1929—1933 年美国大危机时期,工资下降了 25%,但并没有减少失业。[①]

失业及其类型　从其表面意义上看,充分就业似乎就是不存在失业。但这种粗略的理解是难以为经济学家们接受的。因为,失业有多种类型,一种是自愿失业,即劳动者因种种原因而不想工作,这种自愿失业者通常不被统计为失业,但它确实又是劳动的一种潜在供给。只是这种潜在供给只有当现实条件发生一定变化之后,才有可能转化为现实的劳动供给。除自愿失业之外的失业属于非自愿失业。非自愿失业分为两种,一种是所谓摩擦性失业,即工人在寻找、变动工作岗位过程中发生的工作的短暂间歇;另一种是非摩擦性失业,即工人在超过一定时间以上无法获得愿意接受的工作。经济学家们通常认为,充分就业的定义应为,所有失业都只是自愿的或摩擦性的失业。换句话说,不存在非自愿的非摩擦性失业,就是充分就业。需要指出的是,这种充分就业仅是前述相对的充分就业。而绝对的充分就业原则上是指一切潜在劳动供给都已被最充分地利用了。

上述失业概念还只是就公开失业而言的。在现实中,还存在种种隐蔽失业现象。隐蔽失业的主要类型有:

1. 劳动者的工作时间少于社会正常的工作日长度。例如,假定社会正常的平均工作日为 8 小时,而某个劳动者只能获得 4 小时的工作,他就处于不充分就业状态。这种隐蔽失业可以称为半失业。

2. 劳动者虽然已有工作,但他的劳动实际上是多余的,即使他根本不劳动也不会影响产量,即劳动的边际生产力为零。这种隐蔽失业可以称为在职失业或潜在失业。

3. 劳动者虽然已有工作,这一工作岗位的劳动的边际生产力也为

---

① 参见〔美〕R.B.弗里曼:《劳动经济学》,商务印书馆 1987 年版,第 135 页。

正值,但在这一岗位上,劳动者并未发挥出他可以发挥的更大生产力,例如,让一个受过高等教育的人去干最初级的劳动,或者让一个有电工技术的人去干木工活,这种隐蔽失业可以称为技能失业。

一般来说,失业是劳动资源的浪费,但是,也许对于社会所需要的劳动资源来说,现有的劳动供给量已是绝对过剩了,因而失业很难说是一般意义上的资源浪费。因为,没有用途的东西无所谓浪费,甚至算不上是一种资源。或者说,这种资源的稀缺性为零,其机会成本为零,因而不会被浪费,就如同阳光和空气不会被浪费一样。

不过,即使劳动资源已绝对过剩,从资源利用的角度看,失业并不能算是普通意义上的浪费,但是,失业也会带来严重的社会问题,成为社会负担,并造成社会成本的上升,而社会成本的上升将表现为社会关系的紧张。因此,劳动失业与其他资源闲置相比,最大的特点是会产生极为严重的负效用。所以,失业问题往往被经济学家和政府当局视为头等重要的经济和社会问题。

所以说,与其他资源不同,劳动资源虽然是最重要的资源,但也并非越多越好,不能被利用的大量过剩的劳动人口有可能成为最大的社会经济包袱。这就是劳动资源的两重性。

6.2　人口大国工业化的难题

人口与经济发展　中国是世界人口最多的国家,作为人口大国,中国的工业化有许多特殊的现象,也面临一些特殊的难题。

关于人口与经济发展的关系,历来的经济学家们有各种不同的,甚至是相当对立的观点。马尔萨斯与亚当·斯密在发表《国富论》的同时,发表了《人口论》。《国富论》研究的是富裕,而《人口论》研究的却是贫困。马尔萨斯把人口过剩和贫困直接联系起来,描写了一幅人口与经济发展之间关系的相当悲惨的画面,即除非受到天灾、疫病、饥饿、战争等的抑制,否则,人口总是经常处于过剩危机之中。

当然,即使承认人口过剩的危害也并不能否认,若人口不足经济发展也会失于动力。于是,经济学家们一直在研究和寻找适度人口规模。早期适度人口理论大致围绕图6-4所述的关系展开。图中,横轴表示人口;纵轴表示总产出;平行于横轴的SS线表示生存水平;OT为总产出曲线;OA为平均生产力曲线;OM为边际生产力曲线;虚线OV为从原点引向总产出曲线的切线。按图6-4所示不难看到,使边际生产力最大的人口规模为P_a,使平均生产力最大的人口规模为P_e,这一人口规模使人均收入或人均生活水平达到最大。但如果不是追求人均收入最高,而是追求国力最大,则人口规模应达到P_p,此时,边际生产力曲线与生存水平相等,两条线相交于M_p点。P_m表示极限人口量,此时,平均生产力与生存水平相等,表示总产出仅够维持生存,若人口超过这一极限,就会发生饥饿、战争等社会罪恶,迫使人口又下降到P_m点以下。

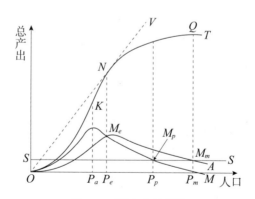

图6-4 适度人口理论

这种适度人口理论受到的最大批评是,它用静态方法来分析动态问题,只是从报酬递减规律演绎出来的一种理论虚构,而报酬递减规律在动态过程中是不存在的。尽管如此,早期的适度人口理论对后来人们研究人口与经济发展的关系还是有所启发的。

两次世界大战之间,直至第二次世界大战以后,西方经济学家主要围绕人口与失业,以及人口增长与经济增长之间的关系进行了大量的研究和展开过激烈的争论。一种意见是,人口过剩是导致失业的原因,至少是重要原因之一;另一种意见是,不能把人口过剩与失业相混淆,人口增长超过限度并不是表现为失业,而是表现为人均收入的下降。1936 年,凯恩斯出版了《就业、利息和货币通论》一书,不仅标志着他本人在关于人口与失业关系问题上的重大转变,而且,标志着西方经济学界关于人口与经济增长关系的研究进入一个新的阶段。凯恩斯认为,失业的原因是有效需求不足,而资本需求的增加,即投资则依赖于人口增长率。因此,人口增长率下降会导致有效需求不足,产生失业。从而推论出,要摆脱萧条,实现充分就业,一定要有人口的增长。这种把人口减少看作经济停滞的原因(之一)的理论由美国经济学家汉森(A. H. Hansen)继承和发挥,提出了人口增长的减退会导致外延扩张的减退,除非实现内含扩张(通过技术进步兴建新产业,从而促进资本的需求),否则,经济难以摆脱长期停滞的困境。这就是他的所谓长期停滞论。

在哈罗德的经济增长理论中,也表明了对关于人口增长与经济增长关系的看法。哈罗德定义了三种经济增长率; G 为实际增长率; G_w 为有保证的增长率,即符合储蓄意愿和生产者意愿的增长率; G_n 为自然增长率,它"表示社会最适宜的增长率。G_n 的值有两个决定因素,即劳动人口的增长率以及可以得到的用以生产货物和服务的技术的改进率"[1]。哈罗德分析如果 $G_n > G_w$,人口增长较快,不仅增加了消费,也扩大了就业,并要求更多的投资,所以 $G > G_w$,出现长期景气,同时也

---

[1] 〔英〕罗伊·哈罗德:《动态经济学》,商务印书馆 1981 年版,第 27 页。

容易产生通货膨胀;如果 $G_n < G_w$,人口增长缓慢,投资需求减弱,因为 $G \leqslant G_n$,所以,此时必然是 $G < G_w$,有效需求降低,产生长期停滞趋势。所以,只有当 $G = G_n = G_w$ 时,经济才能稳定增长,这一均衡被称为黄金规则,此时的人口处于人口适当增长率状态。

　　总之,从凯恩斯《就业、利息和货币通论》的发表,到 50—60 年代,西方经济学界对发达国家中的人口与就业,以及人口与经济增长之间的关系持相当积极的态度,即认为,人口增长较快有利于经济增长和就业。西蒙·库兹涅茨也把人口较快增长视为现代经济增长的主要特征之一。他说:在现代经济增长的六个特征中,"第一个和最显著的是在发达国家中按人口计算的产量的高增长率和人口的高增长率——是这些国家以及世界其他国家可观察到的先前的增长率之很大倍数,至少迄至最近 10—20 年的情况是这样"。[①]

　　人口陷阱理论的经济分析意义　当经济学家们把眼光从发达国家移向发展中国家时,他们的乐观情绪就大打折扣了。莱宾斯坦 1957 年提出临界最小努力理论,认为,人均收入的提高一方面推动国民收入增长,另一方面也刺激人口增长,而人口增长会降低人均收入,从而抑制经济增长。这一理论如图 6-5 所示。纵轴表示人均收入,横轴表示人口增长率及国民收入增长率。曲线 PP 表示人口增长,随人均收入提高人口增长加快,直至人均收入达到较高水平,人口增长速度才开始下降(图中,人均收入超过 y_e,人口增长曲线开始向后弯曲)。曲线 NN 表示国民收入增长率。从图中看到,若人均收入为 y_e,国民收入增长率为 1%,人口增长率为 2%,这样,人均收入将下降,若下降至 y_b,人口增长率为 1%,国民收入增长率降至 1% 以下,直至人均收入降至 a 点。当人均收入水平处于低于 y_e 的任何点上,都会向 a 点收敛。只有经过某

---

　　①　"现代经济的增长:发现和反映",载《现代国外经济学论文选》第二辑,第23页。

种临界最小努力, 使人均收入超过y_e, 国民收入增长率才能超过人口增长率, 从而摆脱人口陷阱。[1]

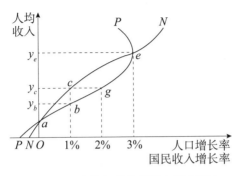

图 6-5　里宾斯坦的临界最小努力理论

差不多与此同时, 纳尔逊 (R. Nelson) 也提出了他的关于人口与经济增长关系的低水平均衡陷阱理论。这一理论如图 6-6 所示。图中, 纵轴表示人口增长率和国民收入增长率; 横轴表示人均国民收入; 曲线 PP 是人口增长率曲线; 曲线 QQ 为国民收入增长率曲线。当人均国民收入低于 a 时, 人均收入均衡点为 s, 因为在 sa 区间, 人口增长快于收入增长, 人均收入逐渐下降; 若人均收入低于 s, 则国民收入增长快于人口增长 (尽管两者均为负数), 人均收入逐步增加。在 s 处, 人口增长率和国民收入增长率均为零, 人均收入处于很低的水平。所以, 人均收入处于 sa 区间时, 经济发展犹如落入一个陷阱, 最终将陷于 s 点。但若经过某种大推进 (big push) 过程, 使人均国民收入上升至 a 点以上, 则国民收入增长快于人口增长, 人均收入将不断上升, 直至 b 点, 两者相等, 经济处于较高水平的均衡状态。从图中看, 当人均收入超过 b, 人口增长超过某个极限, 储蓄率和投资率都不再增加, 所以, 国民收入增长率降至人口增长率以下, 这类似于汉森描述过的长

---

[1]　参见《经济落后与经济增长》, 第 194 页。

期停滞状态。要摆脱这一困境,必须依靠技术进步,使国民收入增长率曲线向上移动。[1]

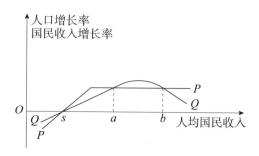

图 6-6 纳尔逊的人口陷阱理论

发展经济学家们认为,对于发展中国家来说,面临的现实问题是必须摆脱低水平均衡的人口陷阱。而在这一过程中,人口过快增长是个严重的问题。第二次世界大战结束时,发达国家与发展中国家在人均国民收入上的差距大约为 10∶1。战后 30 年发展中国家的国民收入增长率高于发达国家,但由于前者的人口增长比后者高出一倍多,到 70 年代末,人均国民收入差距反而扩大到 13∶1。80 年代以来,情况更为严重,虽然世界人口增长率略低于 70 年代,但发展中国家人口增长远快于发达国家,在全部新增人口中,92% 出生于发展中国家。发展中国家人均收入增加不足 6%,如果除去亚洲,其他地区的人均国民收入反而下降了,而发达国家 1980—1987 年人均国民收入就上升了约 40%。[2]世界银行《1991 年世界发展报告》也指出:"80 年代对绝大多数国家说来是困难的 10 年——虽然中国和印度这两个人口最多的国家,以及整个亚洲的人均收入极大地提高了。但像阿根廷、牙买

① 参见 A. P. Thirlwall: *Growth and Development*, The Macmillan Press LTD, 1983, p.176。

② 参见辛仁周:"世界人口的增长趋势及对世界经济的影响",载《经济研究资料》1992 年第 1 期。

加、尼日利亚和秘鲁这类国家，人均收入几乎没有增长。尼加拉瓜、乌
干达、扎伊尔和赞比亚的人均收入下降了。许多穷国的实际人均收入
甚至大大低于美国在 19 世纪初的水平。"[①] 人口增长过快虽然不是导
致人均收入低下的唯一主要原因，国家贫穷也不能简单归之于人口过
多。但是，人口过多，人口增长过快，毕竟会成为经济发展的一个重要
制约因素。所以，尽管人口陷阱理论有许多不完备之处，不能用来解
释每一个发展中国家的具体情况，但它仍然可以给人们以重要启示。
特别是像中国这样的人口大国，人口问题确实是工业化过程中的一个
关键。

工业化的就业压力　中国工业化从一开始就面临着巨大的就业压
力。新中国成立时，仅城市失业人员就达 400 多万，相当于在职职工
人数的一半。到国民经济恢复的 1952 年，尽管已有一半失业人员重
新获得了职业，并尽可能地安置更多的新增劳动者就业，但失业率（待
业率）仍高达 13.2%。加之在人口政策上的一度失误，从 50 年代到 70
年代中期，中国人口一直高速增长，除了 1959—1961 年由于国民经
济严重困难，死亡率大幅度上升，从而使人口增长率一度下降之外，在
1951—1973 年的 22 年间，中国人口的年增长率都在 2% 以上，最高的
1963 年甚至超过 3%。[②] 因此，从新中国成立以来，中国工业化一直是
在巨大的人口压力和就业压力下推进的。

人口众多确实是一种优势，但是，过多的人口也是一种负担。从后
一意义上说，中国工业化确实是走在一条负荷沉重的道路上。

从 70 年代中期以后，由于实行了比较严格的计划生育政策，使人
口年均增长率大幅度下降，整个 80 年代平均为 1.3%。尽管如此，到
1990 年，城镇已登记的待业人员仍有 383.2 万人，加上未登记的待业

---

① 《1991 年世界发展报告》，第 2 页。
② 《中国统计年鉴（1991）》，第 80 页。

人员约 270 万人,合计约 660 万人。待业率约 4%。另外,据估计城镇中还有近 3 000 万人属于在职失业,所以,总失业率约 19.5%。同时,据农业部测算,农村劳动力尚有 2.01 亿剩余。有人预测,90 年代城乡合计共有约 4.08 亿劳动力需要安置就业。[①] 这确实是个惊人的数字。所以,90 年代以后,中国工业化仍将背负着沉重的人口重荷,艰难地推进。

非农化的农业基础　不仅从一般意义上说,工业化是一个劳动资源非农化利用的过程,而且,从中国作为人口大国的特殊国情上看,工业化的基本内容之一也是必须实现劳动的非农化。农业资源是十分有限的,不可能将如此巨大的劳动资源都运用于十分有限的农业生产领域。大量的劳动资源转向非农产业,中国工业化才能真正走上坦途。

但是,作为人口大国,中国又面对一个现实:劳动的非农化虽然可以缓解资源配置上的矛盾,即可以缓解农业领域中的就业压力,但并不能缓解对农业发展的压力;相反,农业生产所面临的压力可能更大。因为,众多非农人口的粮食必须由农业供给,非农产业的发展也要求农业的相应发展。因此,在非农化过程中,农业作为国民经济支撑体的基础作用将变得更为重要。这是中国工业化在人口压力下所面临的又一大难题,即如何在不削弱农业而使农业基础不断得到加强的前提下,实现劳动非农化。

中国工业化过程中,劳动非农化与农业基础之间的关系,可以用图 6-7 来说明。图中,直线 L_lL_A 为劳动资源配置线,从 L_A 向 L_l 移动,表明非农化过程;D_AD_A 为非农劳动的农产品需求曲线;OV 为 45° 直线,用以比较农产品供求关系;QQ 为农业劳动的产出曲线。

---

① 参见刘铁山、党秀丽:"中国就业问题及预测",载《经济研究资料》1991 年第 1 期。

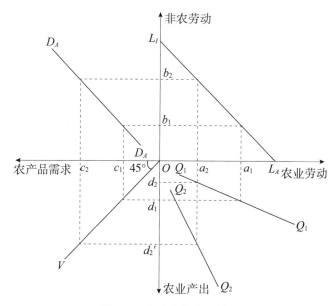

图 6-7　非农化的农业基础

假设原先的农业劳动为 a_1, 农业产出曲线为 Q_1Q_1, 农业产出为 d_1; 非农劳动为 b_1, 农产品需求为 c_1, 正好与 d_1 相等。表明农产品供求均衡。

现在, 发生了非农化过程。农业劳动减少至 a_2, 非农劳动增加至 b_2。若农业产出效率不变, 农业产出减少至 d_2, 但此时农产品需求却增加至 c_2 或 d_2'。于是农业产品的供求出现 d_2d_2' 缺口。即使假定农业中存在剩余劳动, 因而减少农业劳动不会降低产出 (即产出仍为 d_1), 但也还是有 d_1d_2' 的供求缺口。很明显, 要在非农化过程中, 保持农产品供求均衡, 就必须提高农业劳动生产率, 使农业劳动的产出曲线从 Q_1Q_1 移至 Q_2Q_2。从经济意义上说, 也就是必须进一步加强农业基础, 主要是增加农业投资和加快农业技术进步速度。否则, 国民经济就会陷入严重的失衡和困境之中。

城镇化速率的选择　从世界各国工业化的一般规律看, 工业化与城镇化是同步进行的。城镇化是生产要素, 特别是工业生产要素向城

市聚集的过程,这可以带来所谓聚集经济效益。经济学家K. J. 巴顿列举了聚集经济效益的 10 大类型:

1. 形成本地市场的潜在规模;

2. 大规模的本地市场能减少实际生产费用;

3. 达到一定的人口规模,才能较经济地提供某些公共服务事业,特别是交通运输业;

4. 某种工业在地理上集中于一个特定地区,有助于促进一些辅助产业的建立;

5. 使熟练劳动力汇聚,并形成适应于工业发展的职业安置制度;

6. 使有才能的经营家与企业家集聚起来;

7. 提供优越的金融和商业机构条件;

8. 提供娱乐、社交、教育、卫生等设施,这更能吸引高级人才;

9. 工商业者可以面对面地打交道;

10. 地理上的集中,能给予企业很大的刺激去进行创新和改革。①

在工业化中,城镇化的这种聚集经济效益具有极为重要的意义。城镇化进程的顺利推进是建立高效率的工业体系的关键之一。从长期看,中国工业化也必然伴之以较快的城镇化过程。

但作为一个人口大国,中国面临的现实是:在工业化的一定阶段内,城镇工业无论如何也难以吸收农村中的全部剩余劳动,而且,城镇化过程还受到城市建设进度,特别是农业基础薄弱的限制。所以,确定城镇化的适当速率是一个战略性选择。中国工业化需要城镇化,但中国经济又难以承受过快的城镇化进程,这就是中国工业化面临的又一大难题。这一难题所导致的矛盾曾经有过两次爆发。一次是 50 年代末的"大跃进",城市工业和城镇规模膨胀过快,使国力难以承受,不得

---

① 参见〔英〕K. J. 巴顿:《城市经济学:理论和政策》,商务印书馆 1984 年版,第 20—23 页。

不在60年代初的经济调整时期将2 000万城市职工强制性下放到农村。另一次是70年代,城市无力承担自身过快增长的人口,只得以大规模的知识青年上山下乡来动员城市人口向农村倒流,而"接受贫下中农再教育"之类的口号只不过是它的政治外衣,其经济实质是城镇化进程的受阻,不得不寻找一种暂时缓解矛盾的权宜之计。

6.3 劳动资源的传统配置机制

广就业,低收入 由于存在着巨大的人口压力,如此庞大的人口基数,使得即使是从表面上看来并不高的失业率,也会因为其体现的失业劳动力绝对数太大而造成社会成本过大,引起社会关系的紧张,以致影响社会的稳定,所以,尽可能扩大就业面,成为中国工业化过程中主要的政策目标之一。

扩大就业的途径主要有两条,一是加快经济增长速度,特别是加速外延型的经济增长;二是提高生产的劳动密集度。提高劳动密集度的办法有两种:一是采用劳动密集型技术,发展劳动密集型产业;二是采取某种政策措施,实行超额就业,即"三个人的饭五个人匀着吃"。这后一种办法,实质上是以就业形式实现社会劳动保障,可以称为劳保性就业。劳保性就业虽然并非主要遵循经济性原则,但也不是单纯的失业救济,它毕竟仍是一种就业形式,只要就业人数不过多,即只要劳动的边际生产力仍超过生计水平,或者至少是仍为正值,劳保性就业就仍能提高劳动资源的利用率。

为了实现广就业,建国以来,中国经济发展一直以尽可能提高增长率为主要的政策倾向。最受关注的是社会总产值、工农业生产总值这类反映生产规模的指标,而不是国民收入、社会净产值这类反映实际财富增长的指标,因为前一类指标更能反映就业规模。

为了提高劳动密集度,尽管从建国以后,选择了重工业优先的工业化道路,但同时也大力发展各种劳动密集型的产业,鼓励各种更多采用人力的土技术。关于这方面的问题,将在技术选择和技术进步一章中详细讨论。

在中国工业化的劳动就业领域中,最具特色的就是实行超额就业(即劳保性就业)。由于超额就业具有非经济性,所以,实现超额就业的机制只能是行政性的,即劳动力由国家包分配,或强制性安置,各经济组织必须接受国家向它分配的劳动力。

实行广就业政策,特别是实行超额就业,大大减少了公开失业人数,使社会保持稳定,劳动者生活比较有保障,也在一定程度上提高了劳动力资源的利用率。1952 年,全国劳动力源利用率为 77.6%,而从 50 年代中期以来,全国劳动力资源利用率一直保持在 80% 以上,最高年份甚至高达 85%(见表 6-1),特别是使城镇待业率保持在较低水平上(见表 6-2)。

表 6-1　全国劳动力资源利用率(%)

年份	1952	1957	1962	1970	1985	1990
劳动力资源利用率	77.6	82.0	84.9	85.0	80.3	81.4

资料来源:《中国统计年鉴(1991)》,第 97 页。

表 6-2　城镇待业率(%)

年份	1952	1957	1978	1980	1985	1990
待业率	13.2	5.9	5.3	4.9	1.8	2.5

资料来源:同表 6-1,第 116 页。

如果是在市场竞争条件下,较高的就业率(这表明劳动需求量大,供给相对较紧张)将推动工资上升。但在中国工业化过程中,特别是在工业化第一阶段,劳动资源的配置是由国家计划安排的,这就使工资失去了参数作用,也成为可以由国家计划直接确定的经济变量。因此,广就业不仅没有推动工资上升,反而成为实行低收入政策的条件。因为,广就业降低了家庭的赡养系数,使每个劳动力或就业者负担的人数较少,因而,使低工资不至于过多地降低居民的生活水平(见表6-3)。在本书以后的章节中读者将看到,实行低收入政策,特别是低工资政策,是中国工业化第一阶段得以顺利推进的一个关键性条件。

表 6-3　城乡劳动者负担人数

年份	每个农村劳动力负担人数	每个城镇就业者负担人数
1957	2.08	3.29
1978	2.53	2.06
1985	1.74	1.81
1989	1.65	1.78
1990	1.66	1.77

资料来源:同表6-1,第269页。

城乡分割　如前所述,由于劳动非农化要依赖于农业基础,而中国的农业基础又比较薄弱,所以,必须控制城镇化速率。这就决定了中国城镇化的速度在一段时期之内必然低于劳动供给的增长速度。在这种情况下,如何才能实现广就业,特别是城镇劳动力的较高就业率呢?

中国工业化过程中,特别是在工业化第一阶段,采取的重要措施之一就是依靠高度集权的计划管理体制和强有力的行政性手段,实行城乡分割的就业机制。即把全社会人口分为农业人口(或农村人口)和非农业人口(或城镇人口)两类,实行严格的以农村居民和城镇居民划分为基本特征的户籍管理。对农业人口中的劳动力实行不受财产关系限制,就地参加集体经济生产劳动的就业政策。因此,从原则上讲,在农村不可能存在公开失业。对非农业人口中的劳动力则实行由国家计划安排,原则上由各级政府包下来,直接分配工作的就业政策。为了做到城乡分割,国家对农业人口中的劳动力向非农人口的就业岗位转移(即农业劳动人口将其身份改变为非农业人口)实行严格的行政性管制,并有十分明确的法律制度。国家公职人员若违反规定,擅自为他人办理"农转非"手续，将受到严厉制裁。

城乡分割的就业机制，控制了城镇化的速率，一定程度上稳定了农业劳动人口，缓解了城镇就业压力。从宏观经济的角度说，则是有力地降低了公开失业率。因为，如前所述，在农村中原则上是不存在公开失业的（在这种就业机制下，也从来无法统计农村的失业率或待业率，尽管在农村中存在着大量的剩余劳动），所以，将剩余劳动控制在农村，降低城镇失业率（或待业率），也就降低了全社会的公开失业率。

从失业所产生的社会成本来看，城镇失业比农村失业的社会成本更高。这是实行城乡分割政策的社会学原因。由于控制了城镇人口，特别是控制了大中城市的人口机械增长率，使中国避免了一些发展中国家所产生的城市过度膨胀所导致的严重的"城市病"。

美国经济学家M. P. 托达罗曾经建立过一个著名的乡村城市间人口迁移模型（称为托达罗模型），论证说：城市的高失业率是大多数不发达国家城乡间经济机会不平衡的不可避免的结果。[①]而城乡分割的就业机制，却使中国在一定程度上解决或缓解了这一问题。

劳动资源的高强度安置　为了讨论劳动资源的就业和利用状况，有必要定义一个新的概念：就业安置强度，简称就业强度或安置强度。这一概念的含义是，在物质资本存量和增量既定的条件下生产单位中就业的劳动人数。实际上就是，以一定的正常的资本技术构成为基准，劳动人数与物质资本之比。所谓一定的正常的资本技术构成是指，在工业化的一定阶段上，各种产业通常所具有的资本技术构成特征。若劳动人数与物质资本之比与这种资本技术构成所要求的资本-劳动比率相一致，就是中等的就业安置强度，简称基准强度。低于这一比率为较低的就业安置强度，高于这一比率为较高的就业安置强度。

---

① 参见 Michael P. Todaro: *Economic Development in the Third World*, Longman Inc. New York, 1981, p.241。

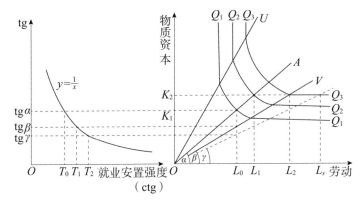

图 6-8 劳动资源的高强度安置

从本书前面的讨论中不难看到,中国工业化过程中的就业机制和就业政策,特别是城乡分割的制度,旨在提高工业化过程中的就业安置强度,以适应人口大国的客观现状。这可以用图 6-8 来说明。图中,直线 OA 表示基准强度,在直线 OU 与 OV 之间的区域内,物质资本与劳动具有技术上的可替代性,这一区域之外则无这种可替代性。因此,等产量曲线 Q_1Q_1、Q_2Q_2、Q_3Q_3 在这一区域内为向原点凸出的曲线,而在这一区域之外则为分别与纵轴、横轴平行的直线。图的左半部分的曲线 $y = 1/x$,可以把右半部分的各角的正切函数转换为就业安置强度(实际上就是正切函数(tg)的倒数,即余切函数(ctg),其中假定 OL_0 为单位 1)。[①]

假设原先的物质资本量为 K_1,按就业安置的基准强度(OA 所示)的要求,劳动量为 L_0,此时的产量为 Q_1,就业强度为 T_0。若为了扩大就业而提高积累率,增加物质资本供给,使之为 K_2,则就业量增加到 L_1,产量增长为 Q_2,因为资本和劳动是沿着直线的轨迹按比例增加的,所以,就业强度不变。

---

① 不难证明,若令 $OL_0=1$,则 $\angle \alpha$、$\angle \beta$、$\angle \gamma$ 的正切 tgα、tgβ、tgγ,即为纵坐标上的 tgα、tgβ、tgγ 各点到原点的距离。曲线 $y = 1/x$ 则是将它们转换为就业安置强度系数(如横轴上各点所示)。

假定 K_2 是有可能达到的最大资本供给量。如果再要增加就业,就只能降低资本技术系数,最大限度可以使直线 OA 向顺时针方向转到 OV 的位置,此时,就业量增加至 L_2,就业强度提高为 T_1。产量可以提高到 Q_3。

假设社会劳动供给量为 L_s,当就业为 L_2,就业强度为 T_1 时,仍有公开失业人数(L_s-L_2)。如果为了取消公开失业,将所有失业人员都安置就业,则就业人数为 L_s,产量毫无增加,仍为 Q_3,而就业强度则提高为 T_2。

从图 6-8 中可以看到,当就业人数从 L_2 提高到 L_s,就业强度从 T_1 提高到 T_2 时,由于产量仍为 Q_3,所以,这部分就业是超额就业,实际上是把公开失业转化成了隐蔽失业。使公开的过剩劳动转化为隐蔽的过剩劳动。中国实行劳动资源的高强度安置的经济意义正是如此。当然,不能否认,从社会和政治安定的要求看,以及作为实现公平的一种办法,还是有其积极意义的。

6.4 劳动资源配置机制的转换

引入市场机制,拓宽就业渠道 中国工业化第一阶段,农村就业主要靠将农民组织在政经(政权或行政组织与经济组织)合一的农业组织——人民公社中,进行集体的农业生产劳动,以避免剩余劳动的失业公开化。在城镇中,则主要靠全民所有制经济的扩张来安置就业,同时,辅之以城镇集体所有制经济的就业安置功能,而各种非公有制经济则处于逐步萎缩状态。1952 年,全民所有制单位职工占城镇劳动者比重为 63.6%(其中还包括了除集体和个体之外的其他类型经济单位的职工),集体所有制单位职工占 0.9%,个体劳动者占 35.5%。到 1976 年,全民职工比重上升到 78.9%,集体职工占 20.9%,个体劳动者仅占 0.2%(见表 6-4)。

表 6-4 劳动资源的就业结构*

年份	社会劳动者合计（万人）	城镇劳动者							乡村劳动者		
		人数（万人）	占全社会比重（%）	各类劳动者占城镇劳动者比重（%）					人数（万人）	占全社会比重（%）	乡镇企业职工占乡村劳动者比重（%）
				全民单位	集体单位	其他单位	个体劳动者				
1952	20 729	2 486	12.0	63.6	0.9		35.5	18 243	88.0	
1957	23 771	3 205	13.5	76.5	20.3		3.2	20 566	86.5	
1965	28 670	5 136	17.9	72.8	23.9		3.3	23 534	82.1	
1976	38 834	8 692	22.4	78.9	20.9		0.2	30 142	77.6	9.2（1978）
1980	42 361	10 525	24.8	76.2	23.0		0.8	31 836	75.2	9.4
1985	49 873	12 808	25.7	70.2	26.0	0.3	3.5	37 065	74.3	18.8
1990	56 740	14 730	26.0	70.2	24.1	1.1	4.6	42 010	74.0	22.1

* 1980 年以前的其他所有制单位包括在全民所有制单位中。

资料来源：根据《中国统计年鉴（1991）》第 95、377 页的数字计算。

自从改革开放以来,情况发生了巨大变化。在农村,取消了政经合一的人民公社制度,实行以家庭联产承包为主要形式的责任制,这就使剩余劳动力问题逐步公开化,为了吸收剩余劳动,乡镇企业特别是乡镇工业迅速发展起来,1978 年,乡镇企业职工占乡村劳动者人数的比重为 9.2%,1990 年就猛增到 22.1%。

城市中,在公有制经济继续稳步增长的同时,各种非公有制经济也恢复和发展起来。特别是个体劳动者人数增加较快,到 1990 年已占城镇劳动者比重的 4.6%;到 1991 年年底,个体劳动者的从业人数已超过 1 000 万。另外,以三资企业为主的其他所有制经济也发展较快,到 1990 年,就业人数已达 164 万人,占城镇劳动者的比重也从 1985 年的 0.3% 上升到 1990 年的 1.1%。

总之,自从改革开放以来,中国工业化进入第二阶段,出现了多种经济成分并存的局面,市场机制开始发挥越来越大的作用,与此同时,就业门路也大大拓宽,就业格局发生了深刻的变化。

随着就业渠道的多样化,就业机制也在逐步发生着变化。以国家安置为唯一方式的就业机制,逐步向计划与市场机制相结合的就业机制转变。尽管在 80 年代,国家对劳动就业仍然实行着较严格的计划管理,但是,与 70 年代以前相比,已表现出较大的松动:(1)适当放宽了对农民进城就业的限制,尤其是在建筑、商业等行业,农村劳动力进城就业的现象十分普遍;(2)允许和鼓励城镇劳动者自谋职业,使个体工商户恢复和迅速发展起来;(3)出现了各种形式的劳动市场(或劳务市场),包括各种人才交流机构;(4)过去一向由国家统一分配的大专院校毕业生也开始向"双向选择"过渡。

总之,自从改革开放以来,在劳动资源配置机制中逐渐引入了市场调节因素。劳动者的择业自由有所扩大,经济实体(企业)对劳动力的选择权也有所扩大。同时,劳动者的失业(待业)风险也相应有所增加。

工资福利推进　70 年代以前,由于实行广就业、低收入的政策,中国的工资水平十分低下,而且,工资增长率也很低。80 年代以来,劳动工资制度中逐步引入市场机制,工资增长明显加快,1971—1975 年,职工平均货币工资年增长率和平均实际工资年增长率仅分别为 0.7% 和 0.4%;1981—1985 年提高到 8.5% 和 4.2%,1986—1990 年为 13.3% 和 2.4%(见表 6-5)。不仅如此,而且职工收入的渠道也增加了,除了工资收入之外,职工还可以获得一定数额的工资外收入。自 80 年代中期以来,职工工资外收入呈不断增长趋势,其速率超过了工资增长率。据有关部门所作的统计估算,职工从本单位得到的工资外收入相当于工资的比例,1984 年为 10.33%,1990 年提高到 15.23%。职工从外单位获得的工资外收入增长更快,因而全部工资外收入相当于工资的比例,1984 年为 19.64%,到 1990 年已提高到 38.91%;工资外收入占全部收入的比重从 1984 年的 16.34%,提高到 1990 年的 27.85%(见表 6-6)。职工从本单位获得的工资外收入主要有各种福利性收入(住宅补贴尚未计入)和单位不入账收入。职工从外单位获得的收入主要有利息收入、单位外收入和出售财产收入等。

表 6-5　职工工资总额及平均工资增长率(%)

年份	工资总额年平均增长率	平均货币工资年增长率	平均实际工资年增长率
1971—1975	6.8	0.7	0.4
1976—1980	10.9	5.6	2.9
1981—1985	12.6	8.5	4.2
1986—1990	16.4	13.3	2.4
1953—1990	10.9	4.2	1.4

资料来源:《中国统计年鉴(1991)》,第 119、130 页。

这表明,与 70 年代相比,中国 80 年代的职工工资以及工资外收入以明显较快的速度增长,中国工业化已从低工资(低收入)阶段迈入工资福利不断上升的阶段。考虑到 70 年代的低工资状况在很大程度上是靠行政手段强制维持的,80 年代的工资上升包含着还账因素,则较大幅度的工资福利推进是不足为怪的。

表 6-6　职工工资外收入

年份	职工工资总额（亿元）	从本单位得到的工资外收入相当于工资的%	工资外收入相当于工资的%	工资外收入占全部收入的比重（%）
1984	1 133.4	10.33	19.64	16.34
1985	1 383.0	10.90	23.67	19.04
1986	1 659.2	11.82	26.04	20.53
1987	1 881.1	12.47	29.92	24.00
1988	2 316.2	14.23	31.96	24.01
1989	2 618.5	14.51	33.45	24.87
1990	2 951.1	15.23	38.91	27.85

资料来源：陈炳才："职工工资外收入的概念、计算方法及其估算"，载《经济研究资料》1992 年第 1 期。

问题是，当工资福利水平提高时，企业（主要指全民所有制企业和城镇"大集体"企业）并未获得自主录用和辞退职工的权利，因而不能按经济要求合理配置劳动力资源。于是，人浮于事、在职失业的矛盾日益突出起来。过去，由于工资福利水平低，较高的就业安置强度所产生的经济负担不甚明显；现在，工资福利水平不断向上推进，过高的就业安置强度所产生的经济负担越来越重，加之物质资源的价格也不断提高，导致工业产品的成本持续上升（见表 6-7），1981—1990 年，全民所有制独立核算工业企业所生产的可比产品成本平均每年上升 6.8%。

表 6-7　全民所有制独立核算工业企业可比产品成本变动情况（%）

年份	可比产品成本降低率	年份	可比产品成本降低率
1981	−1.2	1986	−7.3
1982	−0.4	1987	−7.0
1983	0.2	1988	−15.6
1984	−2.0	1989	−22.2
1985	−7.7	1990	−7.0

资料来源：《中国统计年鉴（1991）》，第 416 页。

收入攀比及个人劳动供给行为　尽管从 80 年代以来,中国的工资福利水平总体来说上升较快,但不同领域中的收入增长速度差别很大。实行改革以前,非公有制经济的比重极小,收入水平也较低;在整个经济体系中(指城市经济),国营工业企业职工工资处于相对较高的水平。实行改革以后,虽然国营工业企业职工工资也在上升,但其他经济成分的劳动者的收入上升更快,而且,非公有制经济和非国营经济在整个经济中的比重逐渐扩大,其社会影响力远远超过改革以前。所以,一方面国营工业企业职工从处于收入结构中的"高原"下降到"平原";另一方面,收入比较的参照标准从仅仅是公有制经济内部扩大到公有制经济外部。因此,尽管工资提高了,职工们仍然深感未得到应得的更高收入,从而造成了强烈的心理不平衡和收入攀比行为。

据某些地区的典型调查材料,个体经营者的收入高出全民所有制职工 2—4 倍,甚至更多(见表 6-8)。更不用说某些特殊职业者(例如名演员)工资外收入高得惊人。而且,国家税收对收入差距的调节力很弱。这就使得广大职工强烈地感到收入分配不公,形成强大的工资推进压力。面对这种压力,无论是国家还是企业管理者都难以抗拒,特

表 6-8　个体经营收入同全民所有制职工工资收入比较

(1988 年)

城市	(1)个体经营者收入 (元/人)	(2)全民所有制职工 工资(元/人)	(3)对比:(1)/(2)
北京	7 458	1 725	4.32
上海	6 000	2 060	2.91
沈阳	7 608	1 648	4.62
青岛	8 479	1 681	5.04
包头	5 000	1 495	3.34
景德镇	4 440	1 511	5.18

资料来源:赵人伟:"我国转型期中收入分配的一些特殊现象",载《经济研究》1992 年第 1 期。

别是企业管理者，一般都表现出对职工的同情，甚至把提高本单位职工收入作为经营管理的主要目标。

问题是，企业提高工资受到种种制约，一是由于劳动就业机制没有改变，企业的就业安置强度很高，冗员很多；二是国家对企业工资总额的控制仍比较严格；三是受各种因素的影响，企业所能支配的收入有限，所以，企业提高职工平均工资水平的结果还是造成收入分配的平均主义（与改革以前的平均主义相对比，有的同志称现在的平均主义为新平均主义）。其实，不仅企业如此，国家所进行的几次机关事业单位工资改革的结果也是如此。这样，到80年代后期以至90年代初期，中国的收入分配格局基本上是：在国家可以较严格控制的领域（简称计划内系统），平均主义严重；在国家难以控制的领域（简称计划外系统）收入悬殊。据有的学者估计，前者的基尼系数仅为0.2321；后者的基尼系数则高达0.4929（见表6-9）。

表6-9　收入差距的比较（1988年）

	收入最低的20%劳动者所占收入的份额（%）	收入最高的20%劳动者所占收入的份额（%）	基尼系数
计划内系统	10.52	32.60	0.2321
计划外系统	3.40	54.08	0.4929

资料来源：同表6-8。

这种收入分配格局对公有制经济，特别是全民所有制经济显然是十分不利的。它使得全民所有制企业中的激励机制衰弱，劳动者的积极性低下，甚至导致严重的离心倾向（但实际上又不离开企业）。有人在1989年下半年对上海地区50家国有大中型企业的1 000名职工作了问卷调查，认为"本企业一般职工近一两年来的劳动积极性是解放以来最低的"，占被调查者的22.5%，认为是"粉碎'四人帮'以来最低的"，占12.1%；认为是"改革以来最低的"，占29.9%，三者总计占

64.4%。[①] 由于正式职工的劳动积极性低，干多干少一个样，干与不干一个样，企业中的脏活、累活、苦活没人愿意干，所以，尽管企业职工人数严重超员，仍要雇用许多临时工、农民工。这就进一步增加了企业的负担。

低效率的症结　劳动者积极性不高，能不能一般地归结为仅仅是因为工资太低呢？对此不能作简单的回答。人均工资水平低，特别是与企业之外的高收入阶层相比，全民所有制工业企业的相对工资水平低，使得企业管理的回旋余地小，激励机制难以形成。但提高工资就能解决问题吗？显然，提高工资并不是提高劳动者积极性的充分条件，而且，在现行的劳动就业机制下，要大幅度提高职工的平均工资也是不可能的。因为，当就业安置强度过高，企业中存在大量隐蔽失业时，劳动的边际生产率实际上已接近于零（有人甚至认为已是负数），再大幅度提高工资只能导致通货膨胀，劳动者的名义收入可以提高，但实际收入不可能提高，甚至反而会下降。1988 和 1989 年就出现过这种情况，职工平均名义工资分别提高了 19.7% 和 10.8%，而实际的平均工资则分别下降了 0.8% 和 4.8%。[②]

那么，问题的症结在哪里呢？人们比较一致的看法是：劳动人事制度上的"三铁"（铁饭碗、铁工资、铁交椅）是妨碍劳动者积极性的要害所在。看到问题的要害并不困难，真正的困难在于如何解决它。企业中的人浮于事现象是长期以来形成的。从广就业、低工资，到广就业、高工资，没那么容易。其实，从广就业、低工资，到实现一定限度公开失业条件下的较高工资，也不容易。中国是个人口大国，稍微高一点的失业率，就意味着几百万、上千万人失去工作，走上社会。这能够承受

---

① 参见胡汝银："国有企业的激励机制与劳动供给行为"，载《经济研究》1992 年第 1 期。

② 《中国统计年鉴（1991）》，第 130 页。

得了吗？于是，似乎陷入了一个陷阱：要提高积极性就得提高工资，要提高工资就必须裁员，但裁员是无法承受的，所以，必须严格控制工资水平，只是要以牺牲积极性和效率为代价。

可见，矛盾仍然来自中国是个人口大国这一基本事实。可以用图 6-9 来进一步分析产生这一矛盾的经济关系。图 6-9 中，图（A）中的曲线 *AA* 表示就业强度与公开失业之间的关系；图（B）中的曲线 *BB* 表示公开失业与隐蔽失业之间的替代关系；图（C）中的曲线 *CC* 表示平

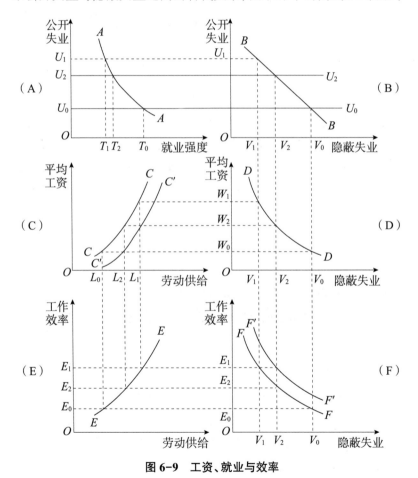

图 6-9　工资、就业与效率

均工资水平与劳动者生产积极性即劳动供给之间的关系;图(D)中的曲线 DD 表示隐蔽失业与平均工资的关系,即较高的隐蔽失业将把平均工资压到较低水平;图(E)中的曲线 EE 表示劳动供给与工作效率(劳动生产率)之间的关系;图(F)中的曲线 FF 则表明隐蔽失业与工作效率之间的关系。

假定 U_0U_0 为社会所能承受的公开失业,为把失业率控制在这一水平之下,就业强度为 T_0,隐蔽失业为 V_0,平均工资为 W_0;如果曲线 CC 为现行企业管理制度下劳动供给与平均工资之间的关系,则劳动供给为 L_0,工作效率为较低水平的 E_0。

工作的低效率会引致如前所述的一系列矛盾。为了提高效率,人们首先想到的是要改善企业管理制度,提高管理水平,在图(C)中表现为曲线向右移至 $C'C'$ 的位置,这可以在平均工资不变的情况下,使劳动供给提高到 L_2,工作效率提高到 E_2。但如果这仍然没达到社会所满意的效率水平,那么办呢?

假定,社会要求的工作效率是 E_1,如果劳动供给与平均工资间的关系仍维持在曲线 CC 所表明的状态,则要求隐蔽失业降低到 V_1,就业强度下降到 T_1。而公开失业将达到 U_1 的较高水平。这是社会所无法承受的。

如果能采取某种改革措施,使社会所能承受的公开失业提高到 U_2,则情况会有改观。就业强度下降为 T_2,隐蔽失业减少到 V_2,平均工资上升到 W_2,劳动供给增加到 L_2,工作效率提高到 E_2。如果再改善企业管理制度,使曲线 CC 移至 $C'C'$,则工作效率可以提高到 E_1。这在图(F)中则表现为曲线 FF 移至 $F'F'$。

以上分析的经济含义是明显的,即一方面要改革整个社会的劳动就业制度以及与之相关的社会保障制度,为企业减少隐蔽失业创造条件;另一方面也要改革企业制度和提高管理水平,特别是进一步改革企业内部分配制度,形成较强的激励机制,这样,才能解决工作效率低下的问题。这正是 90 年代经济改革的主要任务之一。

6.5　劳动资源配置机制的新模式

市场竞争的强化和劳动保障社会化　90 年代以后,工业化过程中将进一步引入市场机制,市场竞争不断强化,低效率的企业将越来越难以维持和生存下去。为了解决低效率问题,必须裁减冗员。那么,被裁减下来的剩余人员到哪里去呢? 第一步首先考虑的是在企业内部实行劳动优化组合,让多余人员离开岗位,但仍由企业保证他们的最低限度收入并负责职业培训和安排临时性工作。这实质上是让隐蔽失业在企业内部公开化,并由企业承担向这部分失业者提供救济的义务。这种由企业自我消化的办法,可以减少社会矛盾,避免失业公开化可能导致的社会不稳定,而且,由于改善了企业内部管理,可以促进效率的提高。但是,并没有解决企业严重超员以及劳动资源在全社会范围内有效配置的问题。企业多余的人员出不去,负担仍由企业背着,同时,企业真正需要的人员也就进不来。这必然使企业的效率难以进一步提高,大大降低了企业的市场竞争能力。这一问题在全民所有制企业中表现得尤为严重,成为全民所有制企业在市场竞争中的一个很大的不利因素。

因此,到了 90 年代,劳动就业制度的改革以及建立和完善劳动社会保障体系的问题,开始成为人们所关注的一个焦点。从劳动资源配置机制的角度看,劳动就业制度改革所要解决的是企业按需定员和劳动力在企业间流动的问题。企业按需定员,就得按需裁员,这意味着将出现相当规模的非自愿公开失业者;而劳动力在企业间流动,就得形成劳动市场,这意味着将出现经常性的摩擦失业。总之,劳动就业制度的改革必然伴随着出现较之过去多得多的公开失业劳动者。因此,同时必须解决社会化的劳动保障体系问题。失业公开化的速率必须控制在社会保障体系所能承担的限度之内,这是一条基本的政策原则。

问题是,中国不仅人口数巨大,而且,由于长期实行广就业、低收入的政策,劳动力率非常高(见表 6-10),劳动人口达 6 亿左右。这就是说,中国适龄劳动力人口中,愿意或要求就业的人数所占比重很高。这就使得就业竞争十分激烈。而若使失业公开化,则社会保障体系的负担将极为沉重。如果中国的劳动力率能降低到日本的水平(从国际比较看,日本的劳动力率也是较高的),则就业压力可以大大缓解。1987 年中国城镇待业率为 2%,待业人口 2 766 万,而劳动力率(77.2%)比日本高 14.6 个百分点。若劳动力率下降到日本的水平(62.6%),则劳动力人口将减少 8 576 万。

表 6-10 劳动力率的国际比较(%)

国别	中国	日本	美国	英国	法国	韩国	新加坡
劳动力率*	77.2	62.6	49.6	47.3	43.9	38.8	47.5

* 劳动力率=(劳动人口 ÷ 15 岁以上人口)×100%

资料资源:《中国的经济发展——与日本的比较》,第 276、277 页。

当然,降低劳动力率是个很复杂的问题,而且,是否应该降低劳动力率本身就是个会引起激烈争论的问题。仅从经济条件看,一是因为中国家庭收入主要依靠劳动收入,劳动收入之外的收入来源很小;二是中国目前的工资水平太低,工资收入者的赡养能力有限,所以,较大幅度地降低劳动力率,使之接近国际水平,也是不现实的。这是中国劳动就业制度改革以及建立适合国情的劳动保障体系所不能回避的一个现实问题。

对劳动质量的追求 劳动资源不只是数量问题,而且更重要的是质量问题。在中国工业化第一阶段，由于主要实行粗放式的经济增长，劳动资源的配置又是实行高度集权的行政分配方式，基本上不存在市场竞争，所以，劳动资源的质量问题不十分突出。不过，自从新中国成立以来，中国在提高劳动力素质方面还是做了很大的努力，成果也比较显著。解放前，小学入学率只有20%左右，全国人口的80%以上是文盲。新中国成立后，教育事业迅速发展。中小学的入学普及率已高于同等人均收入国家的平均水平（见表6-11）；文盲率低于同等人均收入国家的平均水平（见表6-12）。从这方面看，情况似乎比较乐观。但是，从另一方面看，人们就要作出相反的判断了。因为，中国的人均收入水平虽然较低，但实际的工业化程度却远高于同等人均收入水平的其他国家，甚至高于许多中等收入国家。因此，中国工业化对高质量劳动力的需求是很大的。目前，中国劳动者的素质还远不能满足工业现代化的要求。中国的文盲比率仍高达30.7%，而泰国仅为9.0%，发达国家更是不足1%。特别是，中国的高等教育比较落后，高级技术、管理人才十分缺乏。

表6-11　1988年教育普及率的国际比较*（%）

国别	小学	中学	高等教育	国别	小学	中学	高等教育
低收入国家	105	37	"	高中等收入国家	104	58	16
中国	134	44	2	韩国	104	87	37
印度	99	41	"	高收入国家（地区）	103	93	40
巴基斯坦	40	19	5	德国	105	94	32
低中等收入国家	103	54	17	美国	100	98	60
泰国	87	28	16	日本	102	95	30
阿根廷	111	74	41				

　*　本表指数为入学人数占各入学年龄组的百分比。
　资料来源：《1991年世界发展报告》，第260—261页。

表 6-12　1979—1985 年文盲率的国际比较*（%）

国别	文盲率
低收入国家	48.0
印度（1985）	56.5
中国（1985）	30.7
巴基斯坦（1985）	70.4
低中收入国家	30.3
印度尼西亚（1985）	25.9
菲律宾（1985）	14.3
泰国（1985）	9.0
高中收入国家	16.0
马来西亚（1985）	26.6
发达资本主义国家	2.4
日本（1980）	0.3（未就学率）
美国（1979）	0.5

＊ 本表系文盲、半文盲人口占 15 岁以上人口的比率。

资料来源:《中国的经济发展——与日本的比较》, 第 65 页。

进入 90 年代以后, 中国工业所面临的人才竞争形势十分严峻。全民所有制企业不仅要面对其他类型的国内企业的竞争, 而且整个中国还要面对国际人才竞争的冲击。所以, 一方面, 由于中国的教育支出水平较低（见表 6-13）, 人才供给本来就不足; 另一方面, 在争取人才方面, 中国工业企业, 特别是全民所有制企业的竞争力明显不足, 工资待遇低, 又受到人员超编的限制, 数量有限的高质量劳动资源的流失十分严重。因此, 如何吸引人才是 90 年代中国工业化所面临的一个大问题。

表 6-13　1981—1986 年教育支出的国际比较*（%）

国别	占公共支出比率	占GNP比率	国别	占公共支出比率	占GNP比率
低收入国家	11.4	3.1	高中收入国家	14.9	4.3
印度（1985）	9.4	3.6	韩国 （1986）	27.3	4.5
中国（1985）	8.1（1983年）	2.7	发达资本主义国家	13.5	6.0
巴基斯坦（1985年）	5.0（1983年）	2.1	英国（1984）	11.3	5.2
低中收入国家	14.9	3.9	法国（1984）	18.5（1983年）	6.1
菲律宾（1986）	7.0（1984年）	1.7	日本（1983）	18.7	5.6
泰国（1983）	21.1（1983年）	3.9	美国（1985）	17.9	5.1
马来西亚（1986）	16.3（1985年）	7.8			

* 本表指数系 1981—1986 年中的一年。

资料来源：《中国的经济发展——与日本的比较》，第 66 页。

　　目前，非国营企业对高质量劳动力的争夺是十分积极和活跃的。乡镇企业正在逐步改变人员低素质的面貌，并以高薪聘用技术人员。三资企业更是有得天独厚的优势，国营企业无法与之竞争。过去，由国家分配人才，国营企业首先得到优待；现在，就业机制改变了，吸引人才需要靠市场竞争。在劳动市场上缺乏竞争力的企业，在产品市场上也终将失去竞争力。这是中国国营工业企业发展遇到的新挑战。随着新一代劳动者进入市场，择业观念的更新，将使这一挑战变得越来越严峻。

　　工资参数化　如前所述，在传统的劳动资源配置机制中，工资是由国家严格控制的，它几乎完全丧失了调节劳动供求的经济参数作用。而当进入工业化第二阶段，特别是 90 年代以后，工资作为经济参数的作用在逐渐增强。随着劳动就业制度的改革不断深入，多种经济成分并存的局面进一步发展,以及劳动市场竞争日趋激烈,工资将越来越变为调节劳动供求、引导劳动资源流向的重要经济参数。

工资一旦成为劳动资源配置的调节参数,它自身的变动也将遵循与传统体制下的情况完全不同的规律。

1. 工资的参数化使之变得难以再由国家来直接控制。工资的变动不仅要反映劳动市场的供求状况,而且还要体现企业管理中激励机制运行的要求。特别是某些高素质劳动的工资,受市场调节因素的强烈影响,很难由行政性手段来硬性规定。因此,企业越来越感受到拥有决定工资的自主权的重要。国家最终得放弃对企业职工工资的直接控制,间接控制也将变得越来越有弹性。

2. 工资参数化的结果,将促使工资水平持续上升。因为,迄今为止,中国的工资水平仍然偏低。低工资向较高工资的演变是工业化过程中,工资变动的一般规律。人为地压低国家能够控制的领域(国营企事业单位)中的工资水平,将使这一领域在劳动市场竞争中处于不利地位。特别是随着对外开放的进一步扩大,中国工资水平逐渐向国际水平接近,是一个不可抗拒的过程。

3. 工资水平变动的一般规律具有棘轮特征,即通常情况下只会上升不会下降。换言之,工资向上浮动的弹性较大,而向下浮动则有很强的刚性。尤其是在现代化的工业部门中,工资变动的棘轮现象是十分普遍的。这种棘轮现象不仅会产生推动工资水平不断上升的效应,而且,使工资调节劳动供不应求与调节劳动供过于求时的作用力不对称。工资可以具有改变劳动供不应求的较有效功能,但对于改变劳动供过于求状况则功能十分有限。因此,当工业高速增长时,工资的参数调节作用较强而当工业增长速度较低时,工资的参数调节作用明显减弱。从这里也许可以得到以下的推论:

如果经济增长波动较小,则工资推进的速率会比较适度;而如果经济增长波动较大,高速增长时工资快速推进,低速增长时工资推进的速率难以以相应幅度下降,则工资推进的速率往往会过快,造成更大的成本推进压力。

城乡劳动资源配置机制的一体化　如前所述,中国劳动资源配置的传统机制的一个显著特点是城乡分割,从而在城市和乡村形成了两种不同的劳动资源配置机制。随着工业化进程的推进,劳动竞争市场逐步形成,特别是工资参数调节作用的不断增强,城乡劳动资源流动规模日益扩大,终将打破城乡分割,向城乡劳动资源配置机制的一体化方向演变。

自从 80 年代下半期以来,农村劳动进城务工的现象越来越普遍,规模越来越大。城市工人特别是技术工人和科技人员到乡村特别是乡镇企业谋职(尽管目前主要还只是兼职)的情况也越来越多。尤其是在某些经济较发达的地区,农村工业蓬勃发展,工资待遇明显超过国营工业,对城市劳动具有很强的吸引力,只要就业观念改变,城乡间的就业分割界限将很快被打破。

从长远看,城乡劳动资源配置机制的一体化是一种有利的趋势,它有助于劳动资源配置效率的提高。但是,从目前的实际状况看,除了少数经济发达地区之外,中国要实现城乡劳动资源配置机制的完全一体化,还有不少障碍。其中最主要的是,一方面 20 多年来,中国的人口城市化速度较快(见表 6-14),使城市的人口负荷的增长大大快于城市建设的速度;另一方面,城乡间的收入差别缩小的进程又比较慢,至今城乡居民的收入差距仍比较大。按国家统计局公布的数字,1988 年,城市居民家庭人均收入为 1 192 元,农村为 545 元,两者相比为 2.2∶1。而据有的学者所作的调查研究,若考虑各种补贴因素,城市居民家庭人均收入为 1 837.01 元,乡村居民为 778.44 元。[①] 两者相比为 2.4∶1。这

---

① 参见"我国转型期中收入分配的一些特殊现象"。

样,城市对农村居民的吸引力很强,而城市又无力容纳更多希望进城的农民,所以,国家在政策上,虽然逐步松动对农民进城谋业的限制,但在短期内还不得不维持城乡分割的基本格局。预计到 21 世纪初,这一基本格局才可能有根本性的改变。

表 6-14　城市化的国际比较(%)

国别	城市人口占总人口的百分比		国别	城市人口占总人口的百分比	
	1965	1989		1965	1989
低收入国家	17	36	上中等收入国家	44	66
中国	18	53	南斯拉夫	31	55
印度	19	27	韩国	32	71
巴基斯坦	24	32			
下中等收入国家	40	53	高收入国家	71	77
泰国	13	22	英国	87	89
墨西哥	55	72	法国	67	74
马来西亚	26	42	美国	72	75
阿尔及利亚	38	51	日本	67	77

资料来源:《1991 年世界发展报告》,第 264—265 页。

第 7 章　筹资与投资

7.1　高积累与加速工业化

积累率与经济增长的国际比较　中国工业化的突出特点之一是资金的高积累。1952—1990 年的 38 年中,除第一个五年计划时期和三年经济调整时期(1963—1965 年)之外(从国际比较看,这 8 年的积累率也是较高的),其余 30 年的积累率平均高达 32%(见表 7-1)。这样高的积累率无论是从中国近现代经济发展史上看,还是从国际比较看,都是异乎寻常的。而且,同经济发展(人均国民收入)水平不同的各类国家相比,中国的投资率和储蓄率(积累是储蓄与投资的统一)都要高得多(见表 7-2 和表 7-3)。与全世界平均水平相比,中国即使是积累率偏低的 1965 年,储蓄率和投资率也高出 6 个多百分点,而一般年份大都要高出 10 个百分点以上。

表 7-1　国民收入中消费和积累比例[*](%)

时期	消费率	积累率
"一五"时期	75.8	24.2
"二五"时期	69.2	30.8
1963—1965 年	77.3	22.7
"三五"时期	73.7	26.3
"四五"时期	67.0	33.0
"五五"时期	66.8	33.2

（续表）

时期	消费率	积累率
"六五"时期	68.7	31.3
"七五"时期	65.7	34.3

* 本表按当年价格计算。

资料来源:《中国统计年鉴（1991）》,第40页。

表7-2 世界各类国家的投资率和储蓄率
（占GDP的%）

国家组别	指标	1965年	1980年	1985年	1989年
低收入国家	投资	19.0	25.5	26.9	28.5
	储蓄	18.1	24.6	22.4	24.5
中等收入国家	投资	21.5	27.8	22.1	24.9
	储蓄	19.5	23.6	20.5	
高收入国家	投资	16.7	22.1	19.7	21.9
	储蓄	17.7	23.3	20.5	22.6
全世界	投资	17.5	23.2	20.6	22.6
	储蓄	17.9	23.4	20.6	22.5

资料来源:《1991年世界发展报告》,第184页。

表7-3 中国的投资率和储蓄率
（占GDP的%）

	1965年	1986年	1989年
投资	24	39	36
储蓄	25	36	36
资金差额	1	−3	−1

资料来源:《1988年世界发展报告》,第230页;《1991年世界发展报告》,第220页。

高积累率导致较高的经济增长率。中国经济发展虽然几经曲折,但人均国民收入增长率仍远高于世界平均水平。1953—1990年,中国人均国民收入年增长率平均为4.9%,而发展中国家平均为2.7%,工业化的发达国家为2.3%,增长较快的亚洲地区也仅为3.6%（见表7-4）。

表7-4 人均国民收入（国民生产总值、国内生产总值）年均增长率的国际比较（%）

国别或地区	时期	指标	年增长率
中国	1953—1990年	人均国民收入	4.9
	1978—1990年	人均国民生产总值	7.5
		人均工业收入	9.2
亚洲	1950—1989年	人均国内生产总值	3.6
拉丁美洲	1950—1989年	人均国内生产总值	1.2
欧洲、中东和北非	1950—1989年	人均国内生产总值	2.0
东欧	1950—1989年	人均国内生产总值	2.0
发展中国家	1950—1989年	人均国内生产总值	2.7
OECD成员国	1950—1989年	人均国内生产总值	2.3

资料来源：根据《中国统计年鉴（1991）》第33、34、80页数字计算；《1991年世界发展报告》，第14页。

而且，中国工业化率很高（参见本书第3章），人均国民收入中的人均工业收入年增长率高达9.2%。尤其是70年代后期以来，中国的人均产出加速增长。据世界银行资料，英国从1780年起，以58年的时间使其人均产出增长一倍。美国从1839年起，用了47年时间。日本从19世纪80年代起只用34年的时间改变了生活质量。第二次世界大战以后，许多国家（地区）人均产出达到增加一倍的速度，甚至比日本还快。例如巴西用了18年，印度尼西亚17年，韩国11年，中国10年。这种步伐的变化表明工业革命形成一种势头需要一个漫长的阶段，而追赶这势头的进程可以越来越快（见图7-1）。[①]

倾斜的投资结构 由高储蓄率支持的高投资率，保证了中国工业化过程中，投资结构的形成具有较大的选择空间，即有可能实施高度倾斜的投资政策。

从基本建设投资的部门结构看，投资向工业特别是重工业高度倾

[①] 参见《1991年世界发展报告》，第12页。

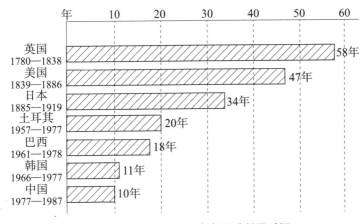

图 7-1　部分国家人均产出翻番所用时间

资料来源:《1991 年世界发展报告》,图 1.1。

斜,第一个五年计划期间,全社会基本建设投资的 42.6% 用于工业部门,其中 6.4% 用于轻工业,36.2% 用于重工业。除 1963—1965 年的经济调整时期之外,1958—1990 年的 30 多年间,基本建设投资的 53.5%用于工业部门,其中 6.3% 用于轻工业,47.2% 用于重工业。尤其是从 60 年代中到 70 年代中(1966—1976),工业投资比重高达 55.5%,重工业投资比重竟也超过 50%(见表 7-5)。

由于投资结构向工业部门倾斜,整个国民经济的生产结构也向工业部门倾斜。根据世界银行的资料,在生产结构中,中国工业及制造业(制造业是工业部门中最活跃的部分)的比重不仅大大高于与中国人均收入水平相当的低收入国家,也明显高于中等国家的平均水平。1989 年,中国工业的比重分别高出低收入和中等收入国家 11 和 12 个百分点。中国制造业的比重高出低收入国家 7 个百分点(见表 7-6)。

表 7-5　农业、轻、重工业基本建设投资比重*（%）

时期	农业	工业	轻工业	重工业
"一五"时期	7.1	42.6	6.4	36.2
"二五"时期	11.3	60.4	6.4	54.0
1963—1965年	17.6	49.8	3.9	45.9
"三五"时期	10.7	55.5	4.4	51.1
"四五"时期	9.8	55.4	5.8	49.6
"五五"时期	10.5	52.6	6.7	45.9
"六五"时期	5.0	45.4	6.9	38.5
"七五"时期	3.3	51.8	7.5	44.3

* 本表指数以固定资产投资总额为 100。

资料来源：《中国统计年鉴（1991）》，第 156 页。

表 7-6　世界各类国家的产业比重
（占 GDP 的%）

国家	农业		工业		制造业		服务业	
	1965年	1989年	1965年	1989年	1965年	1989年	1965年	1989年
低收入国家	44	32	28	37	20	27	28	31
中等收入国家	19	12	34	36	20		45	50
高收入国家	5		42		32		54	
中国	44	32	39	48	31	34	17	20

资料来源：《1991 年世界发展报告》，第 208 页。

　　从基本建设投资的用途结构看，中国的投资明显向生产性建设和建筑安装工程方面倾斜，而非生产性建设和设备、工具、器具购置的投资比重则明显偏低。1958—1990 年，基本建设投资中生产性建设占 75.6%，非生产性建设仅占 24.4%。尤其是从 60 年代中到 70 年代中（1966—1976 年），生产性建设的投资比重高达 83.2%，非生产性建设的投资仅占 16.8%。这表明，中国工业化在相当一段时期内是"重生产、轻生活"的。

　　而且，在中国的基本建设投资用途结构中，建筑安装工程所占比重很高,而用于购置设备、工具、器具的投资比重则明显偏低,1952—1990年,用于建筑安装工程的投资比重为 73.8%,用于设备、工具、器具购置的投资比重仅为 26.2%(见表 7-7),而英、美、韩和印度等国后者的投资比重(生产用耐用品投资占固定资产投资的比重)一般都高于 40%(见表 7-8)。这就表明,中国工业发展具有明显的高速外延扩张性。

表 7-7　基本建设投资用途结构*(%)

时期	生产性建设	非生产性建设	建筑安装工程	设备、工具、器具购置投资
"一五"时期	67.0	33.0	62.3	30.3
"二五"时期	85.4	14.6	57.2	37.2
1963—1965 年	79.4	20.6	63.1	30.1
"三五"时期	83.8	16.2	56.7	33.1
"四五"时期	82.5	17.5	57.5	35.8
"五五"时期	73.9	26.1	62.6	30.3
"六五"时期	57.4	42.6	69.3	19.7
"七五"时期	67.1	32.9	63.7	22.4

* 本表指数以固定资产投资总额为 100。

资料来源:《中国统计年鉴(1991)》,第 154 页。

表 7-8　若干国家生产用耐用品投资占固定资产投资的比重(%)

年份	美国	联邦德国	英国	韩国	印度
1980	43.6	39.0	46.9	41.2	47.8
1983	43.8	40.9	52.4	36.5	48.3
1985	44.9	44.4	49.8	39.0	47.6

资料来源:根据《中国固定资产投资统计资料(1988—1989)》,中国统计出版社1991 年版,第 297—301 页数字计算。

7.2　工业化第一阶段的筹资机制与投资体制

国家主导机制　为了实现高积累和投资结构的高度倾斜,必须依

靠国家对经济活动的全面干预和参与。中国工业化第一阶段的主要
动力来自国有经济（全民所有制经济），国有经济是国民经济的主体，
政府成为推动整个国民经济增长和工业化的起主导作用的发动机。
一方面，国有经济本身成为发展最快、技术水平最高的部门，建立起
了中国工业化过程中的支柱产业或主导产业以及各种基础设施；另一
方面，国有经济和政府部门对其他非国有经济起着强有力的控制和带
动作用。

我国国有企业固定资产增长远高于国民收入增长速度。1952—
1986 年，国民收入增长了 7.9 倍，而国有企业原值增加了 36.58 倍，按
净值计算，增加了 36.25 倍。全民所有制单位职工人数占全社会劳动者
总人数的比重直到 80 年代初长期处于上升趋势，全民所有制单位职工
占全社会职工总数的比重一直保持在 70% 以上，国营单位提供的财政
收入占财政总收入的绝大部分，全民所有制工业占工业总产值的比重
直到 70 年代末长期高达 80% 以上（见表 7-9）。

表 7-9　国有经济在工业化中的作用（%）

年份	全民所有制工业占工业总产值的比重	全民所有制单位职工人数占职工总数比重	国营单位提供的财政收入占财政总收入的比重
1949 年	26.2		
1952 年	41.5	98.67	58.07
1957 年	53.8	76.58	70.57
1965 年	90.1	75.29	86.06
1975 年	83.2	78.38	86.17
1978 年	81.0（1979）	78.85	86.68
1980 年	78.3（1981）	76.78	85.54

资料来源：国家统计局工业交通物资统计司：《1948—1984 中国工业的发展统计资料》，中国统计出版社 1985 年版，第 45 页；《中国统计年鉴（1988）》，第 748 页。

国家主导的工业化机制要实现的首要目标是极限积累，即要把超
过劳动者生活必需的消费需要之外的一切经济剩余尽可能多地转化为

资本积累，实现尽可能高的物质资本形成率。而实现极限积累的手段，则是行政型纵向筹资机制。

行政型纵向筹资　行政型纵向筹资机制的基本特征是，主要采取行政性手段，把国民收入中除用于个人现期消费以外的部分尽可能集中到国家财政部门和政府可以直接控制的国营经济中，通过政府储蓄或政府命令的强制储蓄来实现工业化所需资金的筹集过程。

行政型纵向筹资的关键环节之一是实行低工资（低收入）制度。这正好与传统的劳动资源配置机制（参见本书第 6 章）相吻合。新中国建立以来，特别是从 1958 年开始的加速工业化以来，直到 70 年代末，中国职工的平均工资几乎没有增长，平均实际工资甚至还有所下降。1958—1980 年，实际工资增长弹性系数为 -0.03[1]（见表 7-10）。从而将收入分配中的相对劳动份额（等于全体职工的工资及劳保福利费的年平均数 × 职工总人数 ÷ 净加价值）控制在很低的水平。中国 1952 年的相对劳动份额为 39.4%，从国际比较看，已属很低，而在 60 和 70 年代又进一步降低到更低的水平，1957 年为 32.1%，1965 年为 21.9%，1978 年仅为 21.6%。[2] 而在市场经济国家，劳动报酬水平主要由劳动市场决定，相对劳动份额一般为 70%—75%。[3] 尽管统计数字可能忽略了现实经济中的某些特殊因素而夸大了差距，但中国的相对劳动份额及工资水平明显偏低却是一个确定无疑的事实。

---

① 工资增长弹性系数 = 平均实际工资年增长率 ÷ 人均国民收入年增长率。若为负值则表明当人均国民收入增长时，平均工资反而下降了。

② 参见〔日〕石川滋："部门间资源流动的类型和过程：亚洲实例比较"，载《发展经济学的新格局》，经济科学出版社 1987 年版，第 109 页。

③ 参见 A. P. Thirlwall: *Growth and Development*. The Macmillan Press LTD, 1983, pp.65—66；〔美〕理查德·B. 弗里曼：《劳动经济学》，商务印书馆 1987 年版，第 18 页。

表 7-10　工资增长率与国民收入增长率的比较(%)

时期	职工平均货币工资年平均增长率	职工平均实际工资年平均增长率	国民收入年平均增长率	人均国民收入年平均增长率	工资增长弹性系数
"一五"时期	7.0	5.1	8.9	6.7	0.76
"二五"时期	−2.5	−6.3	−3.1	−4.2	1.50（−）
1963—1965 年	2.3	6.1	14.7	11.7	0.52
"三五"时期	−1.0	−0.9	8.3	5.7	−0.16
"四五"时期	0.7	0.4	5.5	3.5	0.11
"五五"时期	5.6	2.9	6.1	4.9	0.59
1958—1980 年	0.9	−0.1	5.6	3.7	−0.03
"六五"时期	8.5	4.2	10.0	8.6	0.49
"七五"时期	13.3	2.4	7.5	6.0	0.40
1981—1990 年	10.9	3.3	8.8	7.3	0.45

资料来源:根据《中国统计年鉴(1991)》,第 31、80、130 页上的数字计算。

为了使低工资的劳动者能维持最低限度的生活水平,必须向他们提供低价的生活必需品。因此,中国政府采取了强有力的行政性措施,管制生活必需品价格,使之长期保持稳定而偏低的价格。在生活必需品中,最重要的是主要农副产品,保持主要农副产品的较低相对价格水平,是实行行政型纵向筹资并由之实现极限积累的前提。在中国工业化第一阶段,在国家严格控制下,农副产品价格一直保持较低水平,这使得农业劳动者的收入也处于较低水平。据有的外国学者计算,中国农村中单位劳动力的收入水平指数直至 70 年代末仍停留在 1957 年的水平,而 1957 年还低于 1952 年的水平。

城乡劳动者的低收入,使国营企业能维持较高的盈利率,国家对国营企业实行统收统支的财务制度,将企业利润最大限度地集中于国家财政,从而保证国家财政收入较快增长。然后,国家再通过财政拨款方式向工农业部门以及基础设施进行投资,支持了整个国家的工业化过程。

这种由政府所发动由国家为主导的工业化过程所依赖的行政型纵

向筹资的资金流程可以用图 7-2 来说明。图中,(a)图纵轴表示工资,横轴表示储蓄,曲线表示职工的储蓄倾向;(b)图横轴表示企业利润份额,纵轴表示职工工资份额,曲线表示工资与利润的分配关系;(c)图横轴表示农产品价格水平,纵轴表示工资水平,曲线表示职工工资与农产品价格间的相关关系;(d)图横轴表示政府投资,纵轴表示财政收入,曲线表示财政收入中用于投资的比例;(e)图横轴表示利润,纵轴表示财政收入,曲线表示利润与财政收入的关系;(f)图横轴表示农产品价格,纵轴表示农民收入,曲线表示农产品价格与农民收入的相关性;(g)图横轴表示总投资,纵轴表示重工业投资,曲线 XX 和 YY 表示不同的投资结构或投资结构偏好,假定,曲线 XX 是通过市场调节所形成的投资结构,反映公众一般的投资结构偏好;曲线 YY 是通过国家财政收支过程所形成的投资结构,反映政府的投资结构偏好。

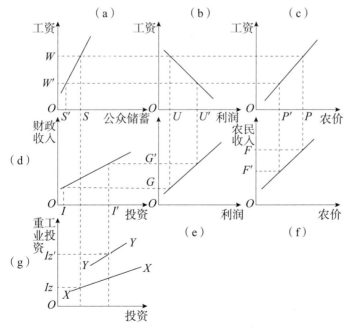

图 7-2　行政型纵向筹资

假定在政府较少参与和干预的情况下，职工工资水平为OW，利润为OU，财政收入为OG，政府投资很少，仅为OI，若略去不计，则投资主要由非政府部门进行。假定企业利润全部上缴财政，没有企业投资，则积累主要取决于劳动者进行消费与储蓄的自由选择，假设有一个将公众储蓄转化为投资的机制，则公众储蓄为OS时，投资为OI_T，重工业投资为OI_Z。重工业投资占总投资的比例为OI_Z/OI_T。再从（c）图和（f）图看，农产品价格水平为OP，农民收入为OF。

现在来看政府是怎样采取行政型纵向筹资机制发动和支持工业化过程的。政府采取低工资政策，将职工工资规定为OW'的较低水平，公众储蓄下降为OS'，变得微不足道。企业利润上升为OU'。政府通过征收税利，将绝大部分企业利润集中于国家财政，使财政收入增加至OG'。这样，政府投资增加至OI'。因为政府的投资结构偏好曲线YY的斜率大于公众投资结构偏好曲线XX的斜率，表明政府从推动工业化进程的目的出发，更倾向于向重工业部门投资，加之政府的储蓄和投资倾向高于一般公众〔在图7-2中表现为，（a）图的曲线斜率大于（d）图〕，所以，现在不仅投资总量大大增加，而且，投资结构也更偏向于重工业，即（OI'_Z/OI'_T）>（OI_Z/OI_T）。

再看（c）图和（f）图，为维持低工资劳动者的生活，国家采取行政性措施压低农产品价格，使之下降为OP'，这使得农业劳动者的收入也处于OF'的较低水平。压低农产品价格的结果是使工农业产品之间的贸易条件更有利于工业，工农产品间的交换同时成为农业向工业转移部分经济剩余的过程。这就是人们常说的工农产品价格"剪刀差"现象，或国外学者所说的农业向工业提供"贡税"的现象。由于中国工业的主体是国营工业，所以，上述"剪刀差"或农业"贡税"现象实际上也成为行政型纵向筹资机制的一个重要环节。这可以用图7-3来说明。

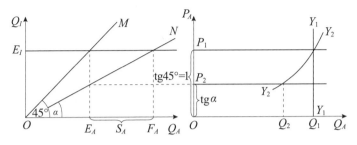

图 7-3 农业提供的"贡税"

在图 7-3 的左半部分,纵轴表示工业品;横轴表示农产品;向右上方倾斜的直线为工农产品交换曲线,表示工农产品间的贸易关系;各交换曲线与横轴的夹角的正切函数(tg)就是工农业产品间的贸易条件(即交换比率)或相对价格;45° 斜线表示工农产品间的等价交换。此时,农产品与工业品的相对价格 P_A(简称农产品价格)$= OE_I/OE_A = \text{tg}45° = 1$。

假设,为了实现纵向筹资过程,政府采取行政性措施将农产品价格压低,即将交换曲线 OM 变为 ON,使得用同样数量的工业品可以交换更多的农产品,此时,农产品的价格 $P_A = OE_I/OF_A = \text{tg}\alpha < 1$。从图 7-3 中可以看到,采取这种方法,可从农业中获取剩余资金 $S_A = OF_A - OE_A$。

图 7-3 的右半部分说明压低农产品价格可能对农业生产所产生的影响。纵轴表示农产品价格;横轴表示农业产出;曲线 YY 是农业供给曲线。根据前面的分析,当工农间进行等价交换时,农产品价格 $P_A = \text{tg}45° = 1$,这在右半图上映射为农业价格水平 P_1。而当压低农产品价格后,农产品价格 $P_A = \text{tg}\alpha < 1$,这在右半图上映射为农产品价格水平 P_2。

如果农业供给是完全无弹性的,即供给曲线为垂直线 Y_1Y_1,则农产品价格变动对农业产出(Q_1)没有影响,即不会因农产品价格下降而使农业产量减少。但是,如果农业供给是有较高弹性的,即当供给曲线为向右上倾斜的曲线 Y_2Y_2 时,农产品价格下降就会使农业产量减少,即当价格从 P_1 下降为 P_2 时,农产量也从 Q_1 下降为 Q_2。因此,为了保证行政

型纵向筹资机制的运行,必须采取有力措施降低农业供给对价格的弹性。在中国工业化(第一阶段)过程中,主要采取以下几项措施:

1. 关闭主要农副产品的自由贸易市场,由国家对农产品实行统购统销,个人或集体擅自经销主要农产品(特别是粮食)被视为严重违法行为。

2. 规定农民不得从事除农业以外的其他产业,特别是规定农民必须种植的农作物种类,强调"以粮为纲",擅自从事其他产业或种植其他作物,将被视为"走资本主义道路"而遭到惩罚。

3. 把农民组织在政经合一的人民公社中,进行集体生产劳动。

4. 允许农民耕种少量自留地,自留地中的作物主要由农民自己消费,略有多余也可去集市进行交换,目的是以极有限的小自由来弥补农业生产主体部分的高度集中计划性以及非商品化和非货币化给农民生活带来的不便。[①]

以国家财政为主渠道的投资体制　行政型纵向筹资机制资金流程的最大特点是,国家财政是资金筹集和投放的主渠道。

1. 财政收入占国民收入的比重,特别是财政支出中经济建设费及基本建设拨款所占比重很高。从世界经济发展史看,第二次世界大战以前,不发达国家(包括殖民地)政府税收大约仅占国民生产总值的5%,政府投资很有限。第二次世界大战以后,发展中国家仅中央政府经常性收入与国民生产总值的比例,1972 年上升为 16.2%,1985 年为22.7%;中央财政支出,1972 年上升为 18.7%,1985 年达到 26.4%。[②]自新中国建立以来直到 70 年代末,财政收入占国民收入的比重一直比较高,这不仅反映了中国工业化也符合当时发展中国家的一般潮流,而且,更重要的是反映了中国工业化第一阶段行政型纵向筹资的特点,以

①　关于行政型纵向筹资机制的详细分析可参见《经济发展与宏观筹资》第八、九章。
②　参见《1988 年世界发展报告》,第 46 页。

及投资体制的特点（见表 7-11）。财政集中了较多的资金，就可以进行经济建设投资。1958—1980 年，除 1963—1965 年调整时期之外，财政支出中经济建设费所占比重平均高达 59.5%，基本建设拨款占财政支出比重为 40.8%。

2. 经济建设投资来源主要是由国家财政提供。特别是作为中国工业化主体的全民所有制单位基本建设投资来源，绝大部分来自国家财政拨款（国家预算内投资）。1953—1980 年，全民所有制单位基本建设投资的 84% 来源于国家预算内投资。国家预算外投资不足 16%（见表 7-12）。

3. 国家财政投资是一种低价资金提供机制。财政拨款不仅不计利息，而且是无需偿还的。对于资金需求者来说，获得财政投资就是获得无偿的资金"赠品"。因此，无论是资金供给方还是资金需求方，都无须遵循效益最大化的经济性原则。在本书第一章中曾讨论过，工业化或工业社会的经济运行的轴心原则是追求效益（或效率）最大化的经

表 7-11　国民收入、财政收支、经济建设投资之间的比例（%）

时期	财政收入占国民收入*	经济建设费占财政支出	基建拨款占财政支出
"一五"时期	32.7	50.0	37.6
"二五"时期	38.6	65.2	46.0
1963—1965 年	34.2	53.0	30.1
"三五"时期	31.5	55.9	38.7
"四五"时期	34.4	57.7	40.2
"五五"时期	32.3	59.1	38.1
"六五"时期	25.8	48.9	30.1
"七五"时期	22.8	52.0**	23.5

* 财政收入占国民收入的比重不包括国外借款。

** 为 1986—1988 年。

资料来源：《中国统计年鉴（1991）》，第 65、209、214 页。

济性原则。而作为行政型纵向筹资机制伴随物的以财政为主渠道的投资体制，在这一方面却是有悖于工业化的轴心原则的。不过，这一投资体制也有其长处，最主要的是，便于办成一些大事，可以集中力量搞"大会战"，从这一方面看，它又是有力地推进着工业化进程的，至少可以为工业化奠定一个具有较雄厚实力的基础，一个较完整的工业经济体系和使主要工业部门形成相当可观的生产能力。

表 7-12　全民所有制单位基本建设投资来源

时期	基本建设投资总额（亿元）		比重（以合计为100）	
	国家预算内投资	国家预算外投资	国家预算内投资	国家预算外投资
"一五"时期	531.18	57.29	90.3	9.7
"二五"时期	944.38	261.71	78.3	21.7
1963—1965 年	371.74	50.15	88.1	11.9
"三五"时期	278.28	104.75	89.3	10.7
"四五"时期	1 454.72	309.23	82.5	17.5
"五五"时期	1 808.47	533.68	77.2	22.8
"六五"时期	1 699.40	1 710.69	49.8	50.2
"七五"时期	5 424.57	1 924.50	35.5	64.5

资料来源:《中国经济年鉴（1987）》，Ⅳ第43页;《中国统计年鉴（1991）》，第147页。

4. 由于投资资金的供给是一种非经济性机制，所以，投资资金配置过程是不受经济参数调节的，甚至根本无法形成具有参照价值的经济参数值。例如，投资资金配置和投资项目评估中所需要的资金折现率或资金机会成本在这种投资体制中就是无法估计的，因为根本不存在反映资金供求状况的平均利率，而现实中使用的利率几乎都是被大大压低的。由于资金配置不受经济参数调节，也没有反映资金供求状况以及所谓资金生产率的可参照参数，所以，投资决策在很大程度上受上下级之间的讨价还价博弈行为的影响。下级要获得资金，就要设法使上级感受到在这一领域投资的必要性、重要性和迫切性。所以，说服上级是最重要的投资策略环节。在这种体制下，没有资金市场，但分配资金的"官场"却非凡地热闹。

5. 由于筹资机制和投资体制具有上述性质和特征，使得中国工业化过程中，特别是在主要工业部门的发展中，国家是唯一主要的投资主体，投资决策权基本上集中于政府部门，特别是中央政府部门。企业是政府部门的"下级"机构，是依附于行政系统的附属物。

传统模式的历史终结 行政型纵向筹资机制和以国家财政为主渠道的投资体制是中国工业化资金积累的传统模式，这种传统模式决定了中国工业化第一阶段具有典型的粗放式增长的特点，经济发展主要依靠大量的资源和资金投入以及经济规模的数量扩张。1952 年全国全民所有制工业就业人数仅为 510 万人，城镇集体所有制工业就业人数不到 20 万人；而 1979 年则分别达到 3 208 万人和 1 328 万人，另外，还有 1 756 万乡村劳动力从事工业生产。从第一个五年计划到第五个五年计划（1953—1980 年），工业基本建设投资累计近 4 000 亿元，新增固定资产 2 724.49 亿元，与工业相关的建筑业、地质勘探、运输邮电以及城市公用事业基本建设投资 1 800 多亿元，新增固定资产 1 113.42 亿元。1952 年，工农业总产值中农业占 56.9%，工业仅为 43.1%；而到 1979 年，农业比重下降到 26.6%，工业上升到 73.4%。在工业总产值中，1952 年轻工业占 64.5%，重工业仅为 35.5%；而到 1978 年，轻重工业比重分别为 43.1% 和 56.9%。经过 30 年的建设，建立起了比较完整的工业经济体系，工业实力大为增强，初步奠定了工业化的基础。传统模式的历史功绩是不应否认的。

但是，传统模式也存在着固有的缺陷，到 70 年代后期，它所带来的问题和导致的矛盾日益明显地暴露出来。

1. 传统积累模式与物质资源的非经济性供给机制是相辅相成的。本书第 5 章第 2 节中已讨论过，到 70 年代末，中国传统的物质资源非经济性供给机制已越来越不适应于进一步推进工业化的要求。这在资金供求关系上也表现为：几乎一切重要的经济建设事业都要靠国家投资，而国家所掌握的资金却越来越无法满足各方面对资金越来越大的需求。在传统模式的框架内，资金供求矛盾越来越尖锐。特别是表现为积累与消费的关系越来越紧张。高积累、低消费，严重限制了人民生活水平的提高，以至于到 70 年代末，人们不得不深刻地反思"生产为了什么"（社会主义生产目的）这一原本是十分原始的经济问题。

2. 平均主义的低工资制度难以为继。由于国家对工资总额和职工平均工资进行了行政性控制，50—70 年代，职工平均实际工资增长率远低于社会净产值（特别是工业净产值）以及劳动生产率的增长速度。同时，为了保证低工资职工的基本生活，增加了一系列津贴、补助和其他福利待遇，实行就业与劳保福利一体化制度。工资调整主要只是照顾低收入档次的职工。所以，控制工资水平实际上是通过压低中、高档次收入的职工工资来实现的。结果必然导致了平均主义的普遍低工资。这不仅是对劳动者的一种长期欠账，而且使工资制度失去了经济上的激励性。这种平均主义的低工资制度虽然在短期内有助于提高资金积累率，但它却是抑制劳动者积极性，甚至妨碍劳动力再生产的一个不利因素。随着工业化的推进，这一问题越来越突出，况且，70 年代以来，农产品和其他生活必需品价格也已不可能再维持过去那种低水平，这也迫使工资水平必须有相应的提高。总之，到 70 年代后期，传统积累模式所赖于运行的关键环节——平均主义的低工资制度已无法维持下去了。

3. 通过操纵工农贸易条件，压低农产品价格，从农业抽取经济剩余的筹资方式也已难以为继。如果说，在 50—60 年代，我国农业供给的价格弹性还比较低的话，那么，到 70 年代末以后，随着农村经济的发展，农业供给的价格弹性已开始明显提高。这主要是因为，农产品的商品率提高了，为销售而生产比自给性生产对价格的反应要敏感得多。而且，随着农业资源的深度开发，单位面积产量提高，较贫瘠的土地不断被开垦，农业投入的构成发生了变化。除土地之外，过去主要依靠劳动投入，在当时的体制下，劳动成本核算又十分粗略（因为没有实行工资制度，又没有从事其他产业活动的机会）；而现在则需要投入更多的物质资料，例如，农业机械、化肥、农药等，因此成本-收益分析对农民决策的影响增强了，这显然会提高农业供给的价格弹性。另外，农村经济的产业发展也日趋多样化，剩余农业劳动向其他产业转移，特别是向农村工业转移的机会大大增加了，农民经济活动的选择领域扩大了，这就提高了农业生产的机会成本。如果农产品价格低，收益少，不足以与其机会成本相抵，甚至不足以与生产成本相抵，则农业生产的资源（人力、物力、财力）就会向其他产业转移；若限制这种转移，也会使农民失去生产积极性。总之，农产品低价政策会导致农业供给减少。继续实行农产品低价统购统销政策为工业化提供积累，已严重抑制了农业的发展，从而也将削弱工业化的基础。所以，到 70 年代后期，传统积累模式的前提条件——农产品低价政策也越来越难以维持了。

4. 统收统支制度使企业缺乏活力，盈利动机下降，创新机制受到抑制。企业没有自我积累机制，一切依赖于国家财政的资金供给，企业利润又全部上缴财政，这种资金循环方式使企业完全失去了经济独立性和自主性，严重削弱了工业化的微观经济基础。

5. 传统积累模式下，强制性的行政干预使经济参数体系严重扭曲，而随着工业化的推进，国民经济体系又日趋复杂化。这就使得通过财政拨款进行资金分配的效率越来越低下，投资决策的失误率提高，资金浪费现象极为严重。同时，财政资金也越来越不能满足各方面的资金需求，在各方面都伸手向上要求财政拨款的一片急声中，国家财政越来越深感力不从心，也难以弄清楚究竟把有限的资金分配给谁最好。

上述一切表明,到 70 年代后期,传统积累模式已走到了历史的尽头。不改革经济体制,实现模式转换,中国工业化进程将严重受阻,甚至已经走向深刻的经济困境。

7.3 模式转换

主体多元化 自从 70 年代末实行经济改革以来,中国的国民收入分配结构和资金分配结构发生了显著而深刻的变化。这主要表现在三个方面。

1. 在国民收入分配结构中,国家(政府)所占份额明显下降;个人所占份额大幅度上升;企业所占份额上升还是下降了,各方面有不同的分析结论(见表 7-13)。这表明,国民收入的支配权结构已从高度集中向分散化演变。

表 7-13 国民收入分配结构的变化(%)

项目		比重	
		1978 年、1979 年	1988 年、1989 年
国家计委综合司的测算	国家(政府)收入	39.8	18.6
	企业收入	10.6	11.3
	个人收入	49.6	70.2
统计局平衡司的测算	国家(政府)收入	34.1	20.1
	企业收入	17.4	18.5
	个人收入	48.5	61.1
郭树清等人的测算	国家(政府)收入	23.5	11.7
	企业收入	12.1	10.8
	个人收入	64.4	77.5

资料来源:《中国 GNP 的分配和使用》,第 99、101—102 页。

2. 国民经济总储蓄结构发生巨大变化,从政府储蓄为主体,转变为居民储蓄为主体(见表 7-14、表 7-15),这表明整个国民经济积累的来源发生了根本性的结构变化。而且,从国际比较看,中国的居民储蓄倾向较高(见表 7-16),随着经济改革的深入,中国居民的储蓄率还会进一步提高,所以,居民作为储蓄主体的地位还将进一步加强。

表 7-14 国民经济总储蓄结构一(%)*

年份	居民储蓄	政府储蓄	企业储蓄
1979	23.55	42.80	33.65
1980	31.41	32.09	36.57
1981	32.03	22.29	45.75
1982	34.54	18.40	47.06
1983	44.75	20.26	35.02
1984	45.95	20.55	33.50
1985	50.02	18.95	31.03
1986	59.53	18.83	21.73
1987	61.15	13.09	25.75
1988	62.70	7.25	30.05
1989	65.91		

* 以总储蓄为 100。

资料来源:《中国 GNP 的分配和使用》,第 187 页。

表 7-15 国民经济总储蓄结构二
(占国内生产总值及总储蓄额的%)

项目＼年份	1978	1979	1980	1981	1982	1983	1984	1985	1986	1987
国内储蓄占 GDP 的%	35.5	33.7	30.9	29.5	31.1	31.0	32.9	34.5	35.9	37.6
居民储蓄	1.2	3.2	4.5	3.7	7.8	10.2	14.8	13.8	16.1	17.2
预算内储蓄	15.4	10.3	7.6	6.9	5.6	5.9	6.7	7.2	6.1	4.3
企业及其他储蓄	18.9	20.2	18.8	19.0	17.7	14.9	11.4	13.4	13.7	16.0
总储蓄	100	100	100	100	100	100	100	100	100	100
居民储蓄	3.3	9.5	14.7	12.1	25.0	32.9	44.9	40.1	44.8	45.8
预算内储蓄	43.5	30.6	24.6	23.3	18.0	18.9	20.4	21.0	17.0	11.5
企业及其他储蓄	53.2	59.9	60.7	64.6	57.1	48.1	34.7	38.9	38.2	42.6

资料来源:世界银行及国际货币基金组织工作人员估算;世界银行经济考察团:《中国:宏观经济稳定与工业增长》,中国财政经济出版社 1990 年版,第 94 页。

表 7-16　居民储蓄率的国际比较
（占可支配收入的%）

国家（或地区）	年份	居民储蓄率
美国	1976—1982 年	8.1
联邦德国	1976—1981 年	12.8
比利时	1976—1981 年	16.1
日本	1976—1982 年	21.2
韩国	1965—1981 年	7.6
台湾地区	1965—1981 年	17.6
中国	1981—1987 年	23.0

资料来源:《中国:宏观经济稳定与工业增长》,第 97 页。

3. 国家财政所直接控制的收入所占份额下降,预算外资金大幅度增加。1953 年预算外收入仅相当于预算内收入的 4.2%,1978 年也仅为 31.0%,而到 1985 年就增加到 89.7%,1989 年增加到 94.8%(见图 7-4),这表明可直接用于投资的资金分配结构趋于分散化,国家财政对资金的集中程度和控制力削弱了。

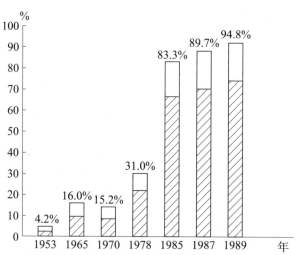

图 7-4　预算外收入相当于预算内收入的比例

资料来源:《中国统计年鉴(1991)》,第 222 页。

国民收入分配结构和资金分配结构从高度集中的格局向分散化格局的变化,使得储蓄主体和积累主体多元化,从而也导致了投资主体的多元化和投资资金来源的多元化。

从投资主体的变化看,过去,国家是唯一主要的投资主体;现在,企业和个人也成为重要的投资主体(见表 7-17)。

表 7-17 全社会固定资产投资的所有制构成(%)

经济成分	1985 年	1986 年	1987 年	1988 年	1989 年	1990 年
全民所有制单位	66.1	65.5	63.1	61.4	61.3	65.6
集体所有制单位	12.9	13.0	15.0	15.8	13.8	11.9
城乡个人	21.0	21.5	21.9	22.7	24.9	22.5

资料来源:《中国统计年鉴(1991)》,第 143 页。

从投资资金来源的变化看,过去,以国家财政资金为主;现在,财政预算内投资所占比重逐步缩小,通过银行贷款、自筹资金等非财政渠道取得投资资金,成为筹集资金的主要方式(见表 7-18)。

上述一切表明,中国工业化进入第二阶段时,筹资机制和投资体制的基本模式已发生了某种根本性的变化。

信用型纵向筹资机制 资金占有的分散化和储蓄主体及投资主体的多元化,使传统机制下的那种极限积累方式不复存在,因为,各经济实体特别是微观经济主体所支配的国民收入和资金份额的扩大,使它们可以在一定程度上进行自主选择以确定消费和储蓄(投资)的比重,它们完全不必作出(通常也不会作出)“最低限度消费,最高限度储蓄和积累”这种极限积累决策。然而,在现有的资源和资金供求条件下,为了实现高速工业化,仍有必要保持较高的积累率。尽管从 80 年代以来,人们在主观上希望降低积累率(占主导地位的意见一度认为 25% 的积累率是适度的),但结果仍然保持着 30% 以上的积累率(见表 7-1)。即使是这样,资金紧张的矛盾还丝毫未见缓解。

表7-18　固定资产投资和基本建设投资资金来源结构（％）

资金来源	1985 年	1986 年	1987 年	1988 年	1989 年	1990 年
一、全社会固定资产投资						
国家预算内投资	16.0	14.6	13.1	9.1	8.3	8.7
国内贷款	20.1	21.1	23.0	20.6	17.3	19.6
利用外资	3.6	4.4	4.8	5.8	6.6	6.3
自筹投资	}60.3	49.3	47.9	}64.5	56.9	52.4
其他投资		10.6	11.2		10.9	13.1
二、基本建设投资						
国家预算内投资	35.5	35.5	32.6	24.2	20.8	21.3
国内贷款	17.5	17.0	19.0	18.1	18.9	22.2
利用外资	6.8	9.3	10.3	13.9	14.3	13.1
自筹投资	31.6	29.3	28.5	31.0	31.9	31.1
其他投资	8.5	8.9	9.5	12.8	14.1	12.2

资料来源：根据《中国统计年鉴（1991）》，第143、150页数字计算。

而且，虽然资金的占有分散化了，但资金一定程度的集中使用仍是必要的。由于尚未建立起完善的金融市场，特别是证券市场很不发达，所以，纵向筹资机制仍未丧失其重要地位。随着国家直接支配的资金比重的降低，财政预算内投资资金减少而预算外投资资金来源的扩大，就需要有另一种方式来替代财政渠道，实现资金的纵向筹集和国家对资金的计划配置。这种资金筹集和配置方式不再是单纯的行政性手段，但仍保留着纵向筹资的某种基本性质。由于纵向筹资机制或多或少地要依赖于行政系统，所以，行政型纵向筹资模式虽已改变，但仍不可避免地保留着行政性筹资的某些因素。这种筹资机制可以称为信用型纵向筹资机制，它有以下几个基本要素：

1. 国家统制银行信用，国家银行取代财政系统成为资金运动的主渠道和启动枢纽，财政拨款也更多地采用信贷管理形式，例如，实行"拨改贷"。银行业务服从纵向筹资目标。银行向企业提供的贷款很大程度上是"政策性"的,而商业原则并不起主导作用。

2. 国家信用(国债)成为资金筹集的一个重要手段,国债(国库券、重点建设债券等)的发行主要采取按行政系统派购的方式,而不是通过公开市场业务进行自愿认购。1959—1978 年的 20 年间,国家财政完全没有债务收入。从 1979 年开始,债务收入逐年增加。债务收入占国家财政总收入的比重从 1979 年的 3.2%,提高到 1990 年的 11.3%(见表 7-19)。

表 7-19　国家债务收入占财政总收入的比重(%)

年份	1979	1982	1985	1988	1990
比重	3.2	7.5	4.8	10.3	11.3

资料来源:《中国统计年鉴(1991)》,第 209、220 页。

3. 国家以严格的信贷管理和现金管理方式对社会资金运用进行计划控制,在筹资过程的许多环节上仍采用含有行政指令因素的强制性手段,尽管在形式上是经济手段。银行业务不仅要服从国家计划指令,而且,其业务手段本身也往往具有行政性特点,例如,规定企业必须把资金存入指定的银行(分支行);银行开户受行政性管制;规定建设资金必须在规定的银行中预存一定期限才可使用;银行贷款额度(指标)的分配等等,也都含有很强的行政性管理因素。

4. 银行实质上不是企业性质的金融机构,而是准政府机构(或半政府机构),至少在地位上是优于一般工商企业(法人)和居民户(自然人)的。因此,银行与企业及居民之间并不总是平等的民事主体间的商务关系。后者(特别是工商企业)视银行为上级,银行则有权制定种种企业必须遵守的制度,甚至向企业下达带有指令性质的文件、指标、通知等等。

5. 自筹投资的筹资过程,往往是在一定的行政系统内,或由一定的行政机构(这些行政机构就是企业的上级)组织(或强制)实现的。集资过程须遵守一定的信用原则,但一般都不纯粹是商务性活动,而在很大程度上是上级(各级政府机构)对其管辖的下级(企业)所支配的资金的有偿(也可能是无偿)调配。

可见,信用型纵向筹资机制是对行政型纵向筹资模式的第一次积极的扬弃。它的基本特征是,以信用关系为形式,但同时保留了纵向筹资的实质。它是在资金占有分散化的条件下,以经济手段为主,同时保留一定程度的行政性因素,以实现资金筹集和配置的一种方式。

信用型纵向筹资机制有其存在的历史地位,但也内含着自身的矛盾性。过去那种行政型纵向筹资手段抑制了工农业生产发展,使积累源泉(企业和劳动者)缺乏生气和积极性,所以,首先必须使作为积累源泉的工农业生产者拥有较大的财产占有权和积累利益的分享权,这就必须允许资金占有的分散化。但是,中国工业化的现实条件又决定了不可能实行完全市场经济的那种资金筹集模式,因为,主要以企业和个人为积累和投资主体的市场经济的横向筹资模式的形成还有待于条件的成熟,现有的横向筹资手段还无法适应于中国目前大规模工业化对资金供给的要求。所以,至少在近期内,国家(政府)仍要充当筹资过程的主要的组织要素,这就决定了现阶段的筹资模式仍须在很大程度上保持纵向筹资为主导的基本性质。正因为如此,可以看到这样一类矛盾的政策现象:既强调要增加企业留利,要求企业自我积累,自我发展,又坚持在企业利润分配格局上仍然要"国家拿大头";既主张要增加居民收入,又力求回笼货币,把居民手中闲置的货币集中到国家(财政和国家银行)手中;既提倡企业自主决策,又要求它们局部利益服从国家宏观政策目标;既要求企业面向市场,又反对它们"利大大干,利小小干,无利不干",并制止它们以市场信号为导向进行违背国家意向的自主投资活动。

在模式转换过程中,信用型纵向筹资机制的形成是一种历史的必然,一方面,它使积累源泉恢复生气和活力;另一方面,又使国家不失其积累主体和筹资决策中心的地位,并充分利用了行政系统的经济组织功能,以避免模式转换过程中因未立先破而出现组织真空的混乱局面。

投资结构的变化和新矛盾的产生　筹资机制和投资模式的转换,使投资结构发生明显的变化。突出地表现为向加工工业,特别是轻加工工业的倾斜(见表 7-5),从历史发展的角度看,这是对 70 年代以前那种过分偏重于重工业的投资结构的纠正。投资结构以至整个资源和资金的供给机制的转变,大大促进了国民经济的繁荣,使 80 年代成为中国经济发展的黄金时期。10 年间,农村经济有了很大发展,农产品市场大大丰富起来。工业的发展更令人瞩目,1979—1988 年,工业总产值平均每年增长 12.8%,其中,轻工业平均每年增长 15%。工业品市场空前繁荣,在短短的十多年间就基本上解决了传统社会主义体制下消费品严重短缺的问题。过去,在传统的筹资和投资体制下,发展自行车、手表、缝纫机等行业,30 年没能真正过关,长期凭票供应。而现在,只用了不到 10 年时间,就使电视机、电冰箱、洗衣机、收录机等产品彻底改变了供不应求局面,新产品和新行业的形成和发展远非前 30 年所能比拟。其中最根本的原因之一,就是筹资机制和投资体制的转换为产业发展注入了动力和活力,大大提高了工业体系的供给弹性,即只要市场需要,工业生产部门很快就能在投资和生产上作出反应,不久即能将大量的产品投放市场。

不过,事情往往也有其另一面。筹资机制和投资体制的转换支持了经济繁荣,同时也带来了一些新的矛盾和问题。

1. 信用型纵向筹资过程中,资金需求的压力更多地传递到国家银行,迫使银行扩张信贷规模和增加货币投放,从而导致明显的通货膨胀。

首先,由于收入分配和资金支配权的分散化,国家财政收入增长减缓,但支出却未能相应减少,所以,自1979年以来,国家财政连年赤字,1981—1990年10年间,除1985年之外,报告的财政收支差额和实际财政赤字均以较高的速率逐年递增(见表7-20)。

表 7-20　国家财政赤字状况　　　　　　　　单位:亿元

时间	报告的财政收支差额	债务收入	净债务收入*	实际财政赤字	
				收支差额加债务收入	收支差额加净债务收入
1979 年	−170.6	35.31		205.91	
1980 年	−127.5	43.01	14.43	170.51	141.93
1981 年	−25.5	73.08	10.19	98.58	35.69
1982 年	−29.3	83.86	28.34	113.16	57.64
1983 年	−43.5	79.41	36.94	122.91	80.44
1984 年	−44.5	77.34	48.43	121.84	92.93
1985 年	21.6	89.85	50.29	68.25	28.69
1986 年	−70.5	138.25	88.09	208.75	158.59
1987 年	−79.6	169.55	89.72	249.15	169.32
1988 年	−78.6	270.78	194.03	349.38	272.63
1989 年	−92.3	282.97		375.29	
1990 年	−139.6	375.45		515.05	
"五五"时期	−286.6				
"六五"时期	−121.2				
"七五"时期	−460.6				

* 净债务收入为债务收入减去债务支出。

资料来源:《中国统计年鉴(1991)》,第 209、212、214 页。

其次,为弥补财政收支差额,除发行债券外,财政部门还直接向银行透支借款。1983—1990年,财政向银行借款的年末余额逐年增加,成为迫使银行增加货币投放的一个重要因素。1987年,财政借款增加额与货币投放的比例高达61.4%(见表7-21)。

表 7-21　货币投放与财政借款

年份	流通中货币年末余额（亿元）	货币投放（亿元）	流通中货币年增长率（%）	财政向银行借款年末余额（亿元）	财政借款增加额（亿元）	财政借款增加额与货币投放的比例（%）
1980	346.20	78.5		170.23		
1981	396.34	50.1	14.5	170.23	0	0
1982	439.12	42.8	10.8	170.23	0	0
1983	529.78	90.7	20.6	199.57	29.34	32.3
1984	792.11	262.3	49.5	260.78	61.21	23.3
1985	987.83	195.7	24.7	275.05	14.27	7.3
1986	1 218.36	230.6	23.3	370.05	95.00	41.2
1987	1 454.48	236.1	19.4	514.96	144.91	61.4
1988	2 134.03	679.5	46.7	576.46	61.50	9.1
1989	2 344.02	21.00	9.8	684.56	108.10	51.5
1990	2 644.37	300.4	12.8	801.06	116.50	38.8

资料来源:《中国统计年鉴（1987）》, 第 639 页;《中国统计年鉴（1991）》, 第 642、644 页。

再次，财政资金来源的减少，使银行贷款需求大大增加，迫使国家银行大幅度扩大贷款规模。1980 年，各项贷款年末余额为 2 414.30 亿元，1990 年增加到 15 166.36 亿元，增加 6.3 倍。工业生产企业贷款年末余额，1990 年比 1980 年增加了 7.2 倍。固定资产贷款年末余额，1990 年比 1980 年增加了 39.5 倍（见表 7-22）。

表 7-22　国家银行贷款（年末余额）

年份	各项贷款（亿元）	工业生产企业贷款	固定资产贷款	贷款增长率（%）	工业生产企业贷款增长率（%）	固定资产贷款增长率（%）
1980	2 414.30	431.58	55.50			
1981	2 764.67	487.35	83.37	14.5	12.9	50.2
1982	3 052.27	526.72	151.98	10.4	8.1	82.3

（续表）

年份	各项贷款（亿元）	工业生产企业贷款	固定资产贷款	贷款增长率（%）	工业生产企业贷款增长率（%）	固定资产贷款增长率（%）
1983	3 431.05	597.09	195.93	12.4	13.5	28.9
1984	4 419.57	883.83	289.66	28.8	48.0	47.8
1985	5 905.51	1 160.08	705.32	33.6	31.3	143.5
1986	7 590.40	1 649.85	1 005.76	28.5	42.2	42.6
1987	9 032.35	2 043.61	1 286.76	19.0	23.9	27.9
1988	10 551.33	2 085.09	1 559.23	16.8	2.0	21.2
1989	12 409.27	2 724.63	1 775.96	17.6	30.7	13.9
1990	15 166.36	3 559.43	2 245.75	22.2	30.6	26.5

资料来源:《中国统计年鉴(1987)》,第639页;《中国统计年鉴(1991)》,第642页。

最后,财政赤字、货币投放和贷款规模扩大的综合效应是导致发生明显的通货膨胀。特别是80年代后期(1985—1989年),全国零售物价平均每年增长11.7%,1988年高达18.5%;职工生活费用价格平均每年增长12.9%,1988年高达20.7%(见表7-23)。可以说,自从80年代以来,通货膨胀隐患已成为中国经济发展的一个难以摆脱的伴随物。

表7-23　80年代物价总指数

年份	全国零售物价总指数		职工生活费用价格总指数	
	上年=100	1950年=100	上年=100	1950年=100
1979	102.0	138.6	101.9	147.4
1980	106.0	146.9	107.5	158.5
1981	102.4	150.4	102.5	162.5
1982	101.9	153.3	102.0	165.8
1983	101.5	155.6	102.0	169.1
1984	102.8	160.0	102.7	173.7
1985	108.8	174.1	111.9	194.4
1986	106.0	184.5	107.0	208.0
1987	107.3	198.0	108.8	226.3

（续表）

年份	全国零售物价总指数		职工生活费用价格总指数	
	上年=100	1950 年=100	上年=100	1950 年=100
1988	118.5	234.6	120.7	273.1
1989	117.8	276.4	116.3	317.6
1990	102.1	282.2	101.3	321.7

资料来源:《中国统计年鉴（1991）》,第 229、230 页。

2. 投资决策权的分散化,加之筹资过程仍在很大程度上依赖于纵向行政关系,从而导致各地盲目投资,特别是小型项目上马快,布点乱。而大中型项目却往往因筹资能力不足而发展相对缓慢。这就使企业规模结构小型化。以钢铁工业为例,1969 年,中小企业的铁产量占全部产量的 15%,1982 年为 26.5%,1988 年达 32.2%。1978 年,中小企业的钢产量为 10.2%,1988 年提高到 23.1%,1989 年达 25%。在 1989年增长的 189 万吨钢中,167 万吨来自中小企业。在钢材产量中,中小企业的比重更是不断上升,1988 年已占到全国总产量的 1/3。[①] 其实,在中国,钢铁工业的集中度还算是比较高的,据有的学者分析,钢铁产业的产品大约有 50% 的产品是达到了规模要求的企业生产的（这样的产业,除钢铁之外,还有石油加工等极少数产业）,而其他产业的绝大部分产品则都是由未达到规模要求的企业生产的,从国际比较看,中国产业的集中度是大大偏低的（见表 7-24）。企业规模过小,数目过多,是导致工业经济效益下降的重要原因之一。

3. 产业结构失衡,资源配置效率下降。由于国家直接控制的投资资源减少,一些主要靠国家投资的部门,特别是投资回收期长,直接盈利率低,资金需要量义大的基础产业（加工工业的上游产业）的资金供给遇到严重的困难。国家对农业、能源、原材料工业的投资增加不多,

---

① 参见吉小明、董迎:"双轨制条件下的产业组织和产业政策——关于钢铁产业组织结构调整的分析",载《中国工业经济研究》1991 年第 1 期。

甚至有所减少，现行的价格体系又使资金大量流向价高利大的加工工业，从而使上游产业成为产业结构中的瓶颈。这使得过去那种靠低价原材料和能源支持制造业的高盈利，进而向国家上缴高税利的资金流程受到阻隔。由于信用型纵向筹资的融资渠道仍然十分狭窄，筹资机制的弹性较差，较大规模的筹资仍然要靠与上级（计划部门和国家银行）讨价还价的谈判，从而使得产业结构的优化调节机制缺乏弹性，表现为供给结构失调，有效供给相对减少，国家税利增长缓慢。

表 7-24　中国与日本若干产业集中度的比较（%）

产业	集中度 *	
	中国（1985 年）	日本（1963 年）
食品制造业	1.39	65.83
纺织业	1.92	46.40
造纸及纸制品业	7.74	78.40
化学工业	13.43	68.91
石油加工业	47.28	75.00
橡胶制品业	3.70	76.00
建筑材料及非金属矿物制品业	1.90	65.56
黑色金属冶炼及压延工业	31.86	76.44
有色金属冶炼及压延工业	21.03	77.29
机械工业	3.47	63.47
电气机械及器材制造业	3.61	68.53
交通运输设备制造业	11.17	72.57

* 集中度为产业内最大 8 家企业销售收入合计占全产业销售收入比重。

资料来源：转引自杨伟民："我国工业企业规模结构的实证分析"，载《中国工业经济研究》1991 年第 5 期。

为了解决因上游产业滞后而产生的一系列矛盾，国家不得不采取产业政策手段，抽取下游产业资金，投入上游产业。于是，一方面，自发的市场机制引导资金和资源向下游产业流动；另一方面，国家的产业倾斜政策如同"水泵"，抽取下游产业的资金向上游产业"供水"。

资金和资源在产业之间形成这种耗费极大的大循环,交易费用非常高,其中的摩擦、矛盾十分严重,使资金和资源的供给状况处于极为紧张和扭曲的局面。到处感到资金短缺,同时,资金的严重浪费又处处可见。

4. 信用型纵向筹资体制成为维持许多低效率国营企业生存的"输血袋"。企业严重亏损,可以向银行要求贷款,银行按政府制定的信贷政策规定,必须向这些企业提供信贷资金,即使明明知道这些资金是不能收回的。经济界人士称:过去企业吃财政的"大锅饭",现在是吃银行的"大锅饭"。

7.4 横向筹资机制的生成

寻求直接融资 在信用型纵向筹资机制的形成和演化过程中,横向筹资机制也在孕育和发展:80 年代,国家就开放了过去一直被禁止的企业间商业信用;随着企业自有资金的增加,企业间也有条件进行相互投资;国家债券的发行促进了证券市场的形成,特别是二级市场的发展已初具规模;个人可支配收入的增加,使居民储蓄和居民投资的作用越来越具有重要意义;银行之间的同业拆借和业务交叉使银行的纵向关系系统中也发展起日益广泛的横向融资关系;许多地区还形成了颇具规模的民间融资市场;随着企业横向联系,特别是横向联合发展企业集团的日益普遍化,产权转让市场也在逐步形成和发育起来。在这种情况下,一旦纵向融资渠道阻塞或禁闭,企业将面向市场去筹措资金。80 年代后期的经济紧缩时期,发生了大规模的所谓资金体外循环现象[①],就曲折地反映了企业力图摆脱纵向金融钳制,开拓横向融资渠道

———————————

① 资金体外循环现象的主要表现是,企业避开银行媒介,直接进行收支活动,现金往来大量增加。

的要求。

导致横向筹资活动日益频繁的重要条件之一是,80 年代,中国的货币资金供给大幅度增加。1979—1987 年,现金供给的年增加率为26.5%。M1 和 M2 的增长率(1980—1987 年)分别为 22.5% 和 25.3%。从国际比较看,这样的货币资金供给增长率是非常高的(见表 7-25)。较高的货币资金供给增长率尽管会产生许多副作用,如可能导致通货膨胀,但也为横向筹资活动的发展创新了金融条件。

表 7-25　1979—1987 年货币资金供给的国际比较(%)

国别	现金	M1*	M2*
日本	7.1	5.3	8.9
美国	11.7	8.2	8.2
英国	11.0	15.3	16.6
联邦德国	7.0	6.4	5.6
法国	6.4	7.6	9.2
意大利	11.2**	11.8**	11.4**
中国	26.5	22.5**	25.3**

* M1= 现金 + 活期存款

　M2= M1 + 定期存款

** 为 1980—1987 年数字。

资料来源:《中国的经济发展——与日本的比较》,第 234 页。

导致横向筹资活动日益频繁的另一个重要条件是,国家预算外资金和居民持有的资金和金融资产大幅度增加。80 年代末 90 年代初以来,每年预算外收入近 3 000 亿元,其中可用于全民所有制经济的投资资金约为 700 亿元。到 1991 年底,全国居民持有的包括银行存款在内的金融资产总额已近 20 000 亿元,每年净增加 1 800 亿—2 000 亿元。

预算外资金和社会闲散资金的大量存在和快速增长,使有价证券市场的发展前景诱人。不仅国家债券发行规模逐年扩大,而且,金融机构和各类工商企业也开始通过发行债券、股票来筹措资金。1981 年证券(仅有国库券)年末余额仅 48.66 亿元;1989 年猛增到 1 280.26 亿元;1991 年,证券余额超过 2 000 亿元。年证券交易量从 1988 年的不足 30 亿元增长到 1991 年的 200 亿元(见图 7-5)。

同业拆借市场的发展 自从改革以来,银行体制发生了很大变化。虽然迄今为止,银行还没有真正实现企业化,通过银行进行的融资活动还带有很强的纵向筹资因素,银行业务以及银行建制本身仍具有行政性,但是,商品货币关系的发展,毕竟使银行开始面向市场,逐步发展起横向筹资的媒介作用。其中,比较突出的表现之一就是,80 年代以来银行间同业拆借市场有较大发展,而且,经济越是发达的地区拆借市场融资活动越是活跃。1989 年,华东地区的拆借市场融资额占全国总额的 30.17%,中南地区占 20.07%。拆借市场具有将资金引向经济较发达地区的作用,这正好符合横向筹资机制的一般性质。

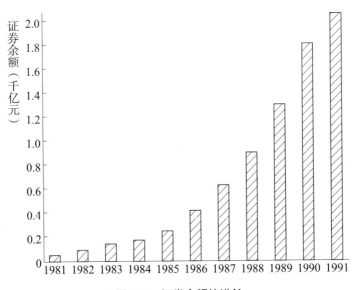

图 7-5 证券余额的增长

同业拆借市场与银行目前的其他资金运作业务相比，利率调节的作用明显较强，这也符合横向筹资的特征。尽管国家对拆借利率仍作了比较严格的限制，但在实践中，利率仍起着引导资金流向，反映资金利用效率的作用。具有关部门统计，1987—1990 年，华东、中南、东北、华北、西北五个地区，利率水平呈华东、中南偏高，华北、西北偏低的格局。例如 1987 年，华东拆借市场加权平均利率为 6.17‰，中南拆借市场为 5.99‰，西北拆借市场为 5.79‰，华北拆借市场为 5.58‰。这使得华东、中南市场对拆借资金有较强的吸引力，也反映了华东、中南地区资金利用效率较高。①

诱人的股份经济　随着改革的深入，在中国实行股份经济的问题越来越成为人们议论的一个热门话题。讨论股份经济有两个出发点，一是把它作为国有企业改革的目标模式，即实行股份化；二是从筹资的角度讨论实行企业股份制问题。从前一个出发点看，理论界的分歧很大，争论常常很激烈。而从后一个出发点看，意见分歧似乎就并不那么尖锐了。即使是反对国有企业股份化的学者，也大都并不反对通过实行股份制来筹集资金，尽管他们怀疑股份制经济在中国的筹资能力是否会如同想象的那么大。例如，吴树青教授认为："应当区分股份制和股份化两个不同的概念。股份制是利用股份公司的形式组织经济活动，范围可大可小，股份化意味着把股份公司这种形式普及到全部国有企业，使之彻头彻尾彻里彻外地实行股份制度。前者可以试验，后者在缺乏充分的理论和实证的论证时不宜提倡。"他也认为："实行股份制无疑有利于筹集社会上的闲置资金，可以将消费资金转化为生产资金，这对于解决国营大中型企业由于自身积累的有限性而不能满足其发展

---

① 参见石会文、严瑞麟："同业拆借市场发展与我国国民经济运行"，载《经济研究》1991 年第 12 期。

需要来说,当然是有益的。"并主张,"社会主义经济中股份制度主要应当是作为集体或个体经济为扩大生产规模,提高经济效益而实行的一种集资形式"。[①]

至于主张把股份制作为国有企业改革方向的人则更是看好股份经济在筹资过程中的积极作用。有的学者指出,目前,中国经济发展的融资机制存在一个突出的问题是,股本融资比重太小,债务融资比重过高。他们估计,新老企业平均股本资金,即自有资金占全部资金的比重不足 30%,债务融资比例高达 70% 以上。一些企业的债务融资比例更高达 80% 甚至 90% 以上。企业高度负债经营会带来一系列不良的后果。[②]他们主张,加快企业的股份制改革,为企业通过发行股票筹集资金奠定制度基础。

自 80 年代后期以来,一些地区开始建立股份制企业,并有一些企业的股票被批准公开上市。刚开始,人们对企业发行的股票反应冷淡,1987 年,深圳发展银行准备发行面值 20 元的股票 80 万股,遇到困难,实际只发了 39.65 万股。而到 90 年代初,深圳股市狂热,深圳发展银行股票溢价发行每股 3.56 元,最高黑市价竟高达 150 多元! 一些股票的市盈率(股票市价/税后利润)猛增,黑市上的市盈率竟高达一百多倍(见表 7-26)。以后,股市虽也有跌势,但总体上看,上海、深圳等地的股票市场行情看好,居民的投资热情较高。这使得许多企业都跃跃欲试,准备以发股方式筹集资金。有些大型企业和国家重点建设工程,例如三峡水利建设工程,也在酝酿发行股票,筹措股本资金。中国似乎要进入一个证券投资热的时期了。这在几年前还是难以想象的事情,现在却眼看就要成为千百万中国人的实践。

---

①　《吴树青选集》,山西人民出版社 1990 年版,第 570、576、580 页。

②　参见齐亮:"建立社会主义企业的股本融资机制",载《经济管理》1992 年第 3 期。

表 7-26 深圳股票市场情况
（1990.11.30）

发行公司	每股面值（元）	每股市价（元）		每股税后利润（元）	市盈率
		场内	黑市		
发展	1	76.82	150	1.2	64.02
万科	1	21.18	40	0.29	73.02
金田	10	265.35	330	3.67	72.30
安达	1	25.75	35	0.27	95.37
原野	10	176.76	230	3.33	53.08

资料来源：黄伟雄："深圳股份制企业和股市的发展及其启示"，载《中国工业经济研究》1991 年第 5 期。

金融深化 随着横向筹资机制的生成和发展，中国从 90 年代初出现了明显的金融深化现象。这种金融深化现象虽还不是市场经济条件下的那种金融自由化，但已表现出经济参数（特别是利率）调节作用的明显增强。

1. 国家信用的市场化和非行政性化。80 年代以前，国家债券的发行基本上是按行政系统派购，利率偏低，推销困难，主要靠强制摊派。80 年代末逐步上调国债利率，使之超过银行存款利率。到 90 年代初，国库券利率已明显高于银行利率且允许在二级市场转让，很快成为抢手的金融资产。1991 年的国库券 1/4（约 25 亿元）采取承销团承购包销的方式发行，相当成功。这标志着国库券已逐步走上经济发行的轨道。而且，在证券市场上，国库券的转让也较便利。国家信用的市场化使得国家债券的资信度大为提高。强制性派购已基本为自愿认购所代替。其中，关键因素之一是，利率调节发挥了较强的作用（见表 7-27）。

表 7-27　1991 年国库券利率与银行定期存款利率的比较

	期限	月息(‰)	年息单利率(%)	年息复利率(%)
国库券	3 年	8.33	10.0	9.14
银行定期存款	1 年	6.3	7.56	7.56
	2 年	6.6	7.92	7.63
	3 年	6.9	8.28	7.68
	5 年	7.5	9.00	7.71
	8 年	8.4	10.08	7.67

资料来源：根据中国工商银行公布的利率推算。

2. 逐步开放金融市场，包括证券市场。上海和深圳的证券交易所已走上正轨，运行基本正常。金融活动日趋活跃繁荣，融资工具大量增加，金融资产的流动性增强，筹资领域日益拓宽，筹资活动对经济参数变动的反应性也大为增强。

3. 国家更多地采取调整利率的方式，平衡资金供求。尽管至今国家对利率特别是银行利率的干预还很强，银行还未实现企业化经营，还无权根据市场状况自主调整利率，但是，一方面，国家对利率的控制已较多地考虑市场资金供求状况；另一方面，银行也获得了在一定限度内实行差别利率的权利。这使得利率的确定和变动比之过去更大程度上遵循了经济规律。尤其是在吸收居民储蓄方面，利率的调节作用明显增强。

4. 经过数次调整汇率，人民币外汇牌价严重偏离市场均衡价格的现象已得到根本性改观。目前，人民币外汇牌价、调剂价和市场价格之间的差距已日益缩小；人民币与外汇兑换券之间的市场比价已十分接近。这表明，高估人民币价值的状况已基本上得到扭转。而且，人民币银行存款的利率也明显高于外汇存款利率。总之，人民币的金融压制已有了根本性改观，人民币价格已趋坚挺。

当然，从目前的情况看，金融压制现象还没有真正消除，金融深化仍是很有限度的。这突出地表现为,国家对银行的垄断和对银行业务的直接控制,以及对金融市场的较多干预。问题是,在中国经济发展的现阶段,完全取消国家对金融活动的控制甚至管制,实行金融自由化政策,实际上是不现实的,因而也是不可取的。因此,单纯追求金融深化这意味着金融自由化也许并非明智之举。但是,可以肯定地说,就中国经济发展目前所达到的阶段及其客观条件和要求来看,金融深化所达到的程度还是远远不够的。正因为如此,在中国,资金短缺和资金利用效益很低这两个似乎矛盾的现象才会并存。按一般供求原理,资金短缺表明资金利用效益较高,只有利用效益高的东西才会供不应求(短缺);反之,凡是短缺的资源,都会因其价高而受到珍视,其利用效益应该是较高的,而不能有效利用短缺资源的人是无力支付短缺资源的较高价格的。但在中国,由于国家的干预,资金利率仍然偏低,这种金融压制政策导致了资金利用效益低下。特别是在1989—1991年的治理整顿时期,由于企业经营状况不佳,国家还下调利率来为企业解困,从而导致资金利用效益的进一步下降(见表7-28)。

表 7-28　全民所有制独立核算工业企业资金利用效益(%)

年份	资金利润率	资金利税率
1978	15.5	24.2
1981	15.0	23.8
1985	13.2	23.8
1988	10.4	20.6
1990	3.2	12.4

资料来源:《中国统计年鉴(1991)》,第416页。

　　这表明,中国的金融压制现象仍相当严重,通过金融深化来解决资金供求矛盾和利用效益低下的问题,还有许多的工作要做。

　　展望未来　中国工业化进入第二阶段与经济体制改革几乎是同时进行的。经济改革的实质是要使经济运行机制从高度集权的行政性计划经济模式转变为社会主义市场经济。商品经济关系和市场经济的发展,意味着资源和资金支配权以及经济决策权的分散化,意味着经济过程的货币化以及核算原则与利益原则的一体化。换句话说,在市场经济中,以货币为媒介的等价交换成为联结各经济主体并协调其利益的基本规则。这就使得中国工业化第二阶段的筹资和投资问题变得更具有战略重要性。如何将分散的资金通过经济合理的方式适当集中起来,投置于最有利于推进工业化过程的领域,将成为发展机制中牵动其他各个方面的一个中心环节。

　　关键的问题是,当储蓄主体与投资主体的多元化格局进一步发展,储蓄行为与投资行为分别由不同的经济主体按照各自不同的行为规则和偏好来运作时,如何有效地实现储蓄向投资的转化。从目前的国情看,至少在可以预见的时期内,银行系统仍将是实现储蓄—投资转化的主渠道。同时,也不应低估证券市场发展的势头。至今,进入证券市场的还主要只是各种债券,特别是国家债券占了很大部分,企业股票所占份额还很小。1991 年,发行证券 624 亿元,其中企业债券 120 亿元,占19.23% ;股票 4 亿元,占 0.6%。各种证券转让总额 554.7 亿元,其中企业债券 10.1 亿元,占 1.8%,股票 45.1 亿元,占 8.1%。这说明,企业直接融资尤其是股权融资还不具有全局性意义。但是,随着债券交易的规模扩大,证券市场体系正在形成和发育。债券交易也培养了公众的金融意识。这就为企业直接融资尤其是股权性融资创造了条件。一旦将股票注入这个已臻完备的证券市场体系之中,股票市场将成为实现储蓄-投资转化的一个十分有效的渠道。因此,也许可以大胆预言,尽管以银行系为媒介的间接融资仍将是实现储蓄-投资转化的主渠道,但在不久的将来,以证券市场为媒介的企业直接融资也将成为实现储蓄-投资转化的一个重要渠道。与此同时,各种非银行金融机构所从事的信托保险业也将有较大发展,成为间接融资的另一个重要渠道。

不过,从中国现阶段的具体国情看,纵向筹资也还将保留其一定的地位。与一般发展中国家相比,纵向筹资机制(特别是通过财政渠道和国家银行筹集建设资金,进行大规模的重点项目投资)在中国工业化过程中仍将发挥较大的作用。因此,在中国工业化第二阶段的整个过程中,筹资模式的基本特征是:纵向筹资与横向筹资并存且相互交织,间接融资与直接融资并举且相互促进;经济性融资将成为主要的集资手段,但并不完全排除一定领域内行政性融资的必要性;筹资活动将更多地依托于市场过程,但国家(政府)在筹资和投资领域仍将发挥重要作用。[①]

---

① 参阅《经济发展与宏观筹资》第十一章。

第8章　技术进步、创新机制与产业组织

8.1　推动工业化的非资源因素

生产函数中的"技术进步"　经济学家和统计学家用生产函数来研究和分析投入要素与产出增长之间的关系时,惊奇地发现,资本与劳动投入的增加只能部分地解释产出的增长,而且,可以由资本和劳动投入的增加来解释的产出增长部分所占比重,有时甚至大大小于不能由资本和劳动投入的增加来解释的部分。用线性化的柯布-道格拉斯(Cobb-Douglas)生产函数

$$r_O = r_T + \alpha r_K + \beta r_L$$

来表示,即年产出增长率r_O,除了可以部分地由资本增长率r_K和劳动增长率r_L来解释之外(α和β分别为产出对于资本和劳动的弹性系数),还有很大一部分不能由资本和劳动的贡献来解释。这部分不能由资本和劳动的贡献来解释的产出增长,归因于某种非资源因素,在生产函数公式中由剩余项r_T来表示。

剩余项r_T的经济含义是颇难分析和解释的,经济学家们常常笼统地称之为技术指数(index of technology)、总生产率(total productivity)或技术进步(technical progress)。很显然,在生产函数中,技术进步实际上就是指除了资本和劳动等资源投入之外影响产出增长的一切其他因素。

经济学家们为了解释技术进步的性质，采取种种统计方法对剩余项 r_T 进行分解，从中分离出诸如资源在部门间的转移、规模经济知识进展等解释变量。尽管如此，在经济分析中，技术进步仍带有某种神秘色彩。特别是在研究各国经济发展时，技术进步是个不能忽视但又很难描述的现象和因素。

如果（仅仅是在逻辑上）设想人类生产有一个最初的始点，那时，生产条件只有土地（自然资源）和人自身。生产过程就是以某种方式使人力作用于自然资源，产生供消费的产品和用于进一步生产过程的劳动工具，这里所说的某种方式就是最原始的技术，没有一定的技术，自然资源和人力资源处于分离状态，不会创造出符合需要的产品。人类生产过程一旦从其始点出发，就不仅仅只需自然资源和人力资源两种投入要素，而且还需要使用各种生产工具（或劳动资料），生产工具本身又是人类劳动的产物，含有一定的技术因素，随着生产过程向纵深发展，生产工具日趋复杂，这种由人所创造，用于生产过程的生产工具（劳动资料），经济学家们通常称之为物质资本（其中也包括经人加工过的劳动对象，即原材料）。可见，生产过程就是土地、人力和物质资本三种要素的结合。由于在商品生产条件下，土地可以资本化，所以，为了分析的方便，经济学家们常常把土地也归入物质资本，统称为资本。于是，从抽象意义上说，生产过程就是资本与劳动的结合。

问题是，资本与劳动的结合并不是任意的，它既要符合人类劳动的一定目的性，又要符合客观规律所决定的某种可行性，换句话说，生产过程的进行，必须选择和不断创造出可行的生产要素结合方式，从人与物的关系上说，这种要素结合方式就是技术，要素结合方式的改善就是技术进步。

国内外学者曾对技术作过多种不同的定义，例如：

1. 技术是所有工业革新进程中的科学和工程活动；

2. 技术可看作是工程的同义语；

3. 技术是技巧的集合；

4. 技术是工业技术的科学；

5. 技术是能生产一定实际产品的投入要素的各种不同组合；

6. 技术是与工艺有关的知识，或工艺的实践。[①]

但所有这些定义都不外乎是说，技术就是使各种生产要素或经济资源结合为现实的生产力，即由之产生出新的物质产品的工艺方式或工程程序。至于这种工艺方式或工程程序是理化生物等自然科学知识系统地应用于生产（或生活）实践，还只是实践者的技巧，[②] 则并不影响对其进行经济分析。

从经济分析的角度看，技术或技术进步就是生产函数中可与表示资源投入的变量相分离的，一个表示非资源因素作用的独立因子。

制度安排与制度创新　在经济实践中，生产要素的结合，以及生产要素结合在宏观经济上的表现——经济资源的配置，不只是一种技术关系（或人与物的关系），而且要取决于一定的社会关系（或人与人的关系），而一定的社会关系又取决于或直接表现为一定的制度安排。也就是说，只有在一定的制度条件下，才能实现生产要素结合的技术关系。

在经济分析中，人们往往假定制度条件不变，从而抽象掉现实经济中制度变动的影响，来研究要素投入以及技术进步对产出增长的贡献。但是，如前所述，在经济分析中，技术进步是要素投入之外的剩余

---

① 参见国务院经济技术社会发展研究中心：《中国经济的发展与模型》，中国财政经济出版社 1990 年版，第 89 页；〔英〕阿列克·凯恩克劳斯：《经济学与经济政策》，商务印书馆 1990 年版，第 142 页。

② 有的学者认为，技术是一种混乱的、非科学的事，它包含有行动，但却不必制定行动的方案。这种行动当然是有知识作指导的，但大量这种知识是关于实践的知识，往往没有什么理论内容。参见《经济学与经济政策》，第 142 页。

（residual），如果不再对其作进一步的分解，则它实际上包括了除资源（要素）投入之外的所有非资源因素对产出增长的贡献。如果要对经济活动进行长期动态分析，不仅要分析经济发展的连续性过程，而且要分析经济发展的非连续性过程，若撇开制度安排和制度变动因素，就会大大限制自己的视野，从而减弱了分析过程和分析结论对现实经济的解释力，甚至使整个经济分析完全不得要领。因为，从整个人类经济发展史看，除了要素投入之外，制度创新与技术创新（技术进步主要通过技术创新以及技术扩散来实现）一样，是推动经济发展的主要因素。

谈到创新，人们不免要想到美国经济学家约瑟夫·熊彼特（Joseph A. Schumpeter）。这位创新理论的开创者是这样说的：

"生产意味着把我们所能支配的原材料和力量组合起来。生产其他的东西，或者用不同的方法生产相同的东西，意味着以不同的方式把这些原材料和力量组合起来。只要是当'新组合'最终可能通过小步骤的不断调整从旧组合中产生的时候，那就肯定有变化，可能也有增长，但是却既不产生新现象，也不产生我们所意味的发展。当情况不是如此，而新组合是间断地出现的时候，那么具有发展特点的现象就出现了……因此，我们所说的发展，可以定义为执行新的组合。

"这个概念包括下列五种情况：（1）采用一种新的产品——也就是消费者还不熟悉的产品——或一种产品的一种新的特性。（2）采用一种新的生产方法，也就是在有关的制造部门中尚未通过经验检定的方法，这种新方法不需要建立在科学上新的发现的基础之上；并且，也可以存在于商业上处理一种产品的新的方式之中。（3）开辟一个新的市场，也就是有关国家的某一制造部门以前不曾进入的市场，不管这个市场以前是否存在过。（4）掠取或控制原材料或半制成品的一种新的供应来源，也不问这种来源是已经存在的，还是第一次创造出来的。（5）实现任何一种工业的新的组织，比如造成一种垄断地位（例如通过

'托拉斯化'），或打破一种垄断地位。"[①]

　　熊彼特把创新视为一种执行新的组合的间断性变化。他所说的创新，内容十分广泛，既包括技术创新，也包括制度创新。但是，从另一方面看，他的创新概念又是比较狭窄的。他认为，创新是实现或执行新的组合，而且具有间断性特征，因此，发明不是创新，只有把发明应用于生产才是创新。实现创新的人不是发明家、技术员、工程师，而是企业家。他明确指出："我们把新组合的实现称为'企业'；把职能是实现新组合的人们称为'企业家'。""每一个人只有当他实际上'实现新组合'时才是一个企业家；一旦当他建立起他的企业以后，也就是当他安定下来经营这个企业，就像其他的人经营他们的企业一样的时候，他就失去了这种资格。"[②]

　　与马歇尔只强调经济过程的连续性不同，熊彼特强调经济发展过程中的间断性（或非连续性），因此，在熊彼特看来，存在某种资源或技术方法固然重要，这主要依赖于某种连续性的积累过程，但采用一定的制度形式或组织行为来实现新的组合更为重要，这往往主要取决于某种制度安排或制度创新，它通常是一个非连续性的变化过程。所以，在熊彼特那里，制度创新不仅非常重要，而且，技术创新也往往要通过制度创新（例如建立企业或形成新的企业组织形式）来实现。

　　熊彼特的理论固然有其局限性和缺陷，例如仅以市场经济为背景，认为实现创新的唯有"企业家"，但他所提出的许多观点是很有启发性的。经济发展确实不仅仅是一个可以用资源投入与产出间的连续函数关系来描述的累积性过程，而且是一个包含着无数种创新活动的非连续性过程。推进经济发展的不仅仅是各种资源的投入增长，而且还有

---

　　① 〔美〕约瑟夫·熊彼特：《经济发展理论——对于利润、资本、信贷、利息和经济周期的考察》，商务印书馆 1991 年版，第 73—74 页。

　　② 同上书，第 83、87 页。

技术进步(特别是技术创新)和制度创新这类非资源因素的作用。

工业化与非资源因素 工业化是经济发展过程中表现为一系列重大的非连续变化的阶段,在工业化过程中,资源投入的累积性增长是一个特点,而另一个更重要的特点则是,非资源因素的积极作用极为突出,特别是技术创新和制度创新层出不穷,日新月异地改变着国民经济的面貌,使经济增长、结构变迁以及人民生活水准的提高以若干年"上一个台阶"的质变和飞跃方式快速推进。工业化时期,经济发展中的间断性、跳跃性变化,是以往任何时期所根本无法比拟的。

首先是技术进步的节奏明显加快,新的工艺、新的能源、新的原材料,生产出一批又一批新的产品,形成一个又一个新的产业。与此同时,制度变迁的节奏也明显加快,大量新企业的创立,各种企业制度形式的出现,以至整个社会形态的变化,把一个又一个地区、一个又一个国家,以至整个世界都卷入产业革命和工业化进程的巨大洪流;商品经济制度的确立,包括市场竞争秩序的形成以及政府经济功能的不断演化,成为工业化时期经济发展的一个重要的制度标志。

空想社会主义者圣西门在资本主义工业化时期就已看到,"工业社会的特点有两个因素:知识和组织"。[①] 知识体现为技术,组织依赖于制度。新的知识和新的组织的不断出现,并被应用于生产领域,就是技术创新和制度创新。圣西门确实抓住了工业化的一些本质性特征:工业化不仅是经济资源的大规模开发和投入的时期,而且是非资源因素十分积极活跃的时期。

技术进步的经济学分类 对于技术进步,工艺学家、技术专家和经济学家常有不同的理解。在经济学家看来,技术进步的意义在于生产和再生产过程中投入—产出关系的改善,即投入-产出效率的提高。从

---

① 参见《后工业社会的来临——对社会预测的一项探索》,第88页。

一定意义上也可以作这样的理解:投入-产出关系的改善或投入-产出效率的提高就是(或可以被视为)用一定的技术投入替代稀缺资源,以较低的成本和较高的速率,实现人们(或社会)所期望的目标。

技术进步(更一般地说是技术变化或技术变动)过程是十分复杂的,从抽象意义上说,技术进步就是生产函数的变化,但具体分析,技术进步又总是要经过若干步骤。熊彼特认为,技术进步一般经过发明、创新和扩散(从厂商的角度看是模仿)三个步骤。谢勒(F. M. Scherer)则认为,技术进步要经过发明、企业家职能、投资、开发等四个阶段。[1]阿·凯恩克劳斯给创新下了一个很宽的定义,他说:"我把创新看作凡是在事物的现有秩序中引入任何新颖的因素都包括在内。"[2] 他认为,在现实生活中,发明、创新和模仿是"你中有我,我中有你的"[3]。"模仿者也应被看作是某种创新家。正像一个创新家一旦对于一项发明进行研究,也可能搞出一些小发明一样,一旦一个模仿者开始模仿一种创新时,也会有一些较小的创新"[4]。他还认为,"新技术的注入是一种商业活动,与科学或研究与开发很少或没有关系,而大多是靠借鉴和采用已知的东西"[5]。在经济发展中,无数"小的改进"比"重大改进""更加重要",因而,"创新是渐进的"[6]。

因此,根据经济分析的要求,可以从不同的角度来刻划技术进步的类型特征,或按不同的分类标准,来对技术进步的类型进行划分。

1. 以技术进步的目标为分类标准,工业化过程中的技术进步常见

---

[1] 参见〔美〕肯尼斯·W. 克拉克森等:《产业组织:理论、证据和公共政策》,上海三联书店 1989 年版,第 594 页。

[2] 《经济学与经济政策》,第 122 页。

[3] 同上书,第 123 页。

[4] 同上书,第 126 页。

[5] 同上书,第 151 页。

[6] 参见同上书,第 127 页。

有三种类型：一是以建立工业经济体系（或增强自力更生的国力）为目的的技术进步，简称追求自力更生的技术进步；二是以追赶尖端技术（特别是军事工业技术）水平为目的的技术进步，简称追求尖端技术的技术进步；三是以提高生产效率，增加经济效益为目的的技术进步，简称追求经济效率的技术进步。

2. 以技术进步对要素投入结构的影响为分类标准，技术进步可分为三类，西方学者也称之为技术进步的三种倾向（technical change bias）：一是节约劳动的技术进步（也称资本密集型技术进步）；二是节约资本的技术进步（也称劳动密集型技术进步）；三是中性技术进步，即随着技术进步，生产函数中资本边际产出率与劳动边际产出率的比值保持不变，通俗地说就是，技术进步对资本和劳动的节约程度是一样的，它同比例地减少了生产同量产品的资本与劳动的投入量，因而不改变资本与劳动的比率。在理论分析中，中性技术进步往往被作为一个方便的假设，而在现实中，中性技术进步的情况是很少见的。

3. 以科学技术自身的发展水平为分类标准，技术分为传统技术、中间技术、先进技术、高科学技术等层次或演进阶段。相应地，技术进步也可划分为发展传统技术的技术进步（简称传统技术进步）、发展中间技术的技术进步（简称中间技术进步）、发展先进技术的技术进步（简称先进技术进步）和发展高科技的技术进步（简称高科技技术进步）等类型。

4. 以技术变化的质态分类，技术进步可分为技术革新和技术革命两种类型。前者是技术进步的渐进和连续态，是在既定科学原理条件下的技术发展；后者是技术进步的飞跃和非连续态（间断态），是由科学原理的重大突破或崭新科学原理及其科技成果的产业化而导致的技术发展。

5. 以技术进步的载体（或实现条件）为分类标准，技术进步可分为蓄含的技术进步（embodied technical progress）和非蓄含的技术进步（unembodied technical progress）两类。前者是与资本投入密切相联的技术进步，它的实现须以大量的投资为条件；后者是与资本投入关系不甚密切的技术进步，它的实现不须以大量的投资为条件。

6. 以技术进步的途径分类，技术进步可分为原发性（或自创性）技术进步和获得性（或继发性、扩散性）技术进步。前者是本经济系统内的技术发明所推动的技术进步，后者是通过引入本系统之外的已有技术而实现的技术进步，它是技术扩散的结果。

创新机制与产业组织 在经济发展中，无论是技术进步（特别是技术创新）还是制度演进（特别是制度创新），都是通过一定的经济机制来实现的（技术进步和制度演进当然还取决于许多非经济因素，但本书主要只讨论经济因素）。一个国家（或地区）能否充分发挥非资源因素（技术、制度）以及与之密切相关的资源投入在推动经济发展中的积极作用，取决于是否有一套有效的创新机制。

创新机制是个复杂的结构—功能系统，至少包括以下几个基本要素：

1. 创新主体，即创新活动的执行者或承担者。如前所述，熊彼特认为，企业家是创新活动（新的组合）的执行者，这是以资本主义市场经济的现实为背景所作的判断。其实，在不同的经济形态中，执行创新的经济主体是不同的，而且，即使是在资本主义市场经济中，企业或企业家也并不是实现创新的唯一主体，除了企业或企业家之外，国家，更具体地说是中央和地方政府，也可能成为创新主体。

2. 动力机制，即各个创新主体进行创新活动的动因或动机。通常，各创新主体总是出于某种利益考虑才积极或消极地进行创新，所以，动力机制也可以称为利益机制或激励机制。

3. 信息机制，即创新主体如何获得进行创新活动的各种信息，信息的取得是作出创新决策的前提。

4. 决策机制,即由谁以及如何(经过何种程序)来作出创新决策。在许多情况下,创新主体就是决策主体,当企业或国家完全独立地作出创新决策,并实现创新过程时,就是这样;但在有些情况下,创新主体与决策主体并不完全一致,当存在创新活动的多层决策结构,或创新主体作出创新决策时要受到其他经济实体的干预时,就是这样。

在现实经济中,形成创新机制的上述基本要素是密切结合在一起的,而整个创新机制与产业组织又是密不可分的,在许多场合,两者甚至直接就是同一的。

从亚当·斯密开始,经济学家们就十分重视组织的作用,没有一定的组织,生产要素就不能形成现实的生产力。马歇尔认为,组织至少与土地、劳动、资本等生产要素同样重要,甚至比后者更为重要,他说,"有时把组织分开来算作是一个独立的生产要素,似乎最为妥当"。[①] 马歇尔对组织的理解是较广义的,他说,组织"有许多形式,例如单一企业的组织、同一行业中各种企业的组织,相互有关的各种行业的组织,以及对公众保障安全和对许多人提供帮助的国家组织"。[②]

由于资本主义经济的典型形态是市场经济,所以,在资产阶级经济学家看来,作为经济组织的主要组成部分的产业组织,实质上就是市场组织或市场结构问题,中心内容是市场竞争和垄断。经济学家研究产业组织是要"解释为何市场以现有的形式组织起来,以及这种组织又是如何影响这些市场运行的方式的"。他们"过去、现在、很可能在将来,感兴趣的焦点都集中于由不同类别市场组织所引发的国民经济问题"。[③]

---

① 《经济学原理》上卷,第 157 页。
② 同上书,第 158 页。
③ 《产业组织:理论、证据和公共政策》,第 10 页。

也有的学者对组织作不同的理解,他们认为:"组织(organization)是指具有共同目的,并为实现该目的而不断自觉地互相调整行动的复数的个人联合体。"[1] 组织与市场是相对应的两种不同的东西,"'市场'是不以共同的目的为前提的'协作'体系;'组织'则是以共同的目的为前提的'认同作用'体系"。[2] 根据这一理解,他们认为,"市场经济是根据市场体系的原则,尽可能包括社会大部分的经济;计划经济是根据组织原则,尽可能包括社会大部分的经济。在这个意义上,我们设想两者的目的都在于实现市场的普及或组织的普及"。[3]

为了明确所使用的概念,我们对产业组织作如下的定义:广义的产业组织是指使各种生产要素(一定程度上也包括技术进步这种非资源因素)结合起来,实现某种配置状态的经济形式或经济过程。显然,广义的产业组织包括了企业组织和狭义的产业组织,狭义的产业组织是指各种生产要素(一定程度上也包括技术进步这种非资源因素)在企业之间进行结合和配置的经济形式或经济过程。市场和计划都是实现产业组织的经济机制。

十分明显,创新机制与产业组织同经济体制结构及其变化也是密切相关的,从一定意义上说,后者构成了前者的基本的制度前提。当然,从另一方面看,重大的制度创新和产业组织的重大变化,也会导致经济体制结构的变化。

8.2　中国工业化的技术选择和技术进步

技术选择的自由度　任何国家的经济发展都不能离开人类文明史

---

[1]　《经济社会学》,第 219 页。

[2]　同上书,第 233 页。

[3]　同上书,第 234 页。

的大道,技术进步的演进过程有其自身的客观逻辑和历史轨迹,技术积累、继承是技术发明、创新的前提,因此,任何国家的现代技术发展都只能在其所处的现实时空方位中起步和推进,特别是现实的经济条件,决定了技术选择的空间范围。

新中国建立初期,近代工业十分落后,现代产业几乎是一片空白,与工业化国家相比,中国的工业技术水平至少落后 150 年以上,从这方面看,中国工业化初期的技术进步无疑具有追赶性质,即沿着世界近现代工业发展的历史轨迹,以较快的速度缩短与工业发达国家之间的巨大差距。

从另一方面看,每个国家又都有其区别于其他国家的具体国情和条件,各国工业化过程中的技术进步都有其特殊性,所以,后进国家的技术进步也决不能是从先进国家那里进行简单的技术移植。任何国家实现技术进步都要有适应本国的资源禀赋、经济实力和文化环境的技术创新。

从以上两方面看,经济发展过程中的技术选择都有其客观现实基础,人们不能凭自己的主观意识任意选择技术进步的方向和类型。如果观察一下任一国家在较长时期内的技术进步轨迹,将会发现,人们(社会)进行技术选择的自由度是很有限的。

这当然不是说一个国家在进行技术选择时不可能有任何积极的作为。在作出技术进步的战略选择上,人的主观意识和主观能动性也能起很大的作用。而且,一般来说,国家越大,在技术选择上的回旋余地也越大,技术选择的能动作用较强,可以在相当程度上摆脱客观条件的制约。因此,观察世界上各个大国的经济发展和技术选择的历史和现实状况,可以发现,其形式特征可以在较大程度上偏离世界各国平均的标准形式的动态轨迹。中国是个大国,长期以来实行计划经济体制,所以,在技术选择上表现为拥有较大的自由度。当然,深入地分析仍会发现，尤其是从一个较长的时期看，中国在技术选择上的"自由"，也是受到客观条件的限制的，"自由"永远也不可能摆脱一定的"必然"而成为不受约束的任意行为。

政策选择及其实际效应　在中国工业化过程中，国家（政府）的技术政策发挥了异常强大的作用。这里所说的技术政策泛指有关技术进步或实际影响了技术进步轨迹的一切政策行为。这种强大的技术政策行为，使中国工业化过程中技术进步的动态轨迹带有十分明显的主动选择特征。但是，如前所述，技术选择的自由不可能完全摆脱客观的必然，所以，带有强烈的主动选择特征的技术进步轨迹，也总是同时表现出客观制约因素不可抗拒的影响力。正因为如此，中国工业化过程中的技术进步具有多方面的二元特征。

新中国诞生以来，技术进步的首要政策目标是填补现代产业空白，建立完整的国民经济特别是工业经济体系。也就是说，中国技术进步政策的重点是，最大限度地支持和促进追求自力更生的技术进步。考虑到当时所处的国际政治经济环境，在某些领域（例如军事工业领域），国家政策也在相当大程度上倾向于推动追求尖端技术的技术进步。

在工业化初期即重点支持和促进追求自力更生的技术进步，意味着技术进步必然（或必须）与工业经济的外延型增长密切相结合，新技术的采用与投资建厂及新产业的建立密不可分。因此，在代表工业进步水平的主要产业的发展中（即工业发展的主流中），是以蓄含的技术进步为主导的，技术革命高度依赖于大量的资金投入和大规模的固定资产基本建设。

要在原先十分落后的经济和技术条件下，大规模地推进蓄含的技术进步、技术革命的实现只能主要依靠获得性技术进步。这在中国工业化过程中主要表现在两个方面：

1. 技术引进在中国工业技术进步中具有特别重要的作用。1949—

1962 年,主要从苏联和东欧国家引进技术,以 156 项重点工程为中心,共引进 400 多个项目,初步奠定了工业化的基础。可以说,中国的现代工业技术革命就是以此为发端的。60—70 年代,中国经济发展处于封闭状态,技术进步缓慢,但也从日本和西欧国家引进了一些先进技术,填补了一些技术空白,提高了生产能力。从 1972 年(中国在联合国的合法席位得到恢复)开始,多次形成从西方国家引进技术的高潮。1972—1977 年,共引进 222 项,用汇约 43 亿美元;1978 年签订 1 200 多个技术引进合同,成交额达 78 亿美元;1979—1989 年引进项目达 14 000 多项,用汇 200 多亿美元。每一次技术引进高潮都促成了工业技术水平的较大幅度提高,主要产业中的许多大型成套设备和工程装置都是技术引进的成果;一些技术水平较高的新产业的形成,或产业技术水平的飞跃性提高,也在很大程度上(甚至主要是)依赖于大规模的技术引进。

2. 国内的许多工业技术设备的设计制造以至工艺技术标准的确定,都是从国外技术获得直接或间接的借鉴,有些则是对国外产品的仿制或改制。

当然,在某些产业的技术革命中,自创性技术进步也发挥了很大作用,国家组织攻关的一些重大项目对工业技术进步作出了突出贡献。但从总体上看,中国工业技术革命的主流是获得性技术进步,这是由中国工业化过程所处的时空方位所决定的,也与中国所走的工业化道路及经济体制有着直接关系。

与技术革命主要依靠获得性技术进步形成鲜明对比的是,中国大量的技术革新主要依靠自创性技术进步。尤其是在工业化第一阶段,中国经济的开放度很低,重大的技术进步(技术革命)项目由国家决策出资从国外引进,而大量的技术革新问题则只能立足于靠自己的力量解决,而且是在技术信息较闭塞的条件下进行自我摸索创新。这就决定了即使是在国外已较成熟的技术革新项目，也必须在国内组织力量进行研制开发。

　　进一步说，中国的资源条件也与发达国家有很大差别，即使是一些现成的技术，也必须根据中国的具体国情进行改造，例如，在中国，大量的一般技术革新项目要求少花钱多办事，要求土法上马或土洋结合，这也决定了中国的技术革新必须具有自创性。总之，获得性技术革命与自创性技术革新并存是中国工业化，特别是工业化第一阶段工业技术政策和技术进步的一个显著特点。

　　中国工业技术进步政策的另一个显著特点是，资本密集型技术进步与劳动密集型技术进步存并，先进技术进步与中间技术进步及传统技术进步并存的二元技术进步倾向。

　　由于追求自力更生的技术进步与外延型工业增长及重工业的优先发展密切相关，蓄含的技术进步意味着技术进步对资金投入的高度依赖，获得性技术进步实质上是国外技术的扩散，而国外技术大都是在资金丰裕的条件下形成因而具有节约劳动倾向，所以，中国工业体系中较先进的产业部门的技术进步大都具有资本密集的特点。同时，在另一方面，由于受人口众多、资金短缺的基本国情所制约，中国工业在总体上又不可能都发展资本密集型技术，在众多的中小企业，特别是后来逐步发展起来的农村工业中，劳动密集型技术进步必然占有突出地位，相应地也只能以发展中间技术甚至传统技术为主。这样，整个工业技术水平必然呈现为明显的梯度特征，各梯度层次之间具有明显的技术差距，因而表现为二元化的技术结构特点。

　　技术成长和技术结构演进　自新中国诞生以来，在实现国家所选择的技术进步的政策目标方面，中国的技术成长取得了令人瞩目的成就。经过三十多年的建设，大致到第六个五年计划完成时，就建立起了门类齐全的工业经济体系，在现代工业的各个主要部门或行业，差不多

都形成了在世界上不容忽视的生产能力,中国工业的主要产品产量居
世界的位次都大大提前(见表 8-1)。1952 年,全民所有制工业企业固
定资产原值仅 107.2 亿元(净值 71.1 亿元),1988 年达 7 579.9 亿元(净
值 5 142.8 亿元)。货运量 1949 年为 16 097 万吨,1989 年达 988 435
万吨;货物周转量 1949 年为 255 亿吨公里,1989 年达 25 591 亿吨公里。
科技人员的总数及其在职工中的比重也有大幅度增长(见表 8-2)。
1952 年,全民所有制单位自然科学技术人员数仅 42.5 万人,平均每万
职工中科技人员数为 269 人。到 1990 年,全民所有制单位自然科学技
术人员数达 1 080.9 万人,平均每万职工中科技人员数为 1 044.7 人,另
外,在县(市)及县(市)以上各部门所属集体所有制单位(不包括乡、
镇、城市街道所属的集体所有制单位)中,也已有各类自然科学技术人
员 64.5 万人,其中,工程技术人员 28.8 万人。这表明,经过四十多年的
建设,中国工业的物质技术水平有了很大的提高。

表 8-1　中国主要工业产品产量居世界位次的变化

	1949 年	1957 年	1965 年	1978 年	1980 年	1985 年	1988 年	1989 年
钢	26	9	8	5	5	4	4	4
煤	9	5	5	3	3	2	2	1
原油	27[*]	23	12	8	6	6	4	6
发电量	25	13	9	7	6	5	4	4
水泥		8	8	4	3	1	1	1
化肥		33	8	3	3	3	3	3
化学纤维		26[**]		7	5	5	4	4
布		3	3	1	1	1	1	1
糖			8	8	10	6	6	6
电视机				8	5	3	1	1

[*] 1950 年数字。

[**] 1960 年数字。

资料来源:《中国统计年鉴(1991)》,第 830 页。

表 8-2　全民所有制单位自然科学技术人员数

项目	单位	1952 年	1978 年	1985 年	1989 年	1990 年
科技人员总计	万人	42.5	434.5	781.7	1 035.1	1 080.9
其中：工程技术人员	万人	16.4	157.1	340.4	480.7	510.1
平均每万职工中科技人员	人	269.0	593.3	869.5	1 024.0	1 044.7
其中：工程技术人员	人	103.8	214.5	378.7	475.5	493.0

资料来源：《中国统计年鉴（1991）》，第 736 页。

由于建立了比较雄厚的物质技术基础，四十多年来，轻重工业各部门的生产能力都大幅度提高。一大批新产业崛起，各类工业产品从无到有，从少到多，迅速增长，反映了工业技术水平的不断提高和技术创新的实际绩效，也反映了产业结构水准和技术结构水准的高度化（见表 8-3）。尤其是加工制造业的增长很快，其中，技术创新的作用十分显著。

新中国成立初期，几乎没有几家大中型工业企业，即使是在当时算作比较先进的企业，与一般工业企业的技术差距也不算很大，绝大多数工业企业与国际先进的技术水平相比，都是大大落后的。可以说，当时中国工业整体上处于低技术水平状况，不妨称之为低水平一体化的技术结构。

表 8-3　若干种主要工业产品产量的增长

产品名称	单位	1949 年	1952 年	1957 年	1965 年	1975 年	1985 年	1989 年
化学纤维	万吨			0.02	5.01	15.48	94.78	148.09
缝纫机	万架		6.6	27.8	123.8	356.7	991.2	956.3
自行车	万辆	1.4	8.0	80.6	183.8	623.2	3 227.7	3 676.8
表	万只			0.04	108.3	809.0	5 447.1	7 559.7
合成洗涤剂	万吨				3.0	22.3	100.5	149.6
家用电冰箱	万台			0.16	0.30	1.8	144.81	670.79
家用洗衣机	万台					0.04[*]	887.2	825.4
录放音机	万台			0.1	0.5	3.2	1 393.1	2 418.1

（续表）

产品名称	单位	1949 年	1952 年	1957 年	1965 年	1975 年	1985 年	1989 年
收音机	万台	0.4	1.7	35.2	81.5	935.6	1 600.3	1 834.7
电风扇	万台					137.8*	3 174.6	4 991.9
电视机	万台			0.02**	0.44	17.78	1 667.66	2 766.54
照相机	万架			0.01	1.72	18.49	178.97	245.18
农用化肥	万吨	0.6	3.9	15.1	103.7	370.9	1 143.8	1 424.1
乙烯	万吨			0.07***	0.30	6.47	65.21	139.57
塑料	万吨		0.2	1.3	9.7	33.0	123.4	205.8
金属切削机床	万台	0.16	1.37	2.80	3.96	17.49	16.72	17.87
汽车	万辆		0.01****	0.79	4.05	13.98	43.72	58.35
铁路机车	台		20	167	146	526	746	680

* 为 1978 年的数字。　** 为 1958 年的数字。

*** 为 1960 年的数字。　**** 为 1955 年的数字。

资料来源：《中国统计年鉴（1990）》，第 453—458 页。

经过四十多年的建设，情况发生了很大变化。通过获得性的技术革命，加之国家在若干重要部门组织技术攻关和大规模投资，一大批大中型骨干企业创立和发展起来。这些大中型骨干企业的技术水平与国际先进水平的差距明显小于中国工业整体技术水平与国际先进水平的差距。大中型企业创造的产值和实现的利税逐步占居整个工业的主导地位（见表8-4）。与此同时，为数众多的小型工业企业也迅速发展起来。小企业的技术来源基本上是自创性的技术革新，主要靠自力更生，土法上马（80年代以来，情况有所变化，下文中很快就将谈到这一变化）。即使是获得性的技术进步，主要也只能靠对国外产品的仿制或改制，因为，与大中型企业相比，小型企业从国外引进技术，实现获得性技术进步存在很大困难，特别是体制障碍。

这样，就工业技术的总体状况而言，大中型企业具有技术水平、资金密集度和劳动生产率比较高的特点，相对来说，小型企业的技术水

表 8-4　1989 年大中小工业企业若干经济指标比较

类别	企业单位数（个）	占企业总数的比重（%）	总产值（亿元）	占总产值的比重（%）	资金产值率（%）	利税总额（亿元）	占利税总额的比重（%）	资金利税率（%）	全员劳动生产率*（元/人）
大型企业	3 657	0.87	5 769.30	33.02	103.15	1 023.73	44.99	18.30	19 522
中型企业	8 505	2.03	3 454.29	19.77	131.44	463.86	20.39	17.65	16 728
小型企业	407 809	97.10	8 250.31	47.22	154.74	787.87	34.62	14.78	9 532

* 为 1985 年的数字。

资料来源：《中国统计年鉴（1990）》，第 419、421 页；《中国工业经济统计资料（1986）》，中国统计出版社 1987 年版，第 57 页。

平、资金密集度和劳动生产率都低于大中型企业。从表 8-4 中可以看到，大中型企业的全员劳动生产率高于小型企业，而小型企业的资金产值率高于大中型企业，这反映出两类企业具有不同的技术倾向。大中型企业尽管具有资金密集性，但其资金利税率仍明显高于小型企业，这反映了两类企业之间在技术水平上的差距。

80 年代以来，一方面，随着对外开放的不断扩大，技术引进的规模和速度都超过前 30 年；另一方面，农村工业的迅猛发展又使传统技术和中间技术的运用获得了广阔的空间。工业技术进步在上述两个层面上都有很大推进。

总之，在中国工业化过程中，工业技术结构呈现明显的二元化特征，这种技术结构特征有不断强化的趋势，这样，低水平一体化技术结构演变为高低水平差参并存的二元技术结构。从中国的基本国情以及技术选择的基本取向（或战略意向）看，二元技术结构的形成和发展，是工业化过程中技术进步的一个必经阶段。

技术进步的贡献　经济发展是靠要素投入（资源投入）和广义的

技术进步（它包括一切非资源因素所起的作用）推动的。从理论上说，要素投入量的增长是有限度的，而技术进步可以是无限的。但是，技术进步与要素投入又总是密切相关的，纯粹非蓄含性技术进步是很少见的。长期以来，经济学家们一直希望用某种计量方法，来识别要素投入与技术进步对经济增长的相对贡献份额。

为了估计在中国经济增长尤其是工业增长中技术进步的贡献，不少学者采用各种计量模型进行了统计分析。尽管由于计量模型不可避免的缺陷或估算技术进步贡献的理论本身的局限性．关于技术进步贡献的估计值的精确性值得怀疑，但是，从所有这类分析结果中归纳出以下结论则基本上是可信的：

1. 技术进步是国民经济增长的一个重要因素，特别是在 50 年代中期以前的工业化起步时期和 70 年代中期以后的改革开放时期，技术进步的作用更为显著（见表 8-5、表 8-6）。

表 8-5　技术进步对经济增长的贡献（%）

时期	技术进步对经济增长的贡献份额
1952—1957 年	27.28
1958—1965 年	8.24
1965—1976 年	4.10
1976—1980 年	31.47

资料来源：李京文、郑友敬主编：《技术进步与产业结构——概论》，经济科学出版社 1988 年版，第 72—76 页。

表 8-6　中国工业技术进步状况（%）

时期	统计范围	年技术进步速度	技术进步对产值增长的贡献份额
1965—1978 年	全部工业企业	0.83—1.11	9—12
1965—1984 年	全部工业企业	2.15—2.50	23—27
1978—1987 年	全部工业企业		30.1（索洛法）

（续表）

时期	统计范围	年技术进步速度	技术进步对产值增长的贡献份额
1978—1987 年	全部工业企业		33.25（TP-DEA 方法）
1952—1982 年	全民所有制工业企业	2.95	27.8

资料来源：李京文："技术进步是提高经济效益的重要源泉"，载《数量经济技术经济研究》1988 年第 3 期；史清琪、李光金："运用 TP-DEA 模型对中国工业技术进步的测算"，载《技术经济研究》1989 年第 14 期；王虹："技术进步及其经济测度"，载《科学管理研究》1989 年 12 月第 7 卷第 6 期。

2. 从国际比较看，中国经济增长和工业增长主要靠要素投入的增加，技术进步所起的作用相对较小（见表 8-7）。

表 8-7 经济增长因素的国际比较（%）

国别（时期）	经济增长率	劳力增长率	资金增长率	劳力增长作用	资金增长作用	技术进步作用
中国（1952—1982 年）	10.69	5.34	12.34	30	51	19
苏联（1965—1975 年）	8.18	2.17	8.45	24	13	63
美国（1946—1956 年）	3.61	0.70	4.12	17	12	71
日本（1952—1966 年）	9.50	1.93	7.76	15	20	65
韩国（1966—1976 年）	10.47	4.01	15.26	24	54	22

资料来源："技术进步是提高经济效益的重要源泉"，《中国经济的发展与模型》，第 108 页。

3. 由于技术进步贡献所占比重较小，全要素生产率增长率在产出增长率中所占的比重也明显小于发达国家及某些增长效率较高的发展中国家（见表 8-8）。

总之，在中国工业化过程中，技术进步虽作出了不小的贡献，但经济增长主要还是靠要素投入的增加。总体来说，中国工业化走的是一条速度较快，但成本较高，效率较低的发展道路。

表 8-8　全要素生产率增长率对经济增长的贡献的国际比较(％)

国别	时期	全要素生产率增长率在产出增长率中所占比重	国别	时期	全要素生产率增长率在产出增长率中所占比重
中国	1953—1955 年	24.3	美国	1948—1969 年	47.75
	1956—1957 年	13.6		1960—1973 年	30.20
	1958—1969 年	−4.4	日本	1953—1971 年	55.16
	1970—1977 年	0		1960—1973 年	41.30
	1978—1984 年	27.4	联邦德国	1950—1962 年	55.66
	1985—1987 年	−75.0		1962—1973 年	65.60
苏联	1950—1962 年	28.90		1973—1979 年	55.55
韩国	1960—1972 年	43.29	法国	1950—1962 年	73.63
			英国	1950—1962 年	53.36

资料来源:转引自汪海波:"对我国工业经济效益历史和现状的分析",载《中国工业经济研究》1989 年第 4 期。

8.3　技术进步机制与制度创新机制

国家主导的技术进步机制　由于中国工业化中,技术革命主要依赖于获得性技术进步,重大的获得性技术进步又具有蓄含性技术进步的特征,所以,工业技术水平的大幅度提高,技术水平较高的新产业的形成,大都要靠国家的大规模投资,特别是要求大规模引进国外技术设备。在计划经济体制下,大规模投资和技术引进都是由国家决策的,尤其是在 70 年代以前的高度集中的计划经济体制下,关于重大的技术创新及其相关投资的决策权都是由中央集中控制的。当国家感受到某个工业部门太落后,已成为整个经济发展的瓶颈,或迫切感受到某个新产业应尽快建立和发展时,就会作出投资和引进技术的决策,形成投资高潮和引进高潮。大规模投资和引进,不仅提高了一些工业部门的技术水平,使国内与国际水平的差距得以缩小,或较快地填补了一些产业空白,而且,使一些新的产业一开始就在较高的技术水准上确立自己的发展起点。

　　这是一种以国家为主导的技术进步机制。国家是技术进步的主体;推进技术进步的动力也主要来自国家实现国家工业化的战略意图,以及当落后的现实所导致的矛盾的积累形成对国家(政府)的较强压力;关于技术进步尤其是技术创新的大部分信息都须传递到国家决策机关才能成为真正有效的信息(即有可能成为决策的信息资源,对决策行为产生实际影响);因为,只有国家,尤其是中央政府,才有权作出有关技术进步(特别是技术创新)和投资的重大决策。

　　在这种以国家为主导的技术进步机制下,企业(及其他微观经济主体)处于十分被动的地位,基本上只能作为国家(政府)决策的执行者。

　　这种技术进步机制具有能够集中力量较快地"办成一些大事"的优点,有助于较快地建立起比较完整的国民经济体系,尤其是工业经济体系。但它的缺陷也是明显的。在工业化过程中,资金和外汇是最稀缺的资源,在一些部门进行大规模投资和技术引进,资金运用的集中度过高,必然导致在重视一部分企业或部门的同时,忽视另一部分企业或部门。一些获得投资和引进技术的企业和部门技术水平提高了,另一些企业和部门的技术改造却因缺乏资金供给而困难重重,它们只能指望在下一轮投资和技术引进高潮中,国家会看到它们的技术落后状况而给予重视。因此,长期以来,尤其是 70 年代以前,中国工业技术进步的部门结构总是高度倾斜的。

　　国家主导的技术进步过程以及技术进步的高度倾斜的部门结构,使得技术进步的轨迹具有某种特殊的周期性。

　　首先,整个工业技术进步的周期取决于国家决策的大规模投资周期,特别是技术引进周期。自 50 年代以来,中国曾有过几次大规模引进技术的高潮(技术引进高潮通常与投资高潮相联系),每一次技术引进高潮都推动一些工业部门在技术上以及生产能力上跃上一个较高的台阶。一次高潮过后,投资和技术引进的规模缩小,整个工业的技术进步速度也相应下降。当国家再次感受到技术落后的压力,作出大规模投资和技术引进决策后,技术进步就会又一次进入新的较快推进期。因此,在中国工业化过程中,技术进步的间歇性(非连续性)是相当明显的。

其次,由大规模投资和引进技术而创建的重点企业在技术上起初是比较先进的,企业的生产经营很快进入辉煌时期。但是,当基本建设完成了,引进的技术设备形成了生产能力,在原先较先进的企业,其技术进步也就失去了蒸蒸日上的势头。因为,此时,获得性技术进步和蓄含性技术进步的经济源泉——投资资金和外汇的供给断绝或大幅度减少,国家在投资和利用外资建立了技术较先进的企业之后,注意力即转向要求这些骨干企业尽可能地为国家和社会"多做贡献",而投资和技术引进的重点则转向其他部门或企业。这样,过了若干年后,原先技术水平较先进的企业将发现,它们与国际先进水平的差距又扩大了。它们不仅技术进步的速度下降,而且,设备陈旧、技术老化,迫切要求国家进行新一轮的投资和引进技术来改造老企业。一旦国家感受到这些企业技术落后的严重性,决定再次进行投资或引进技术,这些企业就又获得新生,焕发青春。不过,青春期过后,企业又逐渐变得老态龙钟,而在老工业企业比较集中的城市或地区则将发生老工业基地衰落的现象。与发达国家的老工业基地衰落不同,中国工业经济尚未达到成熟阶段就出现老工业基地衰落,主要不是由产业发展的周期所致,而是技术进步机制所导致的独特的技术进步周期性所造成的独特现象。

国家主导的技术进步机制的最大缺陷是,企业技术创新的动力和能力严重不足。在70年代以前的传统经济体制下,企业完全是政府部门的附属物,主要任务只是完成上级下达的指令性生产指标。进行技术改造,要由国家计划部门和主管部门决策和投资,要引进国外先进技术更得靠上级机关安排。企业的一举一动都得奉命行事,并无技术创新的内在动力。而且,企业财务实行国家统收统支,除非向国家(上级)申请技术改造投资,企业没有技术改造的其他资金来源。

80 年代以来,企业活力有所增强,开始向独立的商品生产者和经营者的地位转化。企业进行技术改造的积极性也有一定程度的提高。但是,迄今为止,从总体上看,国家主导的技术进步机制尚无根本性变化,企业进行技术创新的内在动力和实际能力仍十分衰弱。其主要表现是:

1. 企业技术改造资金严重不足。从内源融资方面看,一是折旧基金规模太小,甚至不足以维持简单再生产。改革以来,折旧率虽有所提高,但仍明显偏低,仅为 5% 左右,而且,由于通货膨胀,企业资产的重置价格已大幅度升值,但折旧基金仍按资产原值(或净值)的一定比例计提,所以,实际的折旧率远低于名义上的折旧率,不仅如此,折旧基金中还有一部分要上缴给国家。这样,所剩折旧基金对企业技术创新几乎发挥不了多大作用。二是企业实际留利水平很低。扣除各种正式的税费和名目繁多的"准税赋"(企业必须承担的各种社会公益性或管理性支出),企业的自留利润大致只占利润总额的 15% 以下。1991 年,中国工业经济协会调查了 193 家国营企业,发现企业留利有进一步减少的趋势,企业通过各种渠道交给国家的利税占企业纯收入的 91% 多,留下来的只有 8% 多一点。有的企业人均留利不到 200 元。[①]自留利润中的相当一部分还得用于集体福利和职工奖励支出,能够用于企业发展的资金实在是所剩无几了。

---

① 参见蒋一苇:"关于企业改革的系统思考",载《中国工业经济研究》1992 年第 4 期。

从外源融资方面看,企业融资渠道十分狭窄,企业很难进行直接融资(通过发行企业股票或债券进行融资);通过国家银行进行间接融资,取得技术改造贷款,也很难满足企业进行较大规模技术改造的要求,因为,(1)银行贷款资金有限,很难向几十万个企业提供充足的技术改造资金;(2)面对众多的企业,国家银行很难识别究竟哪些企业最需要进行技术改造,或技术改造的经济效益最好,所以,银行进行技术改造贷款具有相当大的盲目性;(3)贷款的期限不可能很长,尤其是当要求银行重视技术改造贷款的经济效益时(如果不要求银行考虑贷款效益,则会使项目选择的盲目性更大),银行贷款必然倾向于近期效益高的技术改造项目,而企业进行重大技术改造或研制新产品,则往往需要花较长的时间,特别是大中型企业技术投资的回收期或见效期可能要长达十几年;(4)由于种种原因,目前企业的经济效益水平较低,靠银行的大量贷款进行技术改造,企业深感难以承受利息负担。

2. 代表产业技术水平的国营大中型企业在科技人才的竞争中处于不利地位。这主要是由于收入分配格局的重大变化以及企业进行制度创新的被动性(这一点留待下节作专门的讨论)而引起的。70年代以前,国营大中型企业的职工工资水平在全社会各类居民的收入水平结构中处于高水准地位。80年代以后,越来越多的其他居民阶层的收入水平大幅度超过大中型企业职工的工资水平。大中型企业职工的相对工资率(与其他居民的收入水平相比较的工资率水平)实际上下降了。这使得这些企业难以吸引技术人才,有些骨干企业的技术人才(包括技术工人)严重流失,留在企业中的技术人才的积极性也受到挫伤。不少技术人才都把主要精力投入兼职活动,因为,兼职收入往往要高出工资的几倍。

3. 企业经营者的行为短期化,甚至采取种种非正常的博弈行为(有的国外学者称之为道德危险),对企业技术进步产生极大的不利影

响。因为在现行体制下，企业因技术落后而落伍并不会倒闭破产，企业
进行技术投资和技术改造也未必能得到多少实际利益，相反，可能还
会损失一部分近期利益；即使可以给企业带来利益，也未必发生在现
任经营者的任期内，而往往发生在下一任期内，所以，对于现任经营者
来说，进行大规模技术改造也许是为他人做嫁衣裳。而且，企业遇到
困难，经营者可以向国家讨价还价，要求国家让利或给优惠政策。特别
是大中型企业，进行技术创新比较艰巨，而它们与国家的"谈判"力量
又较强，所以，更倾向于伸手向国家要政策，要投资，或等待国家对它
们进行技术投入，例如提供技术改造资金，批准引进国外先进技术等。
目前，企业普遍实行了承包经营责任制，有的承包合同还把"保技术进
步"作为承包内容之一，但并没有从根本上解决企业对待技术创新的
行为短期化问题。企业经营者首先考虑的是每年或任期内的盈利水
平，在重大技术创新方面一般都胸无大志，至多只考虑一个承包期以内
的技术革新问题。在许多情况下，企业经营者争取技术改造项目的主
要意图实际上是争投资，争国家定点，争外汇指标，争优惠政策，甚至
是为了争出国名额。

　　总之，自实行改革以来，中国技术进步的状况虽有较大改观，但技
术进步机制没有本质变化，影响技术进步的主要障碍并未真正消除，
特别是，实行重大技术创新（技术革命）的主要推动力仍然是国家（政
府），而不是企业。随着工业化进程的推进，国民经济规模越来越大，
主要依靠国家来推动几十万个企业的技术进步，已越来越不适应经济
发展的要求。因此，要实现技术进步，有赖于技术进步机制的转换和国
家技术政策的根本性调整。

　　国家主导的制度创新机制　任何国家的工业化都伴随着重大的制
度变革，从一定意义上说，工业化过程在本质上就是包含着一系列制度
创新行为的组织体系演进过程。中国工业化过程中，制度变革更为激

烈,有时甚至是惊心动魄和急风暴雨式的。

中国工业化的起步或中国经济的起飞,是与社会主义制度的建立直接相关的,新制度的建立曾经焕发起人们巨大的建设热情,动员了亿万人民不计报酬地忘我劳动和中国历史上从未有过的投资高潮,近乎于形成只有在一些经济学家的理论构想中才存在的大推进(a big push)过程。

纵观中国工业化的历史进程,频繁的制度变动给人留下深刻的印象。自1949年新中国诞生,就开始进行大规模的制度创造。1952年12月提出了党在过渡时期的总路线,并被列入1954年通过的宪法。明确规定:"从中华人民共和国成立到社会主义社会建成,这是一个过渡时期。国家在过渡时期的总任务是逐步实现国家的社会主义工业化,逐步完成对农业、手工业和资本主义工商业的社会主义改造"。"中华人民共和国依靠国家机关和社会力量,通过社会主义工业化和社会主义改造,保证逐步消灭剥削制度,建立社会主义社会"。[①] 这使得中国工业化从一开始就与国家经济制度的根本性变革密切相联系。

到第一个五年计划完成的1957年,中国建立了社会主义工业化的初步基础,社会经济制度也发生了重大变革,农业、手工业和资本主义工商业的"三大改造"基本完成,使中国经济的制度结构基本上形成了单一公有制经济格局。社会主义的(全民所有制和集体所有制的)和基本上是社会主义的(公私合营的)工业产值的比重占99.1%,其他经济成分仅占0.9%。同时,在管理制度上也形成了高度中央集权的体制。

高度中央集权的经济管理体制,存在着统得过多、管得过死的缺陷,抑制了各方面的积极性和创造力。因此,从1958年起,在实行"大跃进"的同时,国家推进了对计划、工业、基本建设、物资、财政、物价、

---

① 《中华人民共和国宪法》,人民出版社1954年版,第5、7页。

商业等各方面管理体制的改革。总的原则精神是"统一领导,分级管理"。与原先的中央集中统一的体制相比,这实质上是一次中央向地方放权的制度创新尝试。但放权的结果是在相当程度上引起了混乱,从1959 年 6 月起,中央的政策倾向就开始转向强调统一领导,中央集权。直到"三年调整时期"结束的 1965 年,按照中共中央 1961 年 1 月《关于调整管理体制的若干暂行规定》的要求,经济管理权限又都重新集中统一到中央。

中央集权解决了分权引起的混乱,但不利于调动各方面的积极性。于是,又提出了"大权独揽,小权分散"的体制改革设想,1965 年 12 月,国务院下达了扩大地方经济管理权限和适当扩大企业经营自主权的文件。60 年代末 70 年代初,进一步推进了下放经济管理权限的改革。由于种种原因,特别是由于当时正值"文化大革命"时期,这次改革又没有成功。权力的下放引起混乱。"文化大革命"结束以后,一批大型骨干企业又陆续上收,由中央有关部门直接管理,扩大了国家统一管理的范围,加强了中央的集中领导,克服了"文化大革命"所造成的经济管理中的混乱和分散现象。但历史似乎又一次出现重复:加强中央集权的结果,又因统得过多、管得过死而抑制了地方特别是企业的积极性。

1978 年,党的十一届三中全会以后,中国进入了改革开放时期,制度创新活动空前活跃起来。改革的内容在许多方面仍然表现为中央向地方以及企业放权。

从以上对中国工业化过程中制度变革历史的简单回顾中可以看到,与技术创新相类似,中国工业化的制度创新也是国家主导的。制度创新的主体是政府特别是中央政府(或党中央),企业是被动的。不仅国民经济管理体制的建立和变动是由政府决定的,而且企业的经营形式、组织结构以及内部管理制度等也都是由政府(至少是在原则上)决定的。可以说,企业基本上没有组织结构选择和制度创新的权利。因此,尽管自新中国建立以来,体制变动很大,但企业却越来越缺乏制度创新的动力和想象力,因而经营形式和制度结构越来越单调,全国的企业几乎都是一个模式,而且,企业制度越来越变得要与政府的组织机构体系相适应,成为政府组织体系的延伸,企业直接就变为政府机构权力金字塔的基层。

自从 80 年代实行经济体制改革以来,情况发生了许多变化,特别是全民所有制经济之外的经济领域,企业内部的制度创新动力迅速生成,各种形式的企业组织结构和经营形式被创造出来,政府不再充当制度创新的设计者和实施者。在全民所有制经济中,制度创新的主体结构、动力结构以及决策结构等也发生了很大变化,企业制度创新的积极性和主动性在逐步提高。不过,整个 80 年代直到 90 年代初,全民所有制经济的制度创新机制从总体上看并没有发生根本的变化,有重大意义的制度创新仍然是国家决策的,企业作出制度创新决策的权利仍然很小,大多数企业进行体制改革都还是听命于政府,按政府设计的模式行事。政府仍然要为企业设计经营形式,无论是搞承包制、企业集团,还是实行股份制,都没有脱离政府提倡——试点——推广的"创新模式",企业内部的领导体制、管理制度等仍然(至少在原则上)要由政府来决定。从这一意义上可以说,80 年代的改革仍然是以国家为主导的制度创新机制充分发挥效力为基本特征的,企业自主的制度创新机制仍十分弱小。

技术进步机制及制度创新机制的转变　70 年代以前,企业主要靠国家以非经济方式无偿或低价供给各种资源,技术创新的能力和动力都很弱;企业的任务只是被动地完成国家下达的指令性计划,也没有自主进行制度创新的必要。80 年代以来,企业所获得的资源中越来越大的部分要以经济方式按反映资源稀缺状况的价格从市场上购买,这一变化也要求企业在制度上作出适应性反应,例如增强采购队伍,改变库存管理等。但如前所述,由于技术创新和制度创新的机制尚无根本性变革,所以,企业(主要指全民所有制企业)迎接资源供给方式变化的反应是相当被动的。面对资源成本大幅度上升的冲击,只能主要靠提高产品价格来部分甚或全部地转嫁负担。到了 80 年代末,在经历了工业制成品价格的几次大幅度上涨之后,终于遇到了我国人均实际收入水平低,因而市场需求量有限的障碍,于是,导致了社会主义经济发展史上少见的持续性大面积工业品销售市场疲软现象。一方面是资源成本上升,同时生产能力又急剧扩大;另一方面是市场需求形成有效约束,工业企业在两面夹击下,已没有其他退路,只有进行技术创新和制度创新,提高资源利用效率,以新的产品品种和更高的产品质量向市场提供价格合理、符合消费者需要的工业产品,才能摆脱困境。同时,需求约束和成本上升也使企业间的竞争加剧,各企业都有必要通过制度创新来提高市场竞争能力。总之,企业开始面临着要求实现技术创新和制度创新的巨大压力,必须通过广义的技术进步实现经济增长的良性循环。

中国当前所面临的技术进步的紧迫性与过去是不同的。过去,国家在技术进步的政策目标选择上有较大的自由度,当时的技术政策倾向于追求自力更生的技术进步。现在,在技术进步的政策目标上,几乎已没有其他选择余地,必须实现追求经济效率的技术进步,以提高企业的效率和经济效益,而这种追求经济效率的技术进步,特别是技术创新,与企业自主性的制度创新关系越来越密切。这就要求技术创新和制度创新机制发生根本性变化,即从以国家为主导的创新机制转变为以企业为主体和主要动力的创新机制。

80 年代的改革开放为创新机制的转换提供了契机和条件,90 年代,经济体制和科技管理体制的改革将进一步深化,对外开放将进一步扩大,这将使创新机制转换的条件日趋成熟。

　　自从实行经济体制改革以来,企业作为独立的商品生产者和经营者的地位在不断加强,企业筹资的渠道日益拓宽,企业对政府的依赖日益减少,企业技术水平和制度效率的高低与企业以及职工利益的关系越来越密切。同时,各类经济形式和经营方式的企业之间竞争也越来越激烈。这一切都有助于促进企业增强技术创新和制度创新的动力和能力。这一趋势在90年代将会有进一步的发展。

　　自80年代开始的全方位对外开放,在90年代进一步扩大。与过去那种单纯由国家决策并组织技术引进和设点建厂的情况不同,在进一步扩大对外开放的条件下,企业引进技术的自主性和能动性大大增强,引进技术的经济效益将越来越受到高度重视。而且,企业将越来越广泛深入地参加国际竞争和国际合作,采用国际通行的经营方式和管理体制,并根据中国国情和企业的具体特点,创造出各种高效率的制度和组织形式。总之,对外开放将促进企业更积极地进行技术创新和制度创新,使之成为创新活动的积极主体。

　　90年代,科技体制改革也将进一步深化,科研机构的制度形式和组织结构将发生重大变化,科研单位面向生产,为生产服务,以争取科研成果获得较大经济效益的倾向将进一步加强。这就为企业进行技术创新提供了有利的科技资源(包括信息资源)供给条件,有助于科研成果尽快转化为现实生产力,有助于先进技术较快较广泛地扩散,也有助于拓宽企业技术选择的空间。

　　90年代,企业内源融资和外源融资的条件将会有较大改善。随着财政金融形式的好转和财政税务体制改革的进一步深化,企业的折旧基金和自留利润的水平会不断有所提高;法制建设的完善,将使企业法人制度逐步健全起来,从而为企业进行自我积累、自我发展奠定法制基础,使企业进行技术创新的行为日益规范化和合理化。同时,金融体制的进一步完善,特别是证券市场的建立和发展,将大大拓宽企业进行外源融资的渠道。这一切都有助于改善企业的资金供给条件。资金供给条件的改善，可以为企业进行自主性的技术创新和制度创新提供必不可少的资金来源。实际上，企业筹资体制的改革，特别是股票筹资的发展，本身就将促使企业进行制度创新。

总之，90 年代，企业将日益成为实现技术进步的主角，成为技术创新和制度创新的积极主动的经济主体。当然，国家仍将发挥重要的作用。整个国民经济技术进步的规划和协调，重大技术进步项目的论证和实施，以及对技术引进的管理和指导，对技术推广的组织等等，仍将是国家（政府）不可推卸的责任。而且，作为国民经济主导力量的全民所有制企业仍将采取国有或国营的形式，国家对国有或国营企业的制度创新仍将进行积极的干预和指导。

获得性技术进步与自创性技术进步的有机结合　随着技术进步机制，尤其是技术创新和制度创新机制的转换，中国技术进步的结构特征将发生显著变化，过去那种获得性技术革命与自创性技术革新并存但相互脱离（缺乏内在联系）的局面将被打破，整个国民经济将形成获得性技术进步与自创性技术进步有机结合、相互融合的新的结构特征。

关于中国的技术进步潜力，世界银行的经济专家曾作过这样的评论："中国在许多技术领域的落后，意味着中国在这方面还有很大的潜力可挖掘。通过吸收这方面的潜力，中国能使资金积累发挥更大的作用。在实现现代化的过程中，中国都拥有一些明显的有利条件。经过 30 年工业化的高速发展，全国已有一支数目可观、有技能的劳动队伍，以及大批的工程技术人才，特别是在军工部门，更是高级科技人才济济。中国许多制定政策的高级官员是有重工业工作实践经验的工程师，并致力于技术的进步。在主要通过自己的努力建成了一个比较完整的工业体系之后，中国在基础研究、工程设计以及建设方面都取得了很大进步。他们有丰富的实践经验，因而比较容易接受新思潮。最后，中国科技部门的发展水平和工程设施条件的专业程度,使中国完全有能力承担先进的设计和特定的技术开发任务。"[1] 这也表明,中国目前已具备了获得性技术进步与自创性技术进步相结合的条件。这主要表现在以下几个方面。

1. 自创性技术进步将不再主要只表现在一般性的技术革新方面,而且,将越来越多地表现在实现重大技术进步(技术革命)方面。经过四十多年的努力,中国的科研实力大大增强,企业的经济和技术实力也更为雄厚,这就为实现自创性技术革命提供了条件。90 年代,主要靠自创性技术进步而形成的新产业和新产品将越来越多地涌现出来。

2. 获得性技术进步将不再仅仅局限于少数几个由国家选定的工业部门或企业,而是将以前所未有的速度和广度在国民经济的各个领域发挥越来越大的作用。随着对外开放的扩大和企业主体地位的强化,国外先进技术向国内扩散的渠道大为拓宽,中国吸收国外先进技术的主动性和能力大为增强,因此可以通过全方位的获得性技术进步,大大加快技术进步和产业升级的步伐。

3. 获得性技术进步与自创性技术进步相互促进。对引进技术的消化和再创新能力不断增强,同时,企业将根据国外的技术经济信息,结合中国的具体国情,取得越来越多的独创性技术研究和开发成果。获得性技术进步可以增强自创性技术进步的潜力,自创性技术进步可以增强获得性技术进步的扩散力,两者相互促进,将有力地推动中国产业技术进步的进程。

4. 由于获得性技术进步与自创性技术进步的相互促进与有机结合,技术进步的周期性将明显减弱,其持续性将明显增强。同时,技术结构二元化现象也将在一定程度上减弱:一是各类企业间的技术梯度

---

[1]　世界银行考察团:《中国:计划与市场》,中国财政经济出版社 1990 年版,第 47 页。

落差将缩小；二是有一大批中小企业也将成为技术先进的企业，在一定
程度上打破了先进的大中型企业与后进的小型企业相对峙的二元化格
局，出现了大中小型企业并肩追寻先进技术的局面。特别是各种规模
的高技术企业的创建和发展，以及大批乡镇企业技术水平的提高，将使
中国产业的技术结构发生重大变化。各类企业进入"技术门槛"的能
力增强，将大大加快技术创新和技术扩散的节奏，使企业摆脱周期性的
技术衰老的困扰。

8.4　产业组织结构与产业组织政策

中国产业组织的特征　关于中国产业组织的现状，一位日本学者
曾作过这样的概括性评论[①]：

1. 中国的产业组织的第一个特征是缺乏竞争性。中国产业以国营
企业为主体……在体制改革前，国营企业基本上是原材料向上要，产品
向上交，因此极为缺乏企业间的竞争意识。

2. 缺乏企业间的分工协作机制。很多工厂是从生产零件到组装有
时甚至连工作母机也要自制的"大而全、小而全"体制。

3. 同一种商品的生产分散在各地，无法提高大量生产的利益。

4. 企业同社会的紧密结合。更准确地说是企业自身形成一个小社
会。第一汽车制造厂囊括了很多托儿所、幼儿园、中小学、大学、医院、
守卫、清扫等生活必需的所有部门。第一汽车制造厂有大约 5 万职工，
其中与汽车生产无直接关系的约达 4 万人。该工厂维持或管理 5 万职
工及其家庭的全部生活。像这种世界罕见的社会系统在新中国成立初
期的混乱状态下对保护人民利益曾起过作用，但在今天这种非现代系

---

①　参见《中国的经济发展——与日本的比较》，第 35—36 页。

统的弊端很大。中国要成为现代国家有必要对此进行改革。

这位外国学者确实看到了中国产业组织的几个十分突出的现象，在外国人眼里，中国产业组织的这些突出现象无疑是相当奇特的。其实，他所指出的四个现象，即缺乏竞争、协作性差（"大而全、小而全"）、规模不经济、企业办社会等，中国自己也认为是产业组织结构的重要缺陷。改革以来，也一直在做（至少是已认识到应该做）改变这些状况的努力，但至今成效甚小，有的方面甚至还有进一步恶化的趋势。例如，企业"大而全、小而全"，地区自求生产配套，万事不求人；大量远小于规模经济水平的小企业在各地涌现；企业办社会的机制越来越强化，一个企业简直就是一个"人民公社"，等等。这类现象并没有因为人们认识到其弊端而被克服，反而还在一定程度上有所发展。这表明，中国的产业组织结构的形成和发展，受着更深刻的内在机制的作用，上述问题还仅是其表现形式，要解决这些问题，不是靠做一些一般性的政策调整就能奏效的。

中国产业组织的内在机制　中国工业化不仅是以国家为主导，由政府推动的，而且是由各级政府机构直接组织的。可以说，中国工业化最主要的组织要素就是政府的行政系统。所以，整个经济系统的运行，不像在西方市场经济国家那样主要由企业家和经理阶层所构成的组织要素系统（通过市场关系）来组织和推动，中国经济系统运行的有序性和有组织性，高度依赖于政府系统这一非经济的组织要素系统。

中国工业化从重工业优先发展起步，大机器生产需要现代企业家和经理人才来组织，中国缺乏这类企业家和经理人才，于是，政府行政系统替代企业家和经理阶层，充当了工业化的组织要素功能。如果从历史和现实条件看，还有两点特别值得注意：一是中国历来有官商结合的传统，近代工业的兴起和发展就与官商密切相关。二是中国工业化是以公有制经济的发展为主体的，全民所有制经济采取了国营经济

的形式, 到 60 和 70 年代, 工业总产值中全民所有制工业所占比重高
达 80%—90%, 其余部分均为集体所有制工业产值（见表 8-9）, 而中
国的集体所有制工业也基本上是靠各级政府部门来组织的。所以, 80
年代以后, 虽然国营经济所占比重下降, 集体所有制经济所占比重上升
（见表 8-9）, 但并没有使政府的组织功能削弱, 反而强化了各级地方政
府的经济组织功能。作为一种组织要素系统, 各级政府甚至更深入广
泛地介入经济运行系统之中。可以说, 直至今天, 中国的经济运行主要
仍是靠政府来组织的。许多厂长经理都还不知道, 离开政府的组织, 经
济该如何运行, 企业该如何办下去！

表 8-9　工业总产值中各种经济成分所占份额的变化[*]（%）

年份	全民所有制	集体所有制	公私合营	私营	个体	其他类型
1949	26.2	0.5	1.6	48.7	23.0	
1952	41.5	3.3	4.0	30.6	20.6	
1956	59.5	17.1	27.2	0.04	1.2	
1965	90.1	9.9				
1975	83.2	16.8				
1983	77.0	22.0			0.1	0.9
1987	59.7	34.6			3.6	2.0
1990	54.6	35.6			5.4	4.4

* 工业总产值为 100。

资料来源: 国家统计局工业交通物资统计司:《1949—1984 中国工业的发展》, 中
国统计出版社 1985 年版, 第 45 页;《中国统计年鉴（1991）》, 第 391 页。

由政府所组织的经济, 必然受政府行政系统的左右。中国目前产
业组织结构状况的许多特点都与此有直接的关系。政府行政系统内部
是非竞争性的, 所以, 在同一政府行政区划内的企业之间必然缺乏竞争
（政府总是采取措施削弱竞争, 而使其所管辖的各个企业都能生存下去
且相安无事）, 而在不同的政府行政区划内的企业之间竞争也会受到削
弱, 因为, 各行政区划内, 政府部门总会倾向于采取某些垄断性或分割

性措施,目的是帮助自己所管辖的企业与其他企业竞争,结果恰恰是限制了企业之间的有效竞争。

中国产业组织结构中目前所存在的协作性差、规模不经济、企业办社会等问题,也都与政府介入经济运行系统,充当经济运行不可缺少的组织要素直接有关。这一点似乎已为大多数的经济学家所认识,因此,改革十多年来,经济学家们已无数次地呼吁政企分开,主张实现"小政府、大社会",这实质上就是要求政府退出(从理论上说)可以不需政府直接插手的经济活动领域。这样的主张无疑是合理的。但是,似乎很少有经济学家认真深入地考虑这样的问题:政府退出之后,如此庞大的中国经济系统的运行将由谁来担当原先由政府充当的组织要素功能?换句话说,一个经济系统的正常运行,除了要有物质资源(生产要素)之外,还需要有某种组织资源(组织要素)的投入,如果停止政府这种组织要素的投入,那么,是否有其他的组织资源来替代政府呢?

尽管人们还没有十分清晰地看到上述问题,但实际上,它一直是十多年来的改革中的一个关键问题。例如,从改革初的意向看,中央政府希望把经济决策权下放给企业,但结果却大部分下放给了地方政府。经济学家们一向指责地方政府截权,阻碍了企业改革,其实,情况也许是:中央政府退出之后,因没有其他组织要素的投入,而迫使地方政府不得不投入组织要素来填补组织真空。当然,介入经济运行是可以带来利益的,笔者也不反对地方政府出于自身利益考虑而过多介入经济运行的假说。但是,这样的假说显然也可以成立:中国工业化已发展到这样的阶段,国民经济尤其是工业经济体系已庞大和复杂化到这样的程度,如果没有更为有效的产业组织要素来替代政府,政府的退出所形成的组织真空将导致社会难以承受的混乱。因此,中国工业化的产业组织结构变迁可能要经历三个阶段:第一个阶段是由弱小的企业家和经理阶层来组织经济活动的阶段(新中国建立以前及初建时期);第二阶段是政府替代企业家和经理阶层功能,直接充当组织要素的阶段;第三阶段是由新成长起来的组织要素替代政府的阶段。

产业组织机制的转换 由谁来替代政府的组织功能? 经济学家们的回答往往是:市场机制! 也有人再进一步看到:替代政府的应是一个企业家和经理的阶层。

问题是:市场是什么? 企业家和经理阶层从哪里产生? 在一些经济学家们所作的纯粹的经济分析推断中,市场就是一个以经济参数为媒介的交换体系,政府退出之后(减少计划性),这一交换体系就会自然形成,或者干脆假定市场交换是可以从人的天然本性中推论出来的(像亚当·斯密所作的推论那样);而企业家和经理的供给也不会有什么问题,因为企业家和经理就是企业决策机制的人格化,只要有了市场化的企业机制,也就会有执行这一机制的企业家和企业经理。

理论总是抽象的,人们没有理由指责经济学家们的抽象思维所产生的合乎逻辑的推论,但是,现实毕竟是丰富的、复杂的和具体的。在现实中,市场并不是一个可以用联立方程来描述的单纯的交换体系,市场是一种复杂的制度体系,它还依赖于一定的文化背景,当然,市场的运行还要有一定的物质条件。而企业家和经理阶层的形成更是一个复杂的社会历史过程。经济学家们心目中的企业家和企业经理是遵守或服从商务活动规则的理想的经济人,但在中国,各类企业、公司、集团的出现,却总是离不开一批有背景的"官商",这使经济学家们愤慨不已,他们的完美理论构想在现实中怎么总是要变形? 他们不能容忍中国的企业家(和经理)从官中产生。官商合流确实弊端丛生。一个美国经济学家告诉我:在西方人看来,企业家(entrepreneur)这个词并不是指中国目前的厂长、经理这类人,这类人实际上都是"官",至多只是管理者(manager),而是指像中国的个体户这样的人。这样说来,中国的企业家(及经理人才)岂不是要从个体户中产生? 经济学家们更加愤慨了,他们可以为维持个体户的权益而写文章,但怎么也不愿想象,中国的企业家阶层将产生于今天的个体户。确实,如此庞大的中国经济体系,那么多巨型企业,要靠"练摊儿"出身的企业家来组织,是有点像是天方夜谭。那么,中国的企业家阶层是否可以形成于学经济学和管理学的大学毕业生,学士、硕士、博士,以及从国外留学回来的洋硕士、洋博士之中呢? 这可以是一种理想,但决不是目前的现实。而且,按照西方学者的大量统计分析和方案研究,结论恰恰是:企业家的来源主要并不是高等教育,高学历甚至反而是不利于企业家形成的一个因素,它至多只是有助于管理人才(经理)的培养。

由此可见,在中国,市场的发育和企业家(及经理)阶层的形成都需要经历一个学习过程,不是一朝一夕可以完成的。所以,在短期内,政府也许还不可能退出本该退出的领域。中国产业组织机制的转换还要经历一段也许是十分困难、复杂,甚至是充满痛苦的时期。

中国是个大国,人口众多,社会利益关系和各种矛盾十分复杂,而且,中国经济发展所承担的负荷(物质上的和精神上的)又相当沉重,一旦产生秩序混乱,将付出巨大的社会代价。中国工业化过程一定要避免组织真空状态。因此,若从政策选择的意义上说,中国应寻求一条使市场机制和企业家替代政府组织功能的平滑的转轨道路,即先立后破的道路。从这一角度看,中国的改革实质上是一个复杂艰苦的制度建设过程,而不是放弃或放松管制就能放出一个新体制的过程。

国家的产业组织政策　在市场经济中,或者,在假定是纯粹市场机制调节的理论模型中,技术创新与市场结构有着密切的关系,具体说,技术创新会受到竞争程度、企业规模以及垄断力量的影响。所以,在西方产业组织理论及产业组织政策中,中心的问题是以竞争性、垄断性以及与之密切相关的企业规模特点来表明的市场结构的性质和特征,通常又以卖方集中度、买方集中度、产品差别的重要性和进入市场的条件等来进行具体刻划。

　　分析市场结构问题的难点在于,即使假定能够很好地刻划市场的竞争程度、垄断力量或集中程度以及企业规模结构等,也难以判断何种类型的市场结构最有利于促进经济发展。有的学者指出:"由于产业组织中包含的'马歇尔冲突',即规模经济和竞争活力相克的矛盾,因此,产业组织政策就分成促进竞争并抑制垄断的政策和抑制竞争的政策两类。这就是产业组织政策的二元性。"[1]

　　按照经济理论的一般分析结论,竞争有助于促进企业技术创新,也有助于价格体系有效地进行资源配置,而竞争的充分开展要求避免各种垄断现象。但另一方面,有的学者指出,企业规模越大,它在技术上的创新所开辟的市场也越大,而且,垄断程度越高,对市场控制越强,越不易被其他企业模仿,技术创新得到的利益就越能持久。所以,经济学家们只能得出一个模棱两可的结论:"最有利于'技术创新'的'市场结构'是介于垄断和完全竞争之间的'市场结构',即'中等程度竞争'的市场结构。"[2]有的西方学者则客观地承认,"理论研究还没有找出哪种市场结构更适合技术革新进程。关于市场集中的辩论势均力敌,有待于技术和科学知识的发展逐步解决"。[3]

　　在中国工业化过程中,如何处理垄断(集中)与竞争以及与之相关的企业规模问题,也是一个很大的政策难题。当前,似乎是既存在因垄断限制了竞争而导致企业创新动力不足的问题,也存在产业集中度过低(参阅本书第 7 章 §7.3)企业规模过小而导致的创新能力低下的问题。这两方面的问题都导致经济效率低下,技术进步缓慢。

　　当然,中国的问题又有其特点,即市场结构的缺陷,不仅是甚至主

---

①　杨治:《产业经济学导论》,中国人民大学出版社 1985 年版,第 171 页。

②　陶文达:《发展经济学》,中国财政经济出版社 1988 年版,第 159—160 页。

③　顾海兵等编译:《简明帕氏新经济学辞典》,中国经济出版社 1991 年版,第 223 页。

要就不是市场本身的问题,而是政府不适当干预和介入经济过程的结果。垄断往往是政府投资决策造成的,产业集中度低,企业规模不经济又与地方政府的投资决策行为直接有关。因此,在中国工业化过程中,政府的产业组织政策也存在两难:是强调产业组织(市场结构)的竞争性,还是强调产业组织(市场结构)的集中度?

问题的关键在于,与西方市场经济国家不同,中国的产业组织问题还不能仅仅主要归结为市场结构,因为,如前所述,直至今天,中国经济运行的组织要素还不主要是市场和企业家。中国产业组织政策除了要处理市场结构(竞争与垄断)问题之外,更重要的也许还是计划与市场以及政府与企业的关系问题。中国目前的产业组织政策所要解决的最重要问题是,如何改革和完善产业组织的功能体系,使企业成为真正自主经营的经济实体,同时,政府也要转变机制,从产业的直接组织者逐步转变为产业组织的协调者。当然,正如上一节所讨论过的,由于中国目前组织要素资源的现状限制了产业组织机制的完善化,所以,在90年代以后的工业化中,产业组织政策的调整与产业组织机制的转换将紧密相关,成为同一过程中相互适应,相互促进的两个方面。

在以上的讨论中,主要强调中国经济体制结构的现实状况,因此对政府在产业组织过程中的作用予以特别关注。而随着改革的深入,社会主义市场经济体制逐步建立和完善起来,政府在产业组织过程中的作用将发生重大变化,以企业为主体的市场竞争和垄断问题将成为产业组织过程的主题,而计划与市场以及政府与企业的关系问题将退居其次。

第 9 章　宏观经济特征的历史演变

9.1　体制背景：从计划经济到市场经济

中国经济体制演变简史　四十多年来，中国工业化过程所呈现的宏观经济特征发生了很大的变化，这种变化是与经济体制的演变直接相关的。因此，为了系统深入地分析中国工业化过程的宏观经济特征，有必要先简要回顾一下中国经济体制演变的历史。

1. 1949—1956 年，计划经济体制的初步形成。从 1949 年新中国成立到 1957 年，在实现从新民主主义到社会主义转变的同时，中国初步建立起以中央集中计划为中心的社会主义计划经济体制。从客观上说，这种集中统一的经济体制的形成，反映了第一个五年计划时期需要集中财力、物力和人力，保证重点建设顺利进行的要求，以及在生产力比较低下和国民经济遭受国内战争破坏的条件下稳定人民生活的需要。但更重要的是，在主观上，当时中国把马克思主义经典著作家关于社会主义计划经济的预言和设想以及苏联 50 年代的经济体制，作为社会主义经济体制的目标模式，从而为新中国建立后前 30 年（到 1978 年）经济体制演变的主线定下了基调。

在这一时期，主要运用国家政权力量，没收官僚资本，建立国营经济；完成土地改革，消灭地主所有制；统一全国财政经济体制，建立以计划体制为中心的经济管理体制；完成对农业、手工业和资本主义工商业的社会主义改造,确立了以公有制占绝对优势的生产资料所有制结构。

2. 1957—1978年,计划经济体制的不断巩固和内在矛盾的日益暴露。从"一五"末期开始,传统计划经济体制集中过多、统得过死的弊病就开始暴露出来。此后,改革经济体制的要求多次被提出,并受到中央最高决策者的重视,在实践中,也几次进行了经济体制改革的尝试。但是,这一时期的经济体制改革始终没有突破传统计划经济模式的基本框架。主要只是在中央和地方之间的集权和放权上反复兜圈子,多次出现统则死,死则放,放则乱,乱又统,统再死的循环。

这一时期中的大多数年份,经济发展都处于非常时期,其中包括1958—1960年的"大跃进"、1961—1965年的经济调整和1966—1976年的"文化大革命",体制变动也十分频繁,但其总的趋势还是向着不断强化计划经济体制演化。主要表现为:形成了单一公有制经济,特别是国有经济比重畸高;行政性的计划管理成为调节经济活动的主要的甚至是唯一主要的手段;企业越来越成为政府部门的附属物,完全失去了经济决策权和独立的经济地位。

不过,由于传统计划经济体制的弊端明显暴露,在这一时期,也提出了"大权独揽,小权分散","下放权力,调动地方和企业的积极性",以及"计划经济为主,市场调节为辅"等改革主张,并在实际经济生活中有所体现。但是,从总体上看,高度集权的计划经济体制还是处于不断强化的过程中。

3. 1978年至90年代,计划经济向市场经济过渡。1978年12月召开了中共十一届三中全会,提出了"解放思想,实事求是"的方针,人们第一次敢于对传统计划经济体制的基本框架提出挑战。到1984年的中共十二届三中全会,正式提出了"有计划的商品经济"的理论表述,此后又提出过"国家调控市场,市场引导企业""计划与市场内在统一"以及"计划经济与市场调节相结合"等官方理论表述。这些都反映了与传统计划经济决裂的要求,但仍然存在着传统意识形态约束的明显痕迹。也许这是与现实经济中双重体制并存的现状相适应的,也体现了经济体制改革的某种渐进性特点。

1992 年初,邓小平视察南方,发表了一系列重要讲话。他提出:计划经济不等于社会主义,资本主义也有计划;市场经济不等于资本主义,社会主义也有市场。计划和市场都是经济手段。计划多一点还是市场多一点,不是社会主义和资本主义的本质区别。为在中国名正言顺地建立市场经济体制奠定了意识形态基础和扫除了政治障碍。实际上,只要承认市场调节,只要允许市场机制的充分发展,市场经济的形成就是不可阻挡的。

从 70 年代末开始实行经济体制改革,经过 80 年代的阵痛,到 90 年代,中国经济体制改革的总体脉络是清晰的,即从计划经济向市场经济转变,在这一转变过程中,"有计划的商品经济"也许是一个可以被广泛接受的政策性理论表述,而且,也许确实能够较贴切地反映中国近期内体制演进的现状。因为,如果把市场经济定义为充分发达的商品经济,那么,市场经济还不是中国目前的现实,而只是体制演进的方向和不可回避的前景。不过,只要不去人为地阻止体制演变的进程和扭转其方向,那么,市场经济在中国的形成,将可能是一个不太久远的事实。当然,这种市场经济只会是"具有中国特色的"市场经济,与西方国家相比,中国的市场经济仍将保留较大比重的公有制经济成分和公经济因素,较强的国家调控和政府干预,以及更高权重的社会目标。从这一意义上说,中国的市场经济将不是资本主义(资本"选票"是唯一主要的决定性决策力量)的市场经济,而是社会主义的市场经济。

计划经济和市场经济中不同的企业行为　在传统的计划经济中,企业是政府部门的附属物,是指令性计划的执行者;而在市场经济中,企业是独立的商品经营者和生产者,是自主决策的经济实体。这决定了企

业（主要指在四十多年的工业化过程中起主导作用的全民所有制企业）
在计划经济和市场经济中，有着非常不同的行为特征。这主要表现为：

1. 在计划经济（主要指传统的计划经济）中，企业完全按计划部门
下达的指令性计划生产，企业生产的最大自主权仅仅是可以超额完成
计划任务。而在市场经济条件下，企业必须为市场生产，市场需要什
么，企业就只能生产什么，企业生产如果脱离市场需求，其产品价值就
无法实现，这种产品只能成为无效供给。

2. 在计划经济中，企业发展的决定性因素是争取获得国家定点、计
划项目、计划指标等特许权，这里称之为计划垄断。处于计划垄断地位
的企业，可以获得投资资金、原材料供给、劳动力供给等一系列经济资
源，其产品也有由国家安排好的固定收购者。而在市场经济中，企业发
展的决定性因素则是自身是否具有较强的市场竞争力，企业只能在市
场竞争中证明自己存在和发展的理由。

3. 在计划经济中，企业与政府部门保持着直接的纵向依赖关系，资
源控制或掌握在政府手中，产品购销渠道也由政府安排，因此，企业领
导人最重要的活动是进行官场周旋。遇到困难或要发展企业，首先就
是"找部长"或"找市长"；为争取计划垄断，必须竭尽全力与国家（上
级部门）讨价还价。政府部门是所有被管辖企业的上级（有的经济学家
把政府比喻为企业的"父亲"），它必须分别轻重缓急在所有的企业间
分配资源。所以，越是有可能使上级领导感觉到其地位重要和情况紧急
的企业，就越可能取得资源（资金）供给。企业最"紧急"的情况莫过于
"停工停产"和"发不出工资"，所以，以停工停产和发不出工资为由向
上级要求资源供给或向国家银行要求贷款，企业在与政府的谈判中常常
是百战百胜的。因为在计划经济的纵向依赖体制下，企业处于危难之中
时，（具有"父爱主义"特性的）政府部门是不能"见死不救"的。

而在市场经济中，企业与政府部门不存在纵向依赖关系，企业要获

得资源和产品销路只能去找市场,因此,企业领导人最重要的活动是开拓市场,使企业在市场竞争中立于不败之地。企业领导人知道,如果自己的企业在市场竞争中失败,则任何人也不会来拯救他的企业,终难避免被无情淘汰的命运。

4. 在计划经济中,最重要的行为原则是下级服从上级。下级可以向上级讨价还价,但最终必须遵循上级的指令。当然,由于企业常常掌握着更多的具体信息,在与上级的谈判中,信息优势可能会使下级服从上级的原则发生变形,但是,至少在计划经济的意识形态中,下级服从上级是不能动摇的原则。否定这一原则,计划经济的内在逻辑将发生无可救药的混乱。

而在市场经济中,最重要的行为原则是权利与义务对等,企业不再有(至少是不应有)上级。企业与企业之间是完全平等的民事主体间的关系,企业与国家(政府)之间的关系也主要遵循权利与义务对等的原则。政府与企业间的纵向关系退居次要地位(如果在某些领域还存在某种纵向关系的话)。

非国有经济的迅速成长　在由计划经济向市场经济转变过程中,一个十分突出的现象是非国有经济成分的迅速成长,使得国有经济与非国有经济占国民经济的比重发生了显著的消长变化。1965 年,工业总产值中国有企业所占比重高达 90.1%,非国有企业仅占 9.9%;到 1990 年,国有企业比重下降到 54.6%,非国有企业比重上升到 45.4%(见表9-1)。在非国有经济中,最突出的是农村乡镇企业的迅猛发展。乡镇工业单位数从 1978 年的 152.42 万个,增加到 1990 年的 1 850.40 万个。乡镇企业总产值占工业总产值的比重从 1978 年的 12.9%,提高到 1990 年的 35.4%(见表9-2)。除此之外,个体经济和私营经济也有较快发展。截至 1990 年底,全国个体工商户共 1 328.3 万户,从业人员 2 092.8 万人,拥有资金 397.4 亿元,全年总产值 642.4 亿元,营业额 1 492.2 亿元;全国私营企业已登记注册的有 9.8 万户,从业人员 170.2 万人,拥有注册资金 95.2 亿元,全年总产值 121.8 亿元。虽然从总体上看,个体经济和私营经济的规模和比重都还不大,但是表现出非公有制经济成分已具有一定的发展势头。只要政策稳定,这种发展势头将日趋增强。

表 9-1　工业总产值中国有经济与非国有经济所占比重(％)

年份	国有工业所占比重	非国有工业所占比重
1965	90.1	9.9
1978	80.8	19.2
1985	70.4	29.6
1990	54.6	45.4

资料来源:《中国统计年鉴(1987)》,第 257 页;《中国统计年鉴(1991)》,第 391 页。

表 9-2　乡镇企业的发展

年份	企业数 (万个)	职工人数 (万人)	乡镇企业总产值(亿元)	乡镇企业总产值占工业总产值的比重(％)
1978	152.42	2 826.56	548.41*	12.9
1980	142.46	2 999.67	656.90	12.7
1984	606.52	5 208.11	1 709.89	22.4
1986	1 515.30	7 937.14	3 540.87	31.6
1988	1 888.16	9 545.45	6 495.66	35.6
1990	1 850.40	9 264.76	8 461.64	35.4

* 为 1979 年数字。

资料来源:《中国统计年鉴(1991)》,第 54、377 页。

进入 90 年代以后,随着市场经济的进一步发展,非国有经济以更快的速度壮大起来。非国有经济具有天生的市场导向性质,所以,非国有经济的壮大,反过来又成为推动计划经济向市场经济转化的强大力量,加速了经济体制转换的步伐。随着经济体制从计划经济向市场经济过渡,工业化过程的宏观环境发生了实质性变化,从而使整个工业发展的运行条件和运行机制也发生了或将要发生深刻的变化。

9.2　从短缺经济到过剩经济

短缺经济与卖方市场　亚诺什·科尔内曾因发表了全面描述传统社会主义经济的运行机制特征的《短缺经济学》一书而闻名于世界经济学界。他在该书中文版前言中说："短缺是社会主义经济的基本问题之一。它是普遍性的,你可以在生活的一切方面体验到它的存在。你可以作为一个消费者在商店碰到短缺,或作为一个提出要求的人在等待分配住房时碰到短缺。你可以作为一个生产者,不管是政府计划人员、企业经理还是工人,碰到短缺——材料短缺,半成品短缺或有技术的人力短缺。短缺是一系列更深刻原因的结果……与此同时,短缺是许多众所周知现象的原因之一,例如,对价格信号反应微弱,对努力减少成本和创新的刺激不强,质量低劣,等等。改革过程的一个目标是要消除短缺。查看短缺状况是检验进展程度的重要标志。如果在经济的一个或另一个重要方面短缺消失了,这就是一个相当可靠的信号,即改革在那里成功了。如果短缺依然存在,这就表明改革还没有深入经济肌体的内部。"[1]

科尔内以短缺为中心概念,对传统的社会主义计划经济所作的理论描述,确实是相当杰出的,他抓住了传统社会主义计划经济运行过程中最普遍的现象之一——短缺,使得短缺经济几乎成为传统社会主义计划经济的代名词。

科尔内对短缺经济所作的许多描述和解释,都在相当程度上可以反映经济改革以前(实际上是直到80年代中期以前)中国经济运行的实际状况。

中国工业化第一阶段,国民经济是在以短缺为基本特征之一的宏观经济条件下发展的。在短缺经济条件下,通行的原则是生产者主权,

---

[1]　《短缺经济学》上册,第4页。

实质上是下达生产指令的政府部门享有计划者主权。整个宏观经济表现为经常性的供不应求和卖方市场。

在这样的宏观经济环境中，卖方处于主宰地位，买方处于顺从地位，只要生产出产品，不愁没有人要，经济运行过程中所发生的摩擦和矛盾，通常总是要由买方作出牺牲，承担代价。

过剩现象与买方市场的出现　到 80 年代末 90 年代初，中国的宏观经济特征发生了显著变化。人们似乎突然发现，市场上的商品丰富了许多，仓库里放满了堆积如山的商品，难以找到销路。工业品销售市场疲软第一次成为经济界严重关注的全局性问题。

据国家统计局的调查，预算内工业企业产成品资金占用 1988 年 10 月—1989 年 9 月上升 61%，发出商品和应收及预付货款上升 61.8%；1989 年 10 月—1990 年 9 月又分别上升 40.9% 和 65.2%；1990 年 10 月—1991 年 9 月，又分别上升 17.2% 和 31.4%。1991 年 9 月产成品资金占用达 1 341 亿元，占销售收入的 12.7%，比正常年份高出 1 倍，即有近700 亿元的产成品资金属超正常占用，加上发出商品和应收及预付货款的超正常占用，总的资金超正常占用合计超过 2 000 亿元。到 1992年 4 月末，由于生产增速，但市场销售仍不畅，三项资金（产成品资金、发出商品和应收及预付货款）非正常占用相当于期末全部流动资金的1/5，绝对额高达 3 000 亿元！其中，城市工业三项资金非正常占用相当于自 1989 年以来全部新增流动资金贷款的 96%。换句话说，用新增流动资金贷款生产出来的大部分商品（从总量上说）都没有销售出去。

尽管经济学界对于 80 年代末以来中国供求关系是否已发生根本性变化存在着不同意见的争议，但不可否认的事实是：中国经济确实已出现了持续性的经济过剩现象。

经济过剩现象的出现，是计划经济向市场经济过渡的一个重要标志，也是促使计划经济向市场经济转变的一个具有相当强压力的因素。

因为,在供不应求条件下分配短缺资源时,指令性计划手段可以相当有力;而在供过于求条件下解决产品销路问题,指令性计划手段是十分乏力的。你可以命令生产者生产什么,命令卖者销售什么,向谁销售,但不能命令消费者必须购买什么,不能命令买者必须购入不想购买的东西。所以,经济过剩现象的出现,将导致形成或高或低程度的买方市场,而持续性的买方市场的形成,将推动计划调节手段向市场调节手段的替换,促进市场经济的形成。

当然,分析的逻辑也可以反过来:即正是由于从计划经济向市场经济变化,才导致了短缺现象的逐步消失和过剩现象的出现。

必须强调的是,指出过剩现象的出现与市场经济的发展具有密切的内在联系,并不等于说1989—1992年的市场疲软、库存积压以至三角债(企业相互之间以及企业对银行拖欠债务)都是市场经济的正常现象,或完全是由市场经济运行规则所导致。相反,1989—1992年的持续性大规模经济过剩现象的出现,在很大程度上起因于传统的计划经济因素还在起很大的作用,即由于企业仍然不必担心破产,仍然可以从国家那里获得资源(资金)来支持其生产,投资体制仍然缺乏有效的市场竞争的资源配置机制,所以,企业以及地方政府仍然可以脱离市场需求而盲目生产,从而导致产销脱节。

尽管如此,市场机制的作用在各个领域中的地位正在逐步提高,确实已成为不可阻挡的历史趋势。特别是,首先已在消费品市场领域形成了不可逆转的买方市场,是一个具有历史转折性意义的重要经济现象。

从资源约束为主向需求约束为主转变　工业化过程中,经济增长具有较强的内在冲动,倾向于较高的增长速度。无论是政府还是企业,以至千千万万的民众,都希望实现高速经济增长。正如科尔内所说,在社会主义工业化过程中,赶上发达国家不仅是政治家的口号,也是成百上千人真诚的愿望。中国的领导者们，从 50—70 年代，也一直被一种强烈的意念驱使着：要赶上和超过发达国家，使中国能以自己强大的实力自立于世界民族之林。毛泽东痛切地感到，中国若不能强盛起来，就将会被开除球籍！地方政府和企业也无不渴望加速经济增长，只要有可能，总是把计划安排得尽可能高一些，并在实行中再争取超过计划指标。由于如科尔内所说，在传统体制下，企业的预算约束是软的，所以，其投资需求几乎是无限的。

但是，对加速经济增长的渴求，总会受到某种现实的约束，经济增长的加速只能以现实的约束条件为界限。从理论上说，一切制约经济增长的因素都可以归为两类，一类是供给方面的资源约束，另一类是市场方面的需求约束。亚当·斯密在其《国富论》中就已明确地指出了这一基本原理。

资源约束和需求约束都是经济增长的制约条件，但在不同的宏观经济环境中，实际起作用的通常主要只是其中的一个方面，科尔内把实际上起约束作用的约束因素称为有效约束。有效约束通常是资源约束和需求约束中较紧或较短的一个，一般称之为增长约束的短边规则。

众所周知，在传统的社会主义计划经济中，经济增长的有效约束是资源约束（或称供给约束），即经济增长率可以提高到资源供给所决定的最大可能边界，而需求规模则不会形成对经济增长的有效约束。换句话说，需求容量总是大于资源供给所允许的增长空间。所以，传统的社会主义计划经济是较典型的以资源约束为主的经济。经济增长的可能性取决于经济资源的现实供给能力。

随着计划经济向市场经济的转变，经济增长的形式特征也开始发生变化，市场需求的约束作用逐步加强，成为经济增长的有效约束条件。中国工业化过程中的这一变化，大约发生在 80 年代末 90 年代初。

当然，由于中国尚未完成从计划经济向市场经济的转变过程，传统计划经济的许多内在因素还十分广泛地存在着，所以，还不能说，中国经济已经变为需求约束型经济了。特别是在中间产品（或生产资料）的供求关系上，由于企业预算约束仍然相当软弱，需求扩张所受到的限制仍然很小，所以，供不应求的情况仍是常态，从这方面看，经济增长（严格地说是生产增长）仍然受到资源供给的有效约束。

但是，从最终产品（或消费资料）的供求关系看，情况就大不相同了。大量产品的实现受到消费需求的约束，供过于求的情况成为常态。从这方面看，经济增长（严格地说是产品实现）受到需求的有效约束，消费者主权的地位逐步提高，中国经济已开始向需求约束为主转变。

读者也许已经发现，一方面，生产增长受资源的有效约束；另一方面，产品的实现受需求的有效约束，而且，受资源约束的生产规模的扩大超过受需求约束的产品销售规模的增长，因此，产成品的积压成为严重的问题。

产品积压了，为什么还要继续大量生产呢？这不能不从企业改革的滞后寻找原因。一般来说，这主要只是现有体制下国有经济所具有的现象。而在非国有经济中，这种现象并不那么突出，实际上，也不可能长期存在这种显然悖理的现象。

关于中国目前的宏观经济供求状况可以用一个四象限坐标图来描述。图 9-1 表示某一时点上宏观经济的均衡或非均衡状态。图中，曲线 II 表示投资与生产之间的正相关关系；直线 UU 和 VV 表示不同宏观经济规模的投资与消费间的关系，即投资与消费之和为一确定常数（当期的国民生产总值）；曲线 XX 表示消费需求与产品销售量之间的正相关关系；直线 OA 为一条夹角为 45° 的射线，该直线上的任何一点都表示生产与销售相等；直线 OA 右上方的区域为销售量小于生产量，即产品积压区域。

假定，原先的投资为 I_1，消费为 U_1，生产为 Q_1，销售为 X_1。销售与

生产之比落在 a 点，表示产品正好全部实现，即

　　　　销售与产量之经 = tg45° = 1

　　如果由于某种原因，投资增加到 I_2，生产增加到 Q_2，而消费不变，仍为 U_1，销售仍为 X_1，则销售与生产之比落在直线 OB 的 b 点上。这表明，销售少于生产，产生产品积压现象。即销售与生产之比 $tg\alpha < tg45° = 1$。实际上，如果实际投资增加到 I_2，在宏观经济规模一定的条件下，实际消费可能下降为 U_2，销售下降到 X_2，则销售与生产之比为 $tg\beta < tg\alpha < 1$。这表明产品积压更为严重。

　　为使产销平衡，在投资增加到 I_2 时，消费也须增加到 U_3，而实际投资和实际消费的同时增长，表明宏观经济规模的扩大。从图 9-1 中不难看出，要使产销保持平衡（即宏观供求均衡），在宏观经济规模不断扩大的过程中，投资与消费的增长必须沿着曲线 ZZ 扩展。曲线 ZZ 可以称为均衡扩展线。

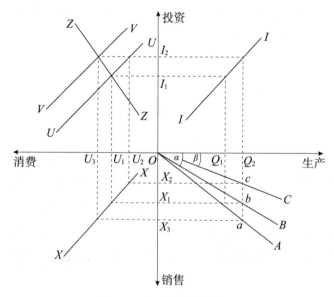

图 9-1　宏观经济供求状况

由于在目前的经济体制下,消费需求的增长受到较强的约束,而对投资需求的增长的约束仍相当软化,所以,过大的投资需求拉动生产的高速增长,遇到受消费需求决定的销售市场规模的限制,形成大量的产品积压。这是从计划经济向市场经济转变过程中的一种相当独特的经济过剩现象,它预示着市场经济的形成,又表明市场经济仍很不成熟,传统计划经济的痼疾尚未根除。

9.3　从数量扩张、金融膨胀到稳定通货

数量扩张到金融膨胀　传统的计划经济是典型的数量扩张经济。整个国民经济几乎不受价格、利率等经济参数的调节,以直接的数量指标为经济运行目标和调节工具。企业追求的是产量,国家追求的是多少万吨钢,多少万吨粮。投资决策主要着眼于铺新摊子,上新项目。而整个国民经济运行中资源的配置机制是以实物量的计划安排为中心的。财政、银行、物资、商业等部门都以国家的实物量计划指标为转移,实际上都只是实物量计划的被动执行者或配合者。

在今天看来,这种数量扩张经济是十分笨拙的,脱离商品货币关系的实物经济(我国经济理论界称之为产品经济)所产生的摩擦、矛盾和效率损失,阻碍了资源的有效配置和经济的现代化。特别是,把整个国民经济搞得缺乏生气:产品单调、供给短缺、没有弹性,人民的生活长期处于十分低下的水平。

不过,从历史的角度看,这种数量扩张经济也并非没有其一度存在的理由,更不能说在中国工业化过程中丝毫没有起过积极的作用。中国是一个十分贫穷落后的国家,50 年代人均收入水平极为低下,商品货币关系很不发达,金融扩张的能力非常有限,如果不是依靠非经济手段推动经济规模的数量扩张,那么,现代大工业的形成将十分

缓慢,不仅难以进行资源开发和动员,也难以提供大工业发展的市场空间。

50—70年代的数量扩张,尽管经济合理性差,社会代价较高,但毕竟建立起了相当完整的国民经济体系和现代工业体系。而且,在这一阶段的工业化过程中,还相当出色地避免了一般国家的工业化过程中通常会发生的不良现象,例如通货膨胀、国际收支恶化、收入分配不公等,当然,为此也曾付出了另一些代价。

到70年代末80年代初,数量扩张经济的弊端已暴露无遗,矛盾的积累到了积重难返的程度。国家也已无力再继续用非经济的手段开发和动员经济资源,并以低廉的要素价格来支持国民经济的进一步数量扩张。

因此,工业化过程必须有新的推动力和润滑剂。正是在这一时刻,被抑制了近30年的商品货币关系又逐渐回到中国的经济生活中。货币作为经济增长的第一推动力和经济运行的润滑剂,又开始在中国工业化过程中扮演越来越重要的角色。

问题是,在前30年的工业化过程中,中国处于严重的金融抑制状态。一旦数量扩张的实物计划推力(以财政拨款来支持的投资和生产指令)减弱,人们发现,虚弱的金融机制难以保证在中国很快出现经济学家们企望的金融深化局面,以替代实物计划的资源动员和配置功能。于是,只能依靠国家银行向经济肌体注入金融血液,从而形成了以货币供给和信贷规模迅速扩大为主要特征的金融膨胀经济。

1979—1990年,中国货币供给的增长率和银行信贷规模的增长率远远高于同期经济增长率。1979年,货币供给的年平均额为1 009.90亿元,1990年,增加到7 950.65亿元,增加了近7倍;1979年,银行贷款年平均余额为1 989.93亿元,1990年,增加到13 787.82亿元,增加了近6倍(见表9-3)。

表 9-3 货币供给与贷款规模

年份	M*		银行贷款	
	年平均额（亿元）	比上年增长（%）	年平均余额（亿元）	比上年增长（%）
1979	1 009.90		1 989.93	
1980	1 256.90	24.5	2 357.20	18.5
1981	1 519.83	20.9	2 759.72	17.1
1982	1 772.18	16.6	3 078.70	11.6
1983	2 057.18	16.1	3 426.56	11.3
1984	2 561.70	24.5	4 155.49	21.3
1985	3 080.44	20.2	5 160.62	24.2
1986	4 326.01	40.4	7 070.51	37.0
1987	5 236.43	21.0	8 753.88	23.8
1988	6 142.58	17.3	10 337.55	18.1
1989	6 907.35	12.5	11 768.53	13.8
1990	7 950.65	15.1	13 787.82	17.2

* M=流通中的货币＋企业存款＋机关团体存款＋农村存款＋其他存款

资料来源：1980—1991 年《中国统计年鉴》；1980—1991 年《中国金融年鉴》，中国金融出版社出版；左大培："80 年代我国的经济增长、通货膨胀与短缺"，载《经济研究》1992 年第 4 期。

从数量扩张经济向金融膨胀经济转变，反映在企业经营机制上的一个突出现象就是债务融资比例的大幅度提高。据有关部门调查，80 年代末 90 年代初，新老企业平均债务融资比例高达 70% 以上，一些企业的债务融资比例高达 80% 甚至 90%。经济增长较快的地区，往往企业负债率更高，例如，深圳市的企业平均负债率为 83%。从一定意义上可以说，80 年代的高速经济增长主要就是依靠快速的金融膨胀和高比率的债务融资来支持的。

金融膨胀的效用递减 80 年代中期以前金融膨胀的积极作用十分明显，其消极影响相对低微。当时，金融扩张不仅支持了经济繁荣，而且,宏观金融政策的放松还可以在一定程度上促进工业经济效益的提高。例如,1984年,由于金融扩张速度加快,推动经济高速增长,使当年的速度型效益比较明显,企业亏损总额下降,利润和税金有较大增长。

到80年代的最后几年,情况发生了较大变化。1988年的大幅度金融扩张和高速增长,不仅造成物价水平的大幅度上升,而且使企业亏损总额增长更快,速度型效益不再有明显的表现。1988年第四季度开始进行治理整顿,一度紧缩银根,使1989年的企业亏损额大幅度上升,利润总额和税金总额都下降,企业效益状况严重恶化。为此,不得不在1989年下半年开始又放松银根,银行增加贷款,向企业注入资金。但尽管如此,企业的经济效益仍进一步恶化,亏损额继续大幅度上升,利税总额大幅度下降(见表9-4)。

表9-4 80年代全民所有制独立核算工业企业若干财务指标　单位:亿元

年份	定额流动资金年平均余额	亏损企业亏损总额	利润总额	利润和税金总额
1981	1 163.70	45.96	579.70	923.30
1982	1 231.90	47.57	597.70	972.20
1983	1 291.50	32.11	640.90	1 032.80
1984	1 359.60	26.61	706.20	1 152.80
1985	1 623.30	32.44	738.20	1 334.10
1986	1 951.80	54.49	689.90	1 341.40
1987	2 215.00	61.04	787.00	1 514.10
1988	2 563.00	81.92	891.90	1 774.90
1989	3 284.80	180.19	743.01	1 773.14
1990	4 000.33	348.76	388.11	1 503.14

资料来源:《中国统计年鉴(1991)》,第410页。

90年代初,为启动经济增长和缓解市场疲软,继续向生产环节、流通环节和投资领域大量注入贷款资金。尽管刺激了生产增长,但市场销售状况未有大的改观,工业经济效益仍然十分低下。

宏观经济政策似乎到了无能为力的地步:紧缩也不好,松动也无效,紧缩型效益和速度型效益都难以出现。金融膨胀的积极效应明显递减。而且,货币投放和信贷扩张所积累起来的通货膨胀潜能越来越强,压力越来越大。这也许已经表明,金融膨胀经济已走到了尽头。

走向稳定通货的经济 金融膨胀效用的递减和通货膨胀压力的增强,使稳定通货的问题又一次被提出,并受到中央银行的重视。

关于中国经济改革和经济发展的思路,一些中外经济学家早就提出过"管住货币,放开物价"的主张。这一主张无论在理论上多么合乎逻辑,但在 80 年代至 90 年代初的金融膨胀经济中,实际上是无法实行的,因为,管住货币只是一种理论假想,没有现实可能。在金融膨胀的条件下,货币并不是银行主动放出来的,而是被各种无法抗拒的力量逼出来的,因此,无论在主观意志上如何坚决,银行要管住货币供给是极为困难的,如果不是完全没有可能的话。换句话说,从金融抑制走向金融膨胀的过程中,要想硬性地按经济学家的意愿控制货币发行量特别是控制信贷规模,是不太现实的。

但是,当渡过了金融膨胀时期之后,金融深化的条件逐步具备,稳定通货供给也越来越具有现实可能性了。

最明显的标志是证券市场的形成和几乎遍及全国的证券热和股票热现象的出现。这表明,经济运行已经有可能从国家货币供给之外的其他渠道获得推动力了。

金融膨胀效应递减反应在利率水平上表现为:尽管资金短缺,但由于企业承担利息负担的能力衰弱,所以,国家仍不得不人为地降低利率(银行存、贷款利率)。而证券热和股票热的出现,则表明至少有一部分企业可以并愿意承担较高的融资成本来取得经营和发展资金。这就使得资金的市场价格逐步接近于反映其稀缺程度和机会成本的真实价格（或价值）。这无疑是金融深化的一个显著标志。

金融深化为中国实现稳定通货经济创造了条件。企业直接融资机制特别是股本融资机制的形成，将减轻国家银行的货币供给压力。证券市场融资机制的形成，并与银行融资机制的相对分离，为中央银行更坚决地实行"保卫货币"政策提供了体制保障。

从中国工业化向纵深推进的要求看，也迫切需要形成一种稳定通货供给的宏观经济环境。靠行政性的实物计划支持的经济增长模式已成为过去的历史，靠金融膨胀和货币扩张来支持的经济增长模式也已不适应市场经济发展的要求，特别是不利于国民经济素质和企业市场竞争力的提高。只有在稳定通货供给的宏观经济条件下，各种经济参数才能充分发挥其调节经济、实现资源有效配置的功能，工业化才能走上良性循环和高效益的道路。

9.4 从封闭经济走向开放经济

经济封闭的缘由 从新中国诞生，一直到 70 年代中期，中国工业化基本上走的是封闭的内向型经济发展道路，进出口贸易规模很小，在国民经济中所处地位很低（见表 9-5）。有限的进出口贸易只是为了弥补国内某些产品特别是生产资料的严重短缺和实现进口替代的发展战略。与之相应的是，大大高估人民币汇价，实行国家统制的外贸制度和外汇管理制度，关税率非常高，并用行政性手段对进出口产品的种类和规模进行严格的控制；资金和人员的国际流动更是被限制到极小的限度内，几乎断绝了国际往来。这使得中国经济几乎完全脱离了与国际经济的联系，处于国际分工和国际竞争的彼岸。

表 9-5　进出口贸易规模

年份	进出口贸易总额 （亿元）	贸易总额占 国民收入的 %	贸易总额占 社会总产值的 %
1952	64.6	11.0	6.4
1957	104.5	11.5	6.5
1965	118.4	8.5	4.4
1975	290.4	11.6	5.4
1990	5 560.1	38.5	14.6

资料来源:《中国经济年鉴（1981）》（简编），经济管理出版社 1981 年版，Ⅵ第 22 页;《中国统计年鉴（1991）》，第 32、47 页。

造成经济封闭的原因是多方面的，从客观上说，有政治的、军事的以及外交的种种非经济原因，也有出于保护幼稚产业发展、实现经济独立自主的需要等经济原因。更重要的还有经济制度上的深刻原因。50 年代—70 年代中期，中国实行传统的计划经济体制，这就从本质上失去了与整个世界市场经济的亲和性，同时，中国的计划经济与苏联、东欧国家的计划经济又缺乏内在亲和性，特别是 60 年代以后，中国与苏东国家的隔阂加深，经济往来缩小，甚至一度断绝。这样，中国经济就成了与世界经济几乎是难以对话、互不往来的封闭经济体系。

除了客观上的原因之外，主观上的战略选择以至意识形态偏见（本书不讨论这方面的问题）也是造成经济封闭的重要原因。片面地强调自力更生、独立自主，否认国际经济交往的比较利益原则，脱离国际分工，回避国际竞争，试图在高强度的国家保护下建立自己的工业经济体系，导致了整个中国经济的闭关自守状态。

闭关自守给中国经济造成了多大损失，是难以估量的，它不仅使中国丧失了许多经济上的比较利益，大大削弱了中国经济的竞争效率，降低了国民经济的整体素质，而且，使中国脱离了世界产业技术进步的大道，失去了实现产业现代化的许多机会。

80 年代的经济开放　从 70 年代末起，中国经济开始从封闭走向开放。从一定意义上可以说，80 年代经济开放是中国最重大的经济改革，也是推动中国工业化最强有力的动因之一。

1. 对外贸易。80 年代,中国的进出口贸易迅速增长。进出口贸易总额,1991 年比 1978 年增加 5 倍,其中,出口贸易增加 6 倍多(见表 9-6)。

在进出口贸易规模大幅度扩大的同时,进出口商品的构成也发生明显变化。1980 年,出口商品中 50.3% 是初级产品,工业制成品只占 49.7%;到 1991 年,初级产品的比重下降到 22%,工业制成品比重上升到 78%。这表明,出口商品的结构优化,反映了中国在国际分工体系中的地位得到改善(见表 9-7)。

表 9-6　进出口贸易总额　　单位:亿美元

年份	进出口总额	出口总额	进口总额	差额(－入超)
1950—1952 平均	16.8	7.1	9.7	−2.6
1953—1957 平均	28.5	13.7	14.9	−1.2
1958—1962 平均	35.3	18.2	17.2	1.0
1963—1965 平均	35.5	19.3	16.1	3.2
1966—1970 平均	42.9	22.1	20.8	1.4
1971—1975 平均	102.9	52.2	50.7	1.6
1976—1980 平均	232.7	111.9	120.7	−8.8
1978	206.4	97.5	108.9	−11.4
1980	381.4	181.2	200.2	−19.0
1981	440.3	220.1	220.2	−0.1
1982	416.1	229.2	192.9	30.4
1983	436.2	222.3	213.9	8.4
1984	535.5	261.4	274.1	−12.7
1985	696.0	273.5	422.5	−149.0
1986	738.5	309.4	429.0	−119.6
1987	826.5	394.4	432.2	−37.8
1988	1 027.9	475.2	552.8	−77.6
1989	1 116.8	525.4	591.4	−66.0
1990	1 154.4	620.9	535.5	87.5
1991	1 357	719	635	84

资料来源:《中国统计年鉴(1991)》,第 615 页;李岚清:"加速我国对外经贸事业的发展",载《光明日报》1992 年 7 月 23 日。

表 9-7　海关历年进出口商品构成（％）

年份	出口商品		进口商品	
	初级产品	工业制成品	初级产品	工业制成品
1952	82.1*	17.9**		
1957	71.6*	28.4**		
1965	64.0*	36.0**		
1975	60.7*	39.3**		
1980	50.3	49.7	34.8	65.2
1981	46.6	53.4	36.5	63.5
1982	45.0	55.0	39.6	60.4
1983	43.3	56.7	27.2	72.8
1984	45.7	54.3	19.0	81.0
1985	50.6	49.4	12.5	87.5
1986	36.4	63.6	13.2	86.8
1987	33.5	66.5	16.0	84.0
1988	30.3	69.7	18.2	81.8
1989	28.7	71.3	20.0	80.0
1990	25.6	74.4	18.5	79.5
1991	22.0	78.0		

*　为农副产品及农副产品加工品。

**　为工矿产品。

资料来源:《中国经济年鉴（1981）》（简编），Ⅵ第22页;《中国统计年鉴（1991）》,第616—617页;"加速我国对外经贸事业的发展"。

由于对外贸易的迅速发展,中国经济的外贸依存度大大提高。1978年,进出口贸易总额与国民生产总值之比仅为9.9%;1990年,提高到31.4%（见表9-8）。1978年,中国出口贸易在世界上的地位为第32位;1987年提高到第16位;1991年进一步提高到第13位。这些都表明,中国经济已日益深入地加入到国际经济分工体系之中。

表 9-8 国民经济的外贸依存度

年份	国民生产总值（亿元）	进出口贸易总额（亿元）	进出口贸易总额与国民生产总值之比（%）
1978	3 588.1	355.0	9.9
1980	4 470.0	570.0	12.8
1985	6 557.6	2 066.7	24.2
1988	14 018.2	3 822.0	27.3
1989	15 916.3	4 155.9	26.1
1990	17 686.1	5 560.1	31.4

资料来源:《中国统计年鉴(1991)》,第 31、615 页。

尤其值得注意的是,尽管中国是个发展水平较低的发展中国家,而且,由于长期实行计划经济体制,削弱了国际经济竞争力,因而,在 80 年代的许多年份都存在进出口贸易的较大入超。但随着经济体制改革,特别是外贸体制改革取得实质性进展,到 90 年代初,中国的国际收支状况得到根本性好转,1991 年国家外汇库存 217 亿美元,加上银行的外汇头寸、外汇储备已超过 400 亿美元(见表 9-9)。这表明,中国经济对外开放基本上已进入良性循环,进一步扩大对外开放的经济承受能力增强。

表 9-9 外汇储备　　　　　　　　　　　单位:亿美元

年份	外汇储备	国家外汇库存	中国银行外汇结存
1952	1.39		
1979	21.54	8.4	13.14
1985	119.13	26.44	92.69
1988	175.48	33.72	141.76
1990	285.94	110.93	175.01
1991	400 以上	217	

资料来源:《中国统计年鉴(1991)》,第 645 页;"加速我国对外经贸事业的发展"。

为了促进对外贸易的发展,中国的汇率政策也进行了重大调整。经过多次汇率变动,逐步改变了高估人民币汇价的状况。1978 年,官定牌价汇率 1 美元=1.6 元人民币。经几次调整,到 1990 年为 1 美元 = 4.78 元人民币(年平均汇价)。1991—1992 年,又进一步调整为 1 美元≈ 5.35 元人民币,同时,有限度地开放了外汇调剂市场,外汇调剂价与牌价的差距呈缩小趋势。目前,中国虽然仍实行管制外汇及双重汇率制度,但国家管制外汇的强度已减弱,由市场机制调节汇率的强度逐步增强,这也是中国经济从封闭走向开放的一个显著标志。

2. 利用外资。70 年代中期以前,中国坚持的是 "既无内债,又无外债" 的信条,认为 "既无内债,又无外债" 才是良性经济的标志,更不允许外商来华投资。这也是封闭经济的一种很极端的表现。

70 年代末以来,情况发生了根本性变化,引进外资,利用外资,成为推进中国工业化的一个重要战略措施。1979—1990 年,签订利用外资协议额 1 020.78 亿美元,实际利用外资 680.75 亿美元。其中,外商直接投资和其他投资协议额 452.45 亿美元,实际投入资金 222.2 亿美元(见表 9-10)。到 1991 年底,兴办外商投资企业达 42 027 家,已建成投产的 20 732 家。1991 年,外商投资企业总产值 1 370 亿元,占中国当年工业总产值的 4.9%;出口 120 亿美元,占全国出口总额的16.7%;累计涉外税收 210 多亿元,其中 1991 年为 68.6 亿元(不包括海关税收),加上国有土地使用费,估计当年增加财政收入 100 多亿元;在外资企业就业的人数 280 多万人,年工资收入约 160 亿元,占全国职工工资收入的 4.5%。

表 9-10　1979—1990 年利用外资概况　　　　单位:亿美元

内容	总计	对外借款	外商直接投资	外商其他投资
签订利用外资协议 (合同额)	1 020.78	568.33	403.60	48.85
实际利用外资	680.75	458.55	189.82	32.38

资料来源:《中国统计年鉴(1991)》,第 629 页。

自从 1991 年下半年,特别是 1992 年初以来,全国各地吸引外资的规模迅速扩大,"三资"企业如雨后春笋般地建立起来,特别是在东南沿海地区,"三资"企业的发展速度更为惊人。鼓励外商投资,建立更多"三资"企业,已成为不少地区特别是沿海地区实现经济现代化的重要战略部署。

毫无疑问,外资的大量流入,特别是外商直接投资的不断增加,"三资"企业的发展,将使中国经济的对外开放度进一步扩大,使中国经济逐步融入世界经济体系。

值得一提的是:随着对外开放的扩大,不仅外商来华投资不断增加,中国的企业也开始走出国门,进行跨国经营,80 年代下半期以来中国企业向国外投资的案例逐年增多,到 90 年代初,中国跨国公司的建立和发展已不再是纸上谈兵,而是成为许多大中型企业,甚至乡镇企业的经营战略目标。

3. 海峡两岸经济交往取得突破性进展。这是 80 年代以来,中国(大陆)经济对外开放的一个极为重要的方面。1979 年,大陆与台湾之间经由香港的间接贸易仅 0.7 亿美元,到 1989 年上升为 34.83 亿美元,10 年增长近 50 倍。1990 年又比 1989 年增长 16.08%,1991 年突破 50 亿美元。1979—1990 年,两岸经香港转口贸易累计达 158 亿美元。台商来大陆投资的发展速度也很快。两岸经济交往的迅速发展,对于推动大陆经济的进一步对外开放,促进中国工业化的进程,起着十分重要的作用,并将发挥越来越大的影响。到不久的将来,形成大陆、台湾、港澳一体的中国经济圈,中国工业化过程将进入又一个辉煌的时期(参见第 9 章附录)。

优惠政策竞赛　为了实现对外开放,特别是为了吸引外商投资,中国实行了一系列十分灵活的对外经济政策,包括开辟经济特区,建立沿海、沿江、沿边开放区,在各个大中城市以及许多地区实行开放区以至经济特区的某些政策等等。其主要意图是，通过实施减免税收、优先供水供电和保证物资供应、放宽投资领域、简化审批手续以及某些奖励性措施等，鼓励外商来华投资设厂。这些经济政策对于促进对外开放确实起到了积极作用。客观地说，实行各种特殊政策，不仅是对外商的优惠，而且，也是对目前投资环境缺陷所造成的某些不良影响的补偿。因此，实行优惠性的特殊政策有其必要性和合理性。

但要看到事情也有其另一方面。中国所实行的吸引外商的优惠政策大都具有地区上的倾斜性，而且，许多优惠政策都是由各级地方政府制定的，这就形成了各种地区性的政策歧视现象。为了更多地吸引外商，各地区之间开展了争相制定更优惠政策的优惠政策竞赛。这种优惠政策竞赛带来了一系列问题：

1. 形成了国内经济体系的政策性分割现象。法制不健全原先就是投资环境的主要缺陷，现在又加上各种各样的特殊政策，使得法制环境更加缺乏透明度和稳定性，反而降低了外商的安全感和信任感。

2. 优惠政策竞赛造成某些利益的直接流失，这不仅表现在成文法规中规定的让利（例如减免税收），而且表现为政策和法规的漏洞很多，很容易被钻空子。可以举两个明显的例子。（1）在一些地区（例如深圳市），"三来一补"（来料加工、来样加工、来件装配、补偿贸易）规模迅速扩大，深圳市已有"三来一补"工厂 4 000 多家，其中不少企业已经根本不是"三来一补"性质，而完全是功能齐全的生产企业，但外商和当地的合作者都宁愿保持"三来一补"性质，而不愿注册为"三资企业"，原因就在于"三来一补"可以享受比"三资企业"更多的政策优惠。（2）目前，各地"三资企业"的账面亏损现象十分普遍，亏损面甚至超过国营企业。但这些亏损的"三资企业"本身的发展往往并不慢，外商也大都并无关门转业的意向。十分明显，这些"亏损"企业存在着利益转移现象，账面虽然亏损，实际上，外商是可以通过钻政策和法规上的空子获得较多收益的。否则，他们就没有理由继续把企业办下去了。况且，制造"账面亏损"本身就可以成为争取更多的优惠政策的手段。

3. 优惠政策竞赛有可能造成地区经济发展的更大不平衡，被批准实行优惠政策的往往是原先就比较发达或经济发展条件较好的地区，优惠政策起了锦上添花的作用，往往造成了这些享受优惠政策的地区与其他地区之间在经济发展水平上的更大差距。

4. 优惠政策竞赛造成了外商投资企业与国内企业之间很大的政策差别，有可能造成许多摩擦和矛盾，以致引起企业行为的扭曲。例如，为了获得优惠政策待遇，各地都出现了一些假"三资企业"。由于各地的优惠政策竞赛，"三资企业"发展较快，加上钻政策空子组建的假"三资企业"也享受优惠政策，这就使国内企业处于不利的竞争地位，有的地区为了搞活国营大中型企业，规定某些国内企业（当然只能是少数）也可以享受"三资企业"的待遇，这就进一步扩大了政策歧视和经济分割现象。

为了扩大对外开放，实行一定的优惠政策是必要的，也是国际上通行的一种做法，但是，如果优惠政策的制定和实施缺乏全局性考虑，甚至成为地区间竞争的一种手段，从而导致统一国内市场的分割和政策法制环境的歧视性，则是得不偿失的。

对外开放与平等竞争　如果说 80 年代中国对外开放主要靠实行某些优惠政策的话，那么，到 90 年代，参加和保证平等的国际竞争将成为中国进一步扩大对外开放的主要政策意向。这一转变主要由两方面的因素所促动。在国内方面，各地之间优惠政策竞赛的弊端日益暴露，实行平等的市场竞争的要求日趋强烈，将导致政府的政策意向逐步从主要强调优惠、特殊、倾斜，转向更加强调公平、普惠、机会均等。在国际方面，中国申请恢复关贸总协定缔约国地位是一个重要事件，它将促使中国主动地或被动地接受平等竞争的原则，随着关贸总协定所要求的自由贸易(市场准入)和国民待遇原则在中国的贯彻,许多优惠政策也就失去了存在的理由。

如果深入地分析一下中国的现实,不难发现,之所以要实行各种优惠政策,大都是因为要在保护性较强的大环境中创造一个保护性相对弱一些的小气候。而如果在大环境中形成了非保护性的平等竞争的自由贸易条件,小气候的存在也就没有意义了。从这一意义上说,优惠政策竞赛只是一个过渡时期的特殊现象,是封闭经济走向开放经济的一个也许是难以避免的阶段。而形成平等竞争的国内、国际市场,消除各种阻碍平等竞争的因素,包括各种歧视性政策和法规,才是开放经济的实质。在这样的开放经济中,中国工业化才能真正迈入成熟阶段。

附录　海峡两岸经济交流的态势与前景

一、发展中的两岸经济关系

20 世纪 70 年代末 80 年代初以来,大陆与台湾之间的经济关系发生了令人瞩目的突破性变化。两岸完全隔绝、互不往来的局面已被打破,规模不断扩大的交流与合作,其趋势已不可逆转。

1979 年元旦,全国人大常委会发表了《告台湾同胞书》,提出海峡两岸"三通"的倡议。自此以后,大陆制定了各种开放措施和优惠政策来改善和发展两岸间的经济关系。首先是对台商开放大陆市场,实行"同等优先"的原则,即在品种、质量、价格相同的情况下,优先从台湾进口或向台湾出口,并允许从台湾进口商品享受最低的关税率优待。1987 年,台湾放宽外汇管制和开放回大陆探亲,引发了台商对大陆的"投资热"。同年 7 月,中国国务院颁布了《鼓励台湾同胞投资的规定》。1989 年下半年,王永庆来大陆考察,有意向大陆进行巨额投资,震动了台湾工商界。迫于巨大的压力,台湾当局的大陆政策也开始松动。于是,台商与大陆的(间接)贸易和在大陆的投资活动,逐步由暗转明,由"非法"变为"合法"。从此,两岸间的经济关系进入了逐步沟通和发展的新阶段。

据有关方面统计,两岸经由香港的间接贸易 1979 年仅 0.7 亿美元,到 1989 年上升为 34.83 亿美元,10 年增长近 50 倍;1990 年又比 1989 年增长 16.08%,达 40.43 亿元,1991 年增长势头更猛,第一季度就较上年同期增长 37.6%。预计全年将突破 50 亿美元。1979—1990 年,两岸经香港转口贸易累计达 158 亿美元。两岸贸易依存度明显提高。台湾向大陆出口占其出口总额的比重由 1979 年的 0.13% 提高到 1990 年的 4.46%;自大陆进口占其进口总额的比重由 1979 年的 0.38% 提高到 1990 年的 1.18%。而大陆向台湾出口占其出口总额的比重从 1979 年的 0.41% 提高到 1990 年的 1.26%;自台湾进口占其进口总额的比重从 1979 年的 0.14% 提高到 1990 年的 6.14%。

在投资方面,其增长势头也是异常猛烈。据大陆报界披露有关部门的统计,1979—1987 年,台商到大陆投资的累计额仅 1 亿美元,1988 年协议投资额近 3 亿美元,1989 年增加 6 亿美元以上,累计超过 10 亿美元,而到 1990 年年底,台商在大陆办厂已超过 2 000 家,投资协议金额达 20 亿美元。另有资料表明:到 1991 年 5 月,台商在大陆的投资企业已达 3 000 余家(已签订投资协议),资金总额为 37 亿美元。①

不能忘记,海峡两岸经济交流如此迅猛的发展势头还是在存在着严重的人为障碍,特别是两岸之间的政治关系尚未有突破性改善的条件下形成的。这说明,两岸之间的交流与合作有着深厚的经济基础。

自从 1949 年两岸隔绝以来,大陆与台湾各自走上了完全不同的发

---

① 台湾"中华经济研究院"1991 年 5 月 9 日称,台湾厂商赴大陆投资为 2 857 家,协议投资资金为 36 亿美元。

展道路。大陆实行社会主义计划经济,台湾实行资本主义市场经济;大陆实行以自力更生为主的内向型发展战略,台湾则从 60 年代起就坚决实行外向型发展战略;大陆的工业化政策具有高度倾斜性,台湾的工业化政策则更多地强调市场竞争和自由选择。再从人均收入水平和生活方式看,海峡两岸间的差距也很大。加之大陆与台湾在政治上长达四十多年的敌视和对峙。这些都无疑会对两岸经济交流与合作形成一定的障碍。

但是,海峡两岸经济交流与合作的实际障碍并不像它表面上看起来的那么大,而且,随着两岸经济的不断发展和国际经济形势的演变,推动海峡两岸经济交流与合作的有利因素会迅速增长,两岸间经济交流与合作的基础条件将进一步改善。其中,至少有以下几点是特别值得注意的。

1. 大陆的经济改革和对外开放政策,缩小了海峡两岸在经济体制上的互不相容性。特别是在大陆的经济特区和沿海开放地区,更为灵活的对外经济政策,大大拓宽了两岸经济交流与合作的空间,增强了两岸经济的"亲和性"。

2. 大陆和台湾都有很强的经济增长潜力,内在经济活力强盛。80 年代都取得了经济增长的良好业绩;进入 90 年代以后,推动经济增长的因素更为活跃。同时,大陆与台湾的经济增长也都遇到一些新的问题,需要进一步寻找经济增长的新生长点和开辟经济增长的新领域。总之,大陆与台湾较强劲的经济增长势头将成为推动两岸经济交流与合作的巨大推动力。

3. 90 年代,大陆和台湾的经济成长都步入更高阶段,随着经济开发强度的增强,提高资源配置的效率成为越来越重要的问题,市场规模问题也日显突出,因此,海峡两岸在自然资源、资金、劳动资源、技术、产业结构以及市场等方面的互补性将更具战略意义。

4. 90 年代的国际经济形势将更有利于推动海峡两岸的经济交流与合作。特别是香港和澳门的主权回归祖国之后，一度被分裂的中国经济圈将迅速加快其弥合的趋势。

5. 尽管至今为止，大陆与台湾的人均国民生产总值（GNP）的差距仍很大，但两岸之间经济发展的实际收入水平的差距却不像人均GNP所显示的那么大，尤其是在与台湾的联系更为密切的大陆沿海地区，其经济发展以及实际收入水平与台湾的差距正以较快的速度日趋缩小。

正因为两岸之间的经济交流与合作有着深厚的基础，而且，这一基础正在得到不断改善，所以，两岸经济交流与合作将很快地从 80 年代的试探期，进入 90 年代的迅速发展期，这对大陆和台湾的经济发展都将起十分重要的加力作用。

二、大陆经济发展与两岸经济交流

中国大陆地域广阔，资源丰富但分布不均，因此，工业化过程中对交通运输等基础设施建设的依赖性大；而且，人口众多，就业压力非常大；加之在短时期内还难以完成从以外延为主的增长模式向以内涵为主的增长模式的根本转变，所以，迄今为止，大陆工业化进程仍以大量的资金投入为特点。

由于人均收入水平较低，尽管大陆的储蓄率已相当高，国家公布的积累率近年来一直高达 34%—35%，但经济发展中的储蓄缺口仍然很大，资金严重短缺。90 年代，大陆的产业政策将向农业、交通运输以及原材料、能源等基础产业倾斜，资金系数将明显高于 80 年代，而且，90 年代上半叶，劳动人口的增长也处于高峰时期，所以，对投资资金的需求将十分强烈。

大陆工业化的资金来源主要靠内部积累，同时也需要积极争取利用外资。80 年代，世界资金供给相对宽裕。90 年代以来，世界资金供求状况发生了很大变化。独联体各国、东欧地区资金需求强烈；原为资金输出国的一些中东地区国家在海湾战争后成为资金净输入国；德国和日本这两个资金富裕国资本输出额大幅度减少，德国为实现统一，1990 年一年就用了 1 000 多亿马克，为使东德地区的经济水平赶上西德，还需要大量投资，目前已开始在国际上举债；日本也因国际贸易盈余减少和扩大国内需求而放慢了资本输出。这样，出现了国际资金的相对短缺。这对大陆进行国际筹资不利。

面对这样的国际资金供求环境，积极开拓多方面的外资来源，对于促进大陆 90 年代的工业化进程，具有非常重要的意义。台湾是大陆对外筹资的一个潜在的来源地区。特别是对于福建、广东等东南沿海各省，积极吸引台资，是工业化过程中的一个重大战略性问题。

多年来，台湾对外贸易高速增长并连年顺差，1990 年外汇储备达 764 亿美元，按人均水平居世界第一。台湾资本输出的重点是美国和东南亚。近年来，台湾对大陆的投资增长较快。据分析，台资输入对大陆经济发展产生了积极影响，一是增加了资金和外汇供应；二是较快实现了一些适用技术的转移；三是增加了就业机会；四是台资企业和陆台合资、合作企业产品的外销率远高于大陆"三资"企业，这有助于推动大陆外向型经济的发展。

但是，从台湾资金供给所具有的潜力来看，或者从大陆所接受外资的总体规模来看，至今，台资对大陆经济发展的影响仍十分有限。台资企业占大陆"三资"企业数以及协议金额占"三资"企业外商投资额的比率都在 5% 以下。而且，台资企业的规模大都较小，技术水平一般不太高，主要向大陆转移以劳动密集型为主的加工业，虽对乡镇企业的技术进步产生一定作用，但对大陆整个工业技术水平的提高作用不很大。也正由于台资企业产品外销率高，大都采取"两头在外"的经营方式，所以，对大陆市场的供求状况的影响以及对大陆产业发展的带动作用都还十分有限。

可见,台湾工商界对大陆的投资还处于初级阶段。不过,一批有远见的台湾企业家和投资者已开始以更高的战略眼光来发展对大陆的投资,有可能使台湾对大陆的投资格局发生重大变化。这表现在:

1. 投资地域从福建、广东等沿海地区向内地延伸。台商对大陆的投资至今主要集中于福建、广东两省,约占全部台资投资协议金额的80%。但从80年代末开始,台商投资逐步向整个沿海地区(上海、江苏、山东、天津、辽宁等省市)和内地延伸。东北的大连市,台资企业已发展到65家;1991年,四川的台资企业已从9家增加到55家。许多台湾工商界人士对开发大陆内地的资源表现出极大兴趣。台湾"中华经济研究院"公布的一项调查称:"超过九成赴大陆投资台商看好大陆环境"①。

2. 台湾向大陆投资的技术结构开始向较高层次发展。厦门、福州出现了台商连片开发的"电子工业区"和"高科技园区";在上海漕河泾新兴技术开发区内的台湾企业工业公寓可望于1995年全部完工,可容纳64个厂家使用,1992年6月第一期工程完工后,即可供16个厂家使用。总之,有迹象表明,台湾企业在大陆的产业结构将从劳动密集型向技术密集型发展。

3. 台湾企业对大陆的投资日趋多样化和长期化。据台湾"经济建设委员会"的分析,到目前为止,台湾对大陆的投资至少已有1 500余种。过去,台商投资主要是一些在台湾已陷入生存困难的雨伞、鞋、玩具等劳动密集型产业。近些年来,化工、五金、建材、精密机床、电脑、房地产以及种植业和养殖业等行业都纷纷来大陆寻找投资场所。大型投资项目随之增加,出现了几千万美元以上的项目。

在投资多样化过程中,码头、运输、保税仓库等长期投资项目也开

---

① 转引自"台商在大陆投资的新趋势",载《金融时报》1991年6月25日。

始受到一些台商的重视。台湾在大陆投资主要注重短期近利项目的格局有可能发生明显变化。

除了在投资方面之外,两岸经济交流与合作在扩大贸易、人才引进、技术合作等各个方面都可以对促进大陆工业化进程产生积极作用。

三、台湾产业发展前景与两岸经济交流

进入 90 年代,台湾经济发展也进入一个新的阶段。面对一系列新情况和新问题,必须寻找新的出路。可以预见,扩大与大陆的经济交流与合作将越来越成为推进台湾经济发展的举足轻重的因素。

从 50 年代以来的四十多年间,台湾经济发展取得了很大成就。总体来说,台湾经济发展的支柱产业主要是劳动密集型的出口产业。近年来台湾的劳动密集型出口产业的进一步发展遇到了新的挑战。

1. 随着人均收入的提高,台湾工资上升,而较高速的经济增长对劳动力的吸纳又使劳动力的供给日趋紧张,因此,台湾发展劳动密集型产业的比较成本低的优势正在逐步丧失。

2. 劳动密集型产业的发展受到韩国特别是东盟等国家和地区的挑战。国际竞争日趋激烈。因此,台湾劳动密集型出口产业的国际形势更为严峻。

3. 台湾出口贸易受到西方国家保护主义的制约,面临许多新的困难。特别是美国,对台贸易长期逆差,美台贸易摩擦十分严重。美国采取了包括迫使台币升值在内的各种措施,来减轻贸易赤字,而美国又是台湾出口产品最主要的市场。因此,台湾出口产品在美国市场受到限制,将对台湾经济发生重大影响。近年来,台湾对美国的贸易出超虽已缩小,但对欧洲的贸易顺差又有扩大趋势,也可能引起新的贸易摩擦。同时,台湾对日本的贸易逆差却仍在扩大,但台湾产品又很难进入保护主义严重的日本市场。因此,台湾要进一步发展对外贸易,继续实行外

向型经济发展战略,则如何通过使进出口市场分散化来开拓更大的和较稳定的市场,是一个严峻的问题。

4. 台湾的投资环境吸引力下降,投资意愿受到抑制,这样,大量的剩余资金迫切需要寻找有利的投资场所,特别是几百亿美元的积存外汇,对台湾经济形成很大压力。

5. 90 年代,台湾经济发展所受到的资源制约也将比 80 年代更为严重,而且,从南美、中东、非洲及大洋洲进口原料和能源,长途运输所造成的成本推进也限制了台湾产品的价格竞争优势。

因此,90 年代,台湾必须进行产业政策和贸易政策的重大调整。发展同大陆的经济交流与合作将成为这一重大调整的重要内容之一。

1. 大陆地广人多,而且,国民收入增长较快,市场潜力巨大。近年来,海峡两岸贸易增长的速度远远超过台湾外贸和大陆外贸的增长速度。1990 年,台湾外贸增长 2.9%,大陆外贸增长 3.4%,而海峡两岸之间的(间接)贸易增长率高达 16.08%。由于台湾对大陆的出口远超过从大陆的进口,而两岸贸易须经香港转口,所以,香港成为台湾出口对象中仅次于美国的第二大出口地区,而 1991 年第一季度,台湾对香港的贸易出超竟超过美国,成为台湾对外贸易出超最多的地区,而台湾出口香港的增加部分,绝大部分转口进大陆。据估计,1979 年以来,两岸经香港转口贸易金额台湾顺差超过 100 亿美元。可见,大陆将成为台湾经济发展所依赖的一个市场。迄今为止,在发展两岸经贸关系中,台湾已获得了比大陆更多的利益。台湾允许间接从大陆进口的商品仅 156 项,而允许间接向大陆出口的商品有 3 600 多种。

2. 大陆工业化对资金的巨大需求,以及大陆丰富的劳动力资源优势,将为台资开拓投资场所提供良好条件。

3. 大陆丰富的资源和广阔的地域(这意味着较低的地产价格)为台湾产业调整过程中的产业转移提供了诱人的前景。

4. 大陆经过四十多年的发展,已积累起相当规模的科技实力,特别是有一支可观的高科技人才队伍,有可能成为台湾经济发展的合作力量。

可见,台湾经济发展的出路在于必须实现产业结构的转变,特别是必须向产业结构的高级化发展。近年来,台湾在支持"策略性产业"发展、推动产业升级方面取得了一定的成就,但是,囿于资源、地理环境、人力和技术条件的缺陷,面临的困难也是很大的。所以,彻底结束海峡两岸间的隔绝状态,大力发展两岸交流与合作,可以给台湾经济注入新的活力,开拓广阔的空间。

近年来,台湾工商界要求开放两岸直接经贸交流的呼声日益高涨。据 1991 年 6 月台湾工业总会进行的问卷调查显示:66.8% 的被调查者主张开放两岸直接投资和贸易。[①]1991 年 7 月 2 日,中国经贸部提出了促进两岸经贸交流的五项原则:直接双向,互惠互利,形式多样,长期稳定,重义守约,得到台湾工商界的较好反映。

现在,台湾经济界人士,特别是有远见的企业家,都已逐步认识到了海峡两岸交流与合作对台湾经济发展的重要意义。这些年来,台湾工商界人士呼吁发展两岸经济往来,并决意冲破障碍,来大陆洽谈交流与合作的业务,绝不是一时的心血来潮,而是深思熟虑后的明智之举。

四、海峡两岸及港澳地区经济关系前景

从历史上看,大陆、港澳、台湾原本是统一的经济区域。中国经济包括了大陆、台湾和港澳。只不过是 1949 年的政治变迁造成了长达四十多年的人为断绝状态。尽管四十年来大陆、港澳和台湾的经济都发生了很大的变化,隔膜状态加深了,但再次实现祖国统一的意志从未有过削弱和动摇。现在,许多有识之士呼吁建立由大陆、港澳和台湾

---

① 参见台湾《经济日报》1991 年 6 月 18 日。

组成的"中国经济圈",这实际上反映了中国经济回归其正常发展轨迹的客观要求。从一定意义上说,"建立"中国经济圈,实质上是原本统一的中国经济经过几十年不正常的分裂之后再次恢复其统一。纵观历史,中国经济的分裂是反常的,而统一才是其正常状态。

这样说,丝毫不意味着可以轻视实现中国经济圈的艰难性。由政治上的对峙和社会制度上的差别所造成的经济分割毕竟已是冰冻三尺,它的形成既非一日之寒,那么,解冻过程也绝非一朝一夕之功所能成就。1997—1999年,香港、澳门的主权将相继回归祖国,实现中国经济圈的真正的困难是大陆与台湾在政治上的对立。对实现统一的方式,双方的立场有很大差距。因此,90年代,海峡两岸还将在存在政治障碍的条件下发展经济交流与合作。但是,祖国统一是大势所趋,人心所归,完全可以有信心,在90年代,一定能在走向统一的中国经济圈上迈出具有决定性意义的步子。

1.海峡两岸间的经济聚合趋势是不可抗拒的。在当今世界上,在处理国家或地区间关系上,与社会制度和意识形态相比,经济利益被置于越来越受重视的优先地位。人们已创造出并将更多地创造出绕开社会制度和意识形态差别所造成的障碍来发展广泛深入的经济交流与合作的有效方式和途径。因此,90年代,海峡两岸在社会制度、政治立场和意识形态上的差别将不再构成阻碍形成中国经济圈不可逾越的障碍;相反,经济聚合力的强烈冲击有可能推动海峡两岸实现统一的进程。

2.90年代,大陆将进一步深化改革,扩大开放,建立社会主义市场经济新体制;台湾将进一步向经济的"自由化、国际化、制度化"发展。这将大大有助于两岸民间的经济交流与合作的广泛和深入的开展。民间交往不像政府间官方交往那样受"原则"约束,民间交往中,经济规律将更多地发挥其作用。因此,可以预期,90年代必将形成两岸间经济融汇的一次高潮。

3. 香港、澳门主权回归祖国将对海峡两岸关系产生深刻的影响。中国经济中一条断裂带的弥合,将使另一条断裂带顽固地保持现状已成为不可能。现在,大陆与台湾通过香港发展交往,称为"间接";1997 年之后,这种"间接"与"直接"的界限将失去其意义。实际上由于香港即将回归祖国的强大冲击波的影响,1997 年之前,大陆与台湾间的直接经济交流就将成为事实。大陆和台湾不久将先后加入关税和贸易总协定,这也将对两岸间发展直接经贸关系产生有力的促进作用。

4. 90 年代,世界经济中的区域合作潮流将进一步发展,也将对中国经济圈的形成产生影响。亚太经济圈的建立成为一个热门话题,日本试图成为其"霸主",这是海峡两岸的中国人都不愿接受的。因此,大陆与台湾及港澳在世界经济特别是亚太经济中的共同利益,将推动它们去建立"中国人经济集团"或"中国人共同体"。

5. 从大陆、港澳和台湾经济发展的内在要求看,实现中国经济圈也十分必要和迫切。眼下,大陆正在实行国民经济和社会发展的"八五计划"和十年规划,到本世纪末,使经济发展再上一个新台阶;台湾将实施"六年国建计划",希望早日"迈入现代化社会";香港经济发展也正进入一个产业结构转换的关键时期,要求实现从劳动密集型产业向"科技型产业"的结构升级。因此,90 年代,大陆、台湾、港澳之间,既有经济竞争,又有合作要求。实现更便于相互交流的中国经济圈,有利于促进陆、台、港之间的良性经济竞争和互利合作,减少恶性竞争和相互对峙、隔膜所导致的各方损失。总之,实现中国经济圈,对海峡两岸及港澳地区的经济发展都有极大的好处。

因此,无论人们承认或不承认中国经济圈的构想的可行性,中国经济圈的形成都将成为一个事实。

当然,说中国经济圈的形成将不可避免地成为一个事实,只是就其趋势而言的,趋势不一定等于近期的现实,要使趋势成为现实还需要人们作很大的努力。前进的道路上还有许多障碍要克服。但是,认清历史趋势,将有助于推动人们追求现实的努力。

90 年代完全可以做到的是:海峡两岸大力发展交流与合作,逐步消除贸易障碍,包括尽早实现直接通邮、通航、通商,相互给予优惠待遇以及实现人民币与新台币的直接兑换。力争把目前两岸间交往中由人为因素造成的"间接化""国际化",转变为"直接化""国内化"。为此,大陆与台湾的经济界特别是经济当局进行政策协商和协调是十分必要的。

目前,除了政治上强烈的敌对意识之外,两岸间的互不了解也是妨碍经济交流与合作的一个大障碍。但是,交流又是了解的条件。70 年代,两岸互不交流,也就互不了解;而越是互不了解也就越难以相互交流。这是一种恶性循环。80 年代以来,这种恶性循环已开始被打破,有了交流,就开始相互了解,而有了一定的了解,就会有更多的交流。

90 年代,海峡两岸的经济界要以更大的努力来促进交流与了解的良性循环,加强交流促进了解,在新的了解以至理解的基础上,进一步扩大交流。而且,经济上的交流与了解的良性循环,将最终打破政治上不了解和不交流(不接触)的恶性循环,促使两岸摆脱政治对峙的僵局。这样,实现中国经济圈和祖国统一就将不再只是一种美好的理想,而成为可以实现的现实,成为本世纪的中国人就可以为之奋斗、为之做出实际贡献的一种真正有希望的事业。

1991 年 11 月

主要参考书目

1. 国务院经济技术社会发展研究中心:《中国经济的发展与模型》,中国财政经济出版社 1990 年版。

2. 郭树清、韩文秀:《中国 GNP 的分配和使用》,中国人民大学出版社 1991 年版。

3. 陈东琪:《强波经济论》,中国人民大学出版社 1992 年版。

4. 张风波:《中国宏观经济分析》,人民出版社 1987 年版。

5. 金碚:《经济发展与宏观筹资》,中国人民大学出版社 1991 年版。

6. 胡乃武、金碚主编:《国外经济增长理论比较研究》,中国人民大学出版社 1990 年版。

7. 世界银行经济考察团:《中国:计划与市场》,中国财政经济出版社 1991 年版。

8. 世界银行经济考察团:《中国:宏观经济稳定与工业增长》,中国财政经济出版社 1991 年版。

9. 周叔莲:《中国的经济改革和企业改革》,经济管理出版社 1989 年版。

10. 《吴树青选集》,山西人民出版社 1990 年版。

11. 李扬:《财政补贴经济分析》,上海三联书店 1990 年版。

12. 洪银兴、林定锭:《发展经济学通论》,江苏人民出版社 1990 年版。

13. 王松奇:《货币政策与经济成长》,中国人民大学出版社 1991 年版。

14. 蒋家俊、尤宪迅、周振汉:《中华人民共和国经济史》,陕西人民出版社 1989 年版。

15. 薄一波:《若干重大决策与事件的回顾》,中共中央党校出版社 1991 年版。

16. 汪海波主编:《新中国工业经济史》,经济管理出版社 1986 年版。

17. 王慧炯、李泊溪、周林主编:《中国部门产业政策研究》,中国财政经济出版社 1989 年版。

18. 陶在朴:《经济发展的理论与战略管理》,成都科技大学出版社 1989 年版。

19. 〔日〕南亮进:《中国的经济发展——与日本的比较》,经济管理出版社 1991 年版。

20. 日本经济协会:《中国经济的中长期展望》,经济科学出版社 1988 年版。

21.〔日〕小林实:《论中国经济发展之关键》,中国对外经济贸易出版社 1987 年版。

22. 周叔莲、裴叔平、陈树勋主编:《中国产业政策研究》,经济管理出版社 1990 年版。

23. 肖海泉、金碚、刁振飞:《发展中国家经济发展战略研究》,南京大学出版社 1988 年版。

24. 张仲礼、M. 杜塔、姚廷纲、加里·H. 杰佛逊主编:《回顾与展望——中美经济学家论中国经济》,上海社会科学院出版社 1991 年版。

25.〔美〕H. 里宾斯坦:《经济落后与经济成长》,台湾中华书局 1970 年版。

26.〔美〕H. 钱纳里等:《工业化和经济增长的比较研究》,上海三联书店 1989 年版。

27. 约翰·科迪等:《发展中国家的工业发展政策》,经济科学出版社 1990 年版。

28.〔美〕肯尼斯·W. 克拉克森等:《产业组织:理论、证据和公共政策》,上海三联书店 1989 年版。

29.〔美〕雷蒙德·W. 戈德史密斯:《金融结构与金融发展》,上海三联书店 1990 年版。

30.〔美〕丹尼尔·贝尔:《后工业社会的来临——对社会预测的一项探索》,商务印书馆 1986 年版。

31. 洪银兴等:《发展资金论》,人民出版社 1992 年版。

32.〔美〕约瑟夫·熊彼特:《经济发展理论——对于利润、资本、信贷、利息和经济周期的考察》,商务印书馆 1991 年版。

33.〔美〕H. 钱纳里、M. 赛尔昆:《发展的形式 1950—1970》,经济科学出版社 1988 年版。

34.《弗里德曼文萃》,北京经济学院出版社 1991 年版。

35. 周忠德、严炬新编译:《现代化问题探索》,知识出版社 1988 年版。

36.〔美〕R. 索洛:《经济增长论文集》,北京经济学院出版社 1989 年版。

37.〔美〕保罗·安东尼·萨缪尔逊:《经济分析基础》,北京经济学院出版社 1990 年版。

38. 联合国工业发展组织.《世界各国工业化概况和趋向》,中国对外翻译出版公司 1980 年版。

39.〔美〕杨叔进:《经济发展的理论与策略》,江苏人民出版社 1983 年版。

40.〔英〕亚当·斯密:《国民财富的性质和原因的研究》,商务印书馆 1983 年版。

41.《李嘉图著作和通信集》第一卷,商务印书馆 1983 年版。

42.〔英〕马歇尔:《经济学原理》,商务印书馆 1983 年版。

43.〔英〕E. F. 舒马赫:《小的是美好的》,商务印书馆 1984 年版。

44.〔美〕阿瑟·刘易斯:《增长与波动》,华夏出版社 1987 年版。

45.〔日〕富永健一:《经济社会学》,南开大学出版社 1984 年版。

46. 世界银行:《1991 年世界发展报告》,中国财政经济出版社 1991 年版。

47.〔美〕西蒙·库兹涅茨:《各国的经济增长》,商务印书馆 1985 年版。

48.〔匈〕亚诺什·科尔内:《短缺经济学》,经济科学出版社 1986 年版。

49. 高尚全主编:《中国:发展与改革》,中国党史资料出版社 1987 年版。

50.〔英〕安·韦伯斯特:《发展社会学》,华夏出版社 1987 年版。

51.〔印度〕苏·加塔克:《农业与经济发展》,华夏出版社 1987 年版。

52.〔美〕阿兰·兰德尔:《资源经济学》,商务印书馆 1989 年版。

53.〔瑞典〕艾登姆:《经济体制——资源是怎样分配的》,上海三联书店 1987
年版。

54. 邓英淘等:《中国预算外资金分析》,中国人民大学出版社 1990 年版。

55. 刘世锦、江小涓:《后来居上——中国工业发展新时期展望》,中信出版社
1991 年版。

56. 龚德恩、舒辅琪、俞翔华编译:《动态经济学——方法与模型》,中国人民大
学出版社 1990 年版。

57.〔英〕阿列克·凯恩克劳斯:《经济学与经济政策》,商务印书馆 1990 年版。

58.〔美〕罗·哈罗德:《动态经济学》,商务印书馆 1981 年版。

59.〔日〕佐藤经明:《现代社会主义经济》,中国社会科学出版社 1986 年版。

60. M. P. Todaro: *Economic Development in the Third World*, 1981.

61. The World Bank: *China: Socialist Economic Development*, 1983.

62. A. Nove: *The Economics of Feasible Socialism*, 1983.

63. N. Maxwell & B. Mcfarlane (ed.): *China's Changed Rord to Development*,
1984.

64. B. Herrick, C. P. Kindleberger: *Economic Development*, 1983.